KB267236

선㈜의 영혼이 깃든 타로

선㈜의 영혼이 깃든 타로

선(禪)의 영혼이 깃든 타로

인생의 게임

오쇼

김은미 옮김

 슈리 크리슈나다스 아쉬람

Contents
차 례

주요 카드

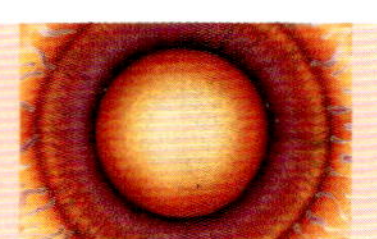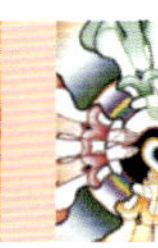

불의 원소(지팡이)

물의 원소(컵)

구름의 원소(검)

무지개의 원소(디스크, 펜타클)

서 문

　1995년 세인트 마틴스 출판사는 획기적인 '오쇼 젠 타로'를 처음으로 출관하였다. 뛰어나게 아름답고 접근하기 쉬운 이 타로 카드가 오늘날의 고전이 된 이후로, 이 독특하고 동시대적인 메시지는 수십 가지가 넘는 언어로 번역되었다.

　《선(禪)의 영혼이 깃든 타로(Tarot in the Spirit of Zen)》는 오쇼 젠 타로를 사용하고 있는 사람들이 이 타로를 좀 더 폭넓고 깊이 있게 이해하도록 돕기 위해 마련된 책이다. 독자들은 카드와 함께 포장되어 있는 소책자의 유용한 보충으로서, 이 책을 어떻게 사용해야 할지 바로 알 수 있을 것이다. 우리는 이 책의 출판을 위해 선정하고 모은 자료들이 독자들에게 큰 즐거움으로서 환영받기를 기대한다.

　크로울리와 라이더 웨이트 덱과 같은 좀 더 전통적인 타로를 사용하는 사람들에게도 서재에 간직할 만한 또 하나의 가치 있는 책이 될 것이다. 이 독자들을 위해 책의 뒷부분에 비교 대응표를 제공하였다. 이 책은 표준화된 타로 카드 78장에 각 장이 대응하도록 편성되었다. 비교 대응표에서 이 책의 각 장에 해당하는 제목과, 크로울리와 라이더 웨이트 덱에 대응하는 카드를 알 수 있을 것이다.

타로 체계에서 주요 카드들은 순환되는 삶 속에서 일어나는 주요한 전환점을 상징하며, 이에 해당하는 카드는 이 책의 0장(바보)에서 XXI 장(완성)까지이다.

미래 사건의 예언에 초점을 맞추는 전통 타로와는 달리, 오쇼 젠 타로는 지금 이 순간에 대한 명확한 통찰력을 갖는 것을 목적으로 하고 있다. 이것은 우리가 경계하지 않고 잠들어 있는 삶을 살고 있을 때는 삶이 되는 대로 우연히 일어나는 것처럼 이해된다는 것을 전제로 하고 있다. 삶은 운명에 의해 통제되거나 유도되는 것이 아니라 끊임없이 펼쳐지는 배움과 성장의 기회이다.

선(禪)은 우리에게 배움과 성장에 관한 개인적인 책임을 다해야 한다고 주장한다. 개인적인 책임을 다하는 첫 걸음은 판단과 비난 없이 우리의 현실을 볼 수 있는 용기를 갖는 일이다. 즉 다시 말하면, 선(禪)에는 '악마의 힘'이란 없으며 오직 앎과 알지 못함, 깨어 있음과 잠들어 있음만이 있을 뿐이다.

선(禪)과 기존 전통 타로와의 접근 방식의 차이를 좀 더 알고 싶다면, 소개를 읽어 보면 확실해질 것이다. 그럼 무엇보다도…… 게임을 즐겨라.

사리토 캐롤 네이먼
오쇼 인터내셔널

머리말

삶은 게임을 위한 게임이며, 궁극적인 게임이다. 이것을 게임으로 여긴다면 이것은 엄청난 의미를 가지며, 이것에 대해 그리 심각해지지도 않을 것이다. 당신이 그저 단순하고 순수하게 있다면, 게임은 당신에게 많은 것들을 알려 줄 것이다.

이 모든 게임들은 대학의 학습 과정과도 같다. 당신은 각 수업을 받고 무언가를 배운다. 그런 다음 당신은 다음 단계로 넘어간다. 삶의 게임은 솜씨 있게 다루어져야만 한다. 당신이 솜씨 있게 다루지 못한다면 귀중한 많은 것들을 놓치게 될 것이기 때문이다. 여기서 '솜씨 있게'라는 것은 깨어 있음을 의미한다. 당신 삶의 각각의 행위들 속에서, 당신 존재의 하나하나의 걸음마다 더욱 깨어 있도록 하라.

오쇼

소 개

미래 예언에 대하여

자유는 미래가 열려 있을 때에만 존재할 수 있다. 하지만 미래가
열려 있다면 거기에 예언의 가능성이란 없다. 오늘 그토록
아름다운 사람이 내일은 살인자가 될 수도 있다. 내일은 열려 있다.

우리가 점성학, 미래 예언, 별점, 수상술(手相術), 주역, 타로 등을 할 때 한 가지 꼭 기억해야 할 것이 있는데, 미래와 관련된 그 무엇을 하든지 간에 그것은 근본적으로 그 사람의 무의식을 읽는 것이다. 이것은 미래와 별로 관련이 없다. 미래는 과거에 의해 창조되기 때문에 과거와 더욱 관련이 있고, 그래서 이것은 역시 미래와도 관련을 가지게 된다. 사람들은 기계적인 삶을 살기 때문에 예언이 가능하다. 만약 당신이 그 사람의 과거를 안다면, 부처와 같은 성인을 제외하고는, 그의 미래를 예언할 수 있을 것이다. 그는 과거를 반복할 것이기 때문이다. 그가 과거에 화를 내는 경향성이 있었다면 계속 화를 낼 것이고, 그 경향성이 미래에도 영향을 미치게 될 것이다.

보통, 무의식적인 사람들은 과거를 반복하고 또 반복한다. 이것은 수레바퀴 같은 현상이다. 그는 그것을 반복할 뿐이고, 다른 어떠한 것도 할 수가 없다. 그의 삶에 어떠한 새로운 것도 가져올 수 없고, 도약할 수 없다. 이것이 과학이 필요한 이유이다. 만약 사람들이 더욱 깨어 있고 좀 더 용의주도해진다면, 그들은 더 이상 그것을 반복하지 않을 것이다.

당신은 부처의 별자리 운세나 손금을 읽을 수 없다. 그는 과거로부터 자유롭고 현재가 비어 있기 때문에 읽을 것이 아무것도 없다!

삶과 시간 사이에는 커다란 오해가 있었다. 시간이 과거, 현재, 미래라는 세 개의 시제로 이루어져 있다고 생각한 것은 잘못이다. 시간은 오직 과거와 미래로만 이루어지며, 현재로 이루어진 것이 삶이다.

그래서 살기를 원하는 사람은 지금 이 순간을 사는 방법 외에 다른 길이 없다. 오직 현재만이 존재한다. 과거는 단순히 기억들의 모음일 뿐이며, 미래는 당신의 상상이나 꿈에 지나지 않는다.

실재는 지금, 여기이다. 삶이나 현존, 사랑에 대하여 그저 생각하기를 바라는 사람들은 무한한 지적 능력으로 과거와 미래를 완벽히 아름답게 만든다. 비록 그렇게 살아 본 적이 없다 하더라도 그들은 과거를 자신들의 마음에 들 때까지 아름답게 장식한다. 이것들은 단지 그림자이고 반영일 뿐이다. 그들은 계속해서 달렸고, 달리는 동안 조금만을 볼 수 있었다. 그들은 살았다고 생각한다. 하지만 과거 속에서는 삶이 아니라 오직 죽음만이 실재이고, 미래 속에서도 또한 오직 삶이 아닌 죽음만이 실재이다.

과거 속에서 삶을 놓친 사람은 자동적으로 그 빈 곳을 대신할 미래를 꿈꾸기 시작한다. 그들의 미래는 단지 과거에 의한 투사일 뿐이다. 과거에 놓친 것은 무엇이나 미래의 희망 속으로 가져간다. 과거와 미래라는 이 두 개의 비실재 사이는 아주 작으며, 이 작은 순간에 존재하는 것이 삶이다.

살고자 하는 사람은 삶에 대해 생각하지 말고, 사랑하고자 하는 사람은 사랑에 대해 생각하지 말며, 존재하고자 하는 사람은 존재에 대해 사색하지 말라. 다른 선택의 여지란 없다. 지금 이 순간은 다시는 돌아오지 않기 때문에, 이 순간 가능한 한 마지막까지 모든 힘을 다해서 살아라. 한 번 가면 그것은 영원히 가 버린다.

인류와 더불어 오랫동안 모든 문화 속에 늘 있어 온 오해 때문에, 사람들은 현재를 시간의 부분으로 생각한다. 현재는 시간과 아무 관련이 없다. 만약 당신이 지금 이 순간 여기에 있다면, 거기에 시간이란 존재하지 않는다. 거기에는 거대한 침묵과 고요가 있을 뿐 어떤 움직임도 없다. 아무것도 흘러가지 않으며, 모든 것이 갑자기 멈추어 버린다.

현재는 당신에게 삶의 물 속으로 깊이 뛰어들거나, 삶의 하늘로 높이 날아오를 기회를 준다. 그러나 둘 다 위험이 있다. 과거와 미래는 인류의 언어 중 가장 위험한 말이다. 과거와 미래 사이의 현재에 산다는 것은 거의 둘 다의 위험 위를 줄타기하는 것과 같다. 하지만 한번 현재에 사는 삶을 맛본 사람은 위험에 대해 상관하지 않는다. 한번 삶과 조화를 이룬 사람은 그때부터 문제란 없게 된다. 그리고 나에게 있어 삶은 거기에 있는 모든 것이다.

당신은 이것을 신(神)이라고 부를 수 있지만, 종교들이 이것을 오염시켰기 때문에 적절한 명칭은 아니다. 당신은 이것을 아름다움 그 자체, '존재'라고 부르는 것이 더 적합하다. 하지만 무엇이라 부르든 그것은 완전히 부합되진 않는다. 당신의 손안에 있는 지금 이 순간만이 당신이 가진 모든 것이라는 것을 명확히 이해하게 된다면, 계속해서 지금 이 순간만을 취하게 될 것이다. 당신은 이렇게 살든지, 아니면 이렇게 살지 못하고 떠나야 한다.

대부분의 사람들은 전혀 살지 않은 채, 단순히 요람에서 무덤까지 자신을 질질 끌고 간다. 나는 죽을 때가 되었을 때 갑자기 "맙소사, 내가 살아 있었구나."라고 알아차린 어떤 사람에 대한 수피의 이야기를 들은 적이 있다. 오직 삶과 대조되는 죽음만이 그가 칠십 년 동안이나 살아 있었음을 알게 해 주었다. 삶 그 자체가 그를 풍요롭게 만들어 주진 않는다.

이것은 삶의 결함이 아니고, 우리의 오해 때문이다.

주의 깊게 깨어 있을 때 오직 현재에 존재하게 되기 때문에, 주의 깊게 깨어 있음은 당신에게 이것에 대한 생각조차 일으키지 않는 삶을 줄 것이다. 오직 현재만을 지켜보고, 최선을 다해 살고, 열정적으로 살아라. 그렇게 한다면 각 순간들은 황금이 되고, 당신의 삶 전체가 귀중한 순간들의 연속이 된다.

1

주요 카드

0. 바보

★★★★★★★★★

삶은 시도와 실수이다. 사람은 실수를 통하여 배워야만 한다.

바보가 건물의 육 층 창문에서 떨어져 내린다. 그는 많은 사람들에게 둘러싸인 채 땅바닥에 누워 있다. 경찰이 다가와서 묻는다. "무슨 일이오?" 바보는 말한다. "모르겠어요. 내가 여기 있네요."

고대의 위대한 황제들은 항상 궁전 안에 한 사람의 바보를 데리고 있었다. 그들은 많은 지혜로운 자들과 고문, 제사장, 재상들을 데리고 있었지만 항상 바보 한 사람을 데리고 있었다. 세상의 모든 지성적이고 현명한 동·서양의 황제들은 궁전의 광대로 바보 한 사람을 데리고 있었다. 왜일까? 소위 현명한 사람이라고 일컬어지는 자들이 이해할 수 없는 것을, 오직 그들만이 이해할 수 있는 것이 있었기 때문이다.

현명한 사람들은 그들의 교활함과 영리함으로 마음을 닫아 매우 어리석게 되곤 하였다.

바보는 단순하고 그래서 필요하다. 소위 현명한 자들은 황제가 두려워 자주 무언가를 말하려고 하지 않기 때문이다. 바보는 그 누구도 두려워하지 않는다. 그는 결과에 상관없이 말할 것이다. 바보는 결과에 대해 생각하지 않는 사람이다.

바보에는 몇 가지 형태가 있는데, 설명해 보도록 하겠다.

첫 번째 바보는 무지한 사람이며, 자신이 모른다는 것을 모르는 사람이다. 이는 단순한 바보이다. 그 다음 두 번째 바보는 무지한 사람이지만 자신은 안다고 생각하는 사람이다. 이는 복잡한 바보, 학식 있는 바보이다. 그리고 세 번째 바보는 그가 모른다는 사실을 아는 사람이다. 이는 축복받은 바보이다.

모든 사람들은 단순한 바보 즉 '얼간이'로 태어난다. 모든 아이들은 단순한 바보이다. 그는 자신이 모른다는 것을 알지 못한다. 그는 지식의 가능성을 자각하지 못하고 있다. 그는 기독교 우화 속의 아담과 이브이다. 신은 그들에게 "지식의 나무에 열린 열매를 먹지 말라."고 하였다. 지식의 열매를 먹기 전의 그들은 단순한 바보였다. 그들은 아무것도 알지 못했다. 물론, 그들은 아무것도 알지 못했기 때문에 굉장히 행복했고, 그들이 불행하기는 아주 어려운 일이었다. 불행은 조금의 훈련과 그것을 창조해 낼 수 있는 능력뿐만 아니라 조금의 기술도 필요하다. 당신은 지식 없이 지옥을 창조해 낼 수 없다. 어떻게 지식 없이 지옥을 창조해 낼 수 있겠는가?

아담과 이브는 어린아이들과 같았다. 매 순간 아이들이 태어나고, 하나의 아담이 태어난다. 그리고 그는 몇 년 동안, 거의 사 년 정도를 아담으로 살고, 매일 그 시간은 줄어들어 간다. 그는 비참함을 만들어 내는 방법을 모르기 때문에 천국에서 산다. 그는 삶을 신뢰하고, 해변의 조약돌이나 조개와 같이 사소한 것들을 즐긴다. 그는 마치 보물이라도 발견한 듯 그것들을 모은다. 평범한 색깔의 돌들을 값비싼 다이아몬드처럼 바라본다. 모든 것들이 그를 매료시킨다. 아침 햇살 속의 이슬방울, 밤에 빛나는 별들, 달, 꽃, 나비들, 모든 것들은 절대적으로 황홀하다.

그러나 그때 나비는 그저 나비이고, 꽃은 그저 꽃일 뿐이라고 점점 배우기 시작한다. 그것에는 이제 더 이상 아무것도 없다. 그는 그 이름들을 알기 시작한다. 이것은 장미, 저것은 백합, 그것은 금잔화, 그리고 그것은 연꽃. 그리고 점점 그 이름들이 장애가 되기 시작한다. 더 많이 알수록 그는 그러한 삶으로부터 단절된다. 그는 '똑똑이'가 된다. 이제 그는 그의 전체를 통하여서가 아니라 그의 머리를 통해 산다.

이것이 떨어져 내림의 의미이다. 그는 지식의 나무에 열린 열매를 먹었다. 모든 아이들은 지식의 나무에 열린 열매를 먹어야만 한다.

모든 아이들은 너무 단순해서 복잡하게 되어야만 하고, 이것은 성장의 한 부분이다. 그래서 모든 아이들은 단순한 바보에서 복잡한 바보로 이동한다. 복잡한 바보에는 등급이 있다. 고등학교를 졸업한 사람, 대학을 졸업한 사람, 박사 학위를 받은 사람과 같은 등급이 있다. 아는 것에 대한 유혹은 매우 거대해서, 모든 아이들은 지식의 맛을 보아야만 한다. 알지 못하는 것은 위험하거나 위험 그 자체이다. 지식을 가지면 ㅇ에 잘 대처할 수 있기 때문에 우리는 알아야만 한다. 지식 없이 어떻게 그것들을 잘 처리할 수 있겠는가? 그래서 모든 아이들은 지식을 갖추어야만 한다.

그래서 첫 번째 바보 유형은 필연적으로 두 번째 유형의 바보가 된다. 그러나 두 번째 바보 유형은 세 번째 바보 유형이 될 수도 있고, 되지 못할 수도 있으며, 이것은 필연적인 일은 아니다. 세 번째 바보로의 이동은 너무나 많은 지식을 갖게 되어 그 지식이 극도로 엄청난 부담이 될 때 가능해진다. 어느 날 한 사람이 자각한다면, 그는 그 모든 것을 놓아 버릴 것이다. 그런 다음 그는 세 번째 유형의 바보인 축복받은 바보가 된다.

그는 두 번째 어린아이 시절을 보내게 된다. 그는 다시 어린아이가 된다.

예수님이 하신 말씀을 기억하라. "나의 천국에는 작은 어린아이와 같은 사람만이 들어올 수 있다." 그러나 그는 어린아이 같다고 했지 '어린아이'라고 말하지 않았다는 것을 기억하라. 어린아이들은 들어갈 수 없다. 그들은 세상을 통과하면서 세상에 오염되고, 그런 다음 그 자신을 깨끗이 해야 하는 그러한 경험들을 반드시 거쳐야만 한다. 그래서 그는 '어린아이'라 하지 않고, 어린아이와 같은 사람이라고 하였다. 그 '같은'이라는 말은 매우 의미심장하다. 이것은 어린아이가 아니고, 아직 어린아이와 같이 순수한 사람이라는 뜻이다.

어린아이들은 순수하지만, 그들의 순수함은 단지 죄의 유혹을 아직 경험하지 못함에 기인할 뿐이다. 그들의 순수함은 매우 단순하다. 그것은 획득한 것이 아니고, 그것을 위해 아무런 일도 하지 않았기 때문에 별 가치가 없는 것이다. 그들은 유혹에 대항해 싸워 본 경험이 없다. 유혹은 조만간 온다. 수많은 유혹들이 거기 있고, 어린아이들은 여러 방향으로 이끌림을 당할 것이다. 나는 그들에게 그 방향들로 가면 안 된다고 말할 수 없다. 만약 그가 자신을 억압하고 가지 못하도록 막는다면, 그는 항상 첫 번째 바보로 남아 있게 될 것이다. 그는 무지 자체로 남아 있게 된다. 그의 무지는 억압에 의한 것에 지나지 않으며, 이것은 부담이 될 것이다. 먼저 그는 지식을 얻어야 하고, 죄를 경험해야 한다. 죄와 지식과 불복종, 그리고 거친 세상 속으로 들어가 잘못된 길에 빠지고 자아의 삶을 살아 본 후, 어느 날 이 모든 것을 놓을 수 있게 될 것이다.

모든 사람이 다 모든 것을 놓지는 못할 것이다. 모든 아이들이 첫 번째 바보에서 두 번째 바보로 이동하지만, 두 번째 바보 중에 축복받은 소수만이 세 번째로 이동한다. 따라서 그들은 소위 축복받은 바보로 불린다.

축복받은 바보들은 지식이 하찮은 것에 불과함을 알기 때문에 이해할 수 있는 최대의 가능성을 가지게 된다. 그는 모든 지식은 진정한 앎을 방해한다는 것을 안다. 지식은 아는 것을 방해하며, 그래서 그는 지식을 놓아 버리고 순수 지성인이 된다. 그는 명료한 시각을 갖게 된다. 그의 눈에는 이론과 생각이 없다. 그의 마음은 더 이상 마음이 아니고, 그의 마음은 바로 지성, 순수 지성이다. 그의 마음은 더 이상 잡동사니들로 혼란스럽지 않으며, 그의 마음은 더 이상 빌려 온 지식으로 어지럽혀지지 않는다. 그는 오직 깨어 있다. 그는 자각의 불꽃이다.

I. 존재

★ ★ ★ ★ ★ ★ ★ ★ ★ ★

우리는 존재의 일부이고, 분리되어 있지 않다.
우리가 분리되기를 원한다 해도 우리는 그렇게 될 수 없다. 당신이 존재와
함께 할수록, 당신은 더욱 생명력으로 가득 차게 될 것이다.

최선을 다해 살고, 열정적으로 살아라. 삶 속으로 더 깊이 들어갈수록 존재와 더욱 연결되기 때문이다. 당신은 이것으로부터 태어났으며, 존재는 당신을 보살핀다. 호흡하는 그 순간마다, 심장 박동의 그 순간마다 당신은 새로워지고 다시 젊어지며 부활한다.

단지 호흡을 지켜보기 시작하는 것만으로도, 당신은 호흡을 통해 존재와 끊임없이 연결되고 있는 엄청난 현상을 보기 시작한다. 거기에는 중단도 없고 휴일도 없다. 당신이 깨어 있을 때나 잠들어 있을 때나,

존재는 당신에게 생기를 불어넣고 죽은 것들은 가져가고 있다.

"존재가 보살핀다."라고 말할 때, 나는 철학적으로 말하고 있는 것이 아니다. 철학은 대부분 무의미한 소리이다. 나는 단지 실제적인 사실을 말하고 있을 뿐이다. 그리고 만약 이것을 의식으로 깨닫는다면, 당신 안에 위대한 신뢰가 생겨난다. 내가 "존재가 보살핀다."라고 말할 때, 그것은 존재 안에 신뢰의 아름다움을 가져올 수 있는 자각의 동기를 의미하는 것이다.

가상의 신을 믿을 필요도 없고, 메시아나 구세주를 믿을 필요도 없다. 이것은 당신을 보살펴 줄 아버지 형상을 가진 무엇인가를 꿈꾸는 유치한 욕망이다. 그리고 그것은 모두 가상일뿐이다. 세상에는 어떤 구세주도 존재한 적이 없다.

존재는 그 자체로 충분하다. 존재와 당신의 관계에 대하여 질문한다면, 그 물음에서 맹목적인 신앙이나 단순한 믿음이 아닌 신뢰가 솟아오를 것이다. 신뢰는 당신의 경험이기 때문에 아름답다. 존재 그 자체가 당신을 돌보고 있기 때문에, 신뢰는 당신이 긴장을 풀도록 도와 줄 것이다. 존재에 대해 걱정하거나 염려할 필요가 없다.

존재 그 자체는 환희로 가득 차 있다. 단지 당신은 받아들이기만 하면 된다. 당신의 어둠은 당신 자신의 창조물이며, 당신의 소외감도 당신 자신의 창조물이다. 스스로 그렇게 속박하지 않는다면, 당신은 당신 자신이 낯설지 않으며, 나무들에게, 강들에게, 산들에게도 낯선 사람이 아니다.

이것이 우리의 존재이고, 우리는 이것의 일부이다.

우리의 심장 박동은 우주의 심장 박동의 일부이다.

그리고 이 우주는 죽어 있는 것이 아니라, 거대한 지성, 의식, 민감함으로 있다. 이것은 모든 차원으로 있는 신성함 그 자체이며, 그 속에서 춤추며 사는 것을 배워야만 한다.

II. 내면의 목소리

우리 내면의 가장 깊숙한 곳에 있는 존재의 중심이 우리에게 말할 준비가
되었지만, 우리는 쓸데없이 세상 밖에서 계속 조언을 구하고 있다.
조언은 이미 거기에 있지만, 우리는 그 작고 고요한 목소리를 결코 듣지 않는다.

내적 본성으로부터 나오는 것은 소리가 없다. 모든 소리는 마음으로부터 나온다. 모든 소리가 사라졌을 때, 그 내적 본성은 침묵 속에서 확실한 방향과 확실한 행동을 향하도록 당신을 고무시킨다. 이것은 말로 오는 것이 아니라 침묵 속에 암시적으로 온다. 그렇지 않고는 내적 본성의 소리를 듣는 것은 완전히 불가능하다.

내적 본성의 음성은 소리가 없기 때문에 듣지 못하기 쉽다. 하지만 모든 소리들이 사라지고 절대적으로 고요해지면, 그 내면의 자신이 당신의 손을 잡고 이끌어 갈 수 있다. 그때는 흘러가는 대로, 그것이 이끄는 대로 따라가도록 하라.

예를 들어 '내면의 목소리'라는 말을 사용하여 언어로 표현하지만, 이것은 그 진정한 실재와는 꼭 들어맞지 않는다. 거기에는 소리가 없으며, 이것은 단순히 내면의 침묵이다. 하지만 우리가 '내면의 침묵'이라는 달을 사용한다면, 이것이 가리키고 있는 어떤 방향이나 어떤 영감 같은 것을 얻지 못할 것이다. 따라서 내면의 목소리라는 말을 사용해 오고는 있지만, 이것은 정확한 단어는 아니다.

우리 내면의 가장 깊숙한 곳에 있는 존재의 중심이 우리에게 말할 준비가 되었지만, 우리는 쓸데없이 세상 밖에서 계속 조언을 구하고 있다. 조언은 이미 거기에 있지만, 우리는 그 작고 고요한 목소리를 결코 듣지 않는다.

사실상 우리는 너무 많은 시시콜콜한 이야기들로 머릿속이 시끄러워 그 소리를 들을 수 없다. 당신의 마음을 절대적으로 고요하게 하지 않고는, 그 작고 고요한 목소리가 마음에 깊이 스며들게 할 수 없다.

미국에 있는 많은 대학에서 소음을 완전히 차단할 수 있는 방음 장치를 만들었다. 물론 그들의 장치는 밖의 소음들을 차단하기 위한 것이었다. 바깥의 어떤 소음도 침투할 수 없도록 완벽히 방음이 된 방에 한 음악가가 들어가게 되었다. 그는 아주 잘 훈련된 음악가이며, 귀머거리도 아니고, 소리를 들을 수 있는 귀도 가지고 있었다. 그 방이 절대적으로 방음이 된다고 들었기 때문에, 그는 아주 놀랍고 당황스러웠다. 왜냐하면 그에게 두 개의 소리가 들리기 시작했기 때문이다. 그는 밖으로 달려 나왔고, 이렇게 말했다. "이게 어찌된 일이죠? 두 개의 소리가 들려요."

감독은 웃으며 말했다. "네, 두 개의 소리가 들릴 거예요. 하나는 당신의 심장 박동 소리이고, 다른 하나는 혈액이 순환하는 소리예요. 그것들은 항상 당신과 함께 하기 때문에 없앨 수 없어요." 음악가는 말했다. "나는 전에 한 번도 이 소리를 들어 본 적이 없어요!"

그 소리를 들어 본 적이 있는 사람은 아무도 없다. 하지만 당신이 백 퍼센트로 방음이 되는 절대적으로 고요한 방에 들어가게 된다면, 갑자기 당신의 심장 박동 소리를 듣게 될 것이다. 당신은 심장 박동 소리가 그렇게 큰 소리를 내며 뛸 거라고는 상상할 수 없고, 그것은 마치 밖에서 나는 소리처럼 들릴 것이다. 그리고 혈액 순환도 마찬가지다. 혈액은 매우 빠른 속도로 돌며 끊임없이 흐른다. 이것은 강물처럼 흐르며 저절로 소리가 난다.

마음이 명상에 의해 절대적으로 고요해진다면, 그때 당신은 내면 깊은 곳으로부터 오는 조언을 듣기 시작한다. 그리고 언제나 그 소리를 들을 수 있게 될 것이다. 그때서야 비로소 당신은 내면의 안내자를 찾은 것이다.

명상의 모든 목적은 오로지 내면의 안내자를 찾는 것이다. 한번 내면의 안내자를 찾았다면, 명상은 더 이상 필요하지 않다. 그때는 아무것도 필요하지 않다. 당신이 눈을 떴다면, 이제 당신은 전적으로 자발적인 삶을 살 수 있다. 당신은 전혀 기억 체계에 의지할 필요가 없고, 이제 당신의 대답은 진정한 응답이 될 것이다. 당신의 행위 또한 반응이 아닌 진정한 응답이 될 것이다.

반응은 마음으로부터 오고, 응답은 내면의 가장 깊은 곳의 중심으로부터 온다. 이 둘은 서로 엄청나게 다르며, 둘의 뜻도 매우 다르다. 반응은 빌려 온 것이지 당신 자신의 것이 아니다. 응답은 당신 자신의 것이다. 따라서 이것은 계속하여 당신이 성장하도록 도우며, 한층 더 높은 곳으로 데려가, 자신의 실현으로 이끌 것이다. 내면의 조언을 따라가는 사람은 항상 전체와 조화를 이루는 바른 길을 갈 것이므로 마침내 전체와 완전히 조화를 이루게 된다. 이것이 옳고 그름의 정확한 의미이다. 그름이라는 것은 길을 잃어 전체와 불협화음을 내는 것이고, 옳음이라는 것은 전체와 융화되어 하나가 되는 것을 의미한다. 전체는 당신의 존재와 곧장 연결된다. 당신은 스스로 이것을 깨달아야만 하고, 그때 비로소 이것은 당신에게 진실이 될 것이다.

III. 창조성

창조성은 오직 자아가 사라지고, 깊은 휴식 속에서 쉴 때,
무언가를 하고자 하는 욕망이 정말로 없을 때 일어난다. 갑자기 당신은 사로잡히고,
미지의 힘이 당신을 압도하며, 당신을 차지해 버린다.

존재와 진정으로 조율하는 유일한 길은 창조적이 되는 것이다. 당신이 무언가를 창조하고 있는 동안, 시, 노래, 음악, 춤, 그 어떤 것을 창조하고 있건 간에, 당신이 창조하고 있을 때는 언제나 당신은 존재에 참여하고 있다. 당신은 더 이상 그것과 분리되어 있지 않다. 사실 당신은 사라지고, 존재가 당신을 통하여 창조하기 시작한다. 당신이 그러한 순간들을 잡을 수 있다면, 자아가 사라진 그러한 매우 드문 순간을 알아차린다면, 창조는 그저 당신을 통하여 흐르고, 그때 창조는 명상이 된다.

모든 창조자는 막연하지만 이 순간들을 안다. 시인들은 시를 멈추려 해도 멈출 수 없는, 그저 시가 흐르는 순간을 안다. 아무 감정도 없고 아무런 시적 언어도 떠오르지 않는 그러한 순간에 당신이 무언가를 창조하기를 원한다면, 아무것도 오지 않는다. 노력하면 할수록 가능성은 더 줄어든다…… 그 노력은 단지 자아의 노력을 의미하기 때문이다.

창조성은 오직 자아가 사라지고, 깊은 휴식 속에서 쉴 때, 무언가를 하고자 하는 욕망이 정말로 없을 때 일어난다. 갑자기 당신은 사로잡히고, 미지의 힘이 당신을 압도하며, 당신을 차지해 버린다. 당신을 차지해 버린다고 하는 것은 정확한 표현이다.

시인, 화가, 조각가들은 모두 이 순간들을 알지만, 그 순간이 가 버린 후에야 알아차린다. 그들은 오직 그것들을 기억할 뿐이다. 그들은 뒤돌아보고 엄청나게 중요한 순간이 왔었음을 알지만 그뿐이다. 그들은 그것들이 가 버리고 난 후에야 그 순간을 잡고, 명상가들은 그 순간이 왔을 때 그것을 잡는다. 이것이 신비가와 시인의 유일한 차이점이다. 시인은 창조적 순간들을 기억하고, 신비가는 그 순간 속에 자신이 있음을 알아차린다. 그리고 이것은 엄청난 차이를 가져온다.

당신이 없지만 여전히 당신이 있다는 것, 즉 자아가 더 이상 거기 없으며 자기 자신도 더 이상 없지만 당신은 여전히 있다는 것을 한번 깨닫는다면, 당신 존재에 대한 완전히 새로운 경험을 갖게 되는 것이다. 부처는 이것을 해탈, 즉 자기가 사라진 상태라고 부른다. 창조자는 이것에 여러 번 다가가며, 중요한 것은 그 순간이 왔을 때 잡아야만 한다는 것이다.

명상은 단지 그러한 순간들을 잡기 위한 것이고, 그리고 창조성은

그러한 순간들을 창조하기 위한 것이다. 창조성과 명상이 만날 때, 당
신은 목적지에 도착하게 되고 그 여행은 완성된다.

IV. 반역자

★ ★ ★ ★ ★ ★ ★ ★ ★ ★ ★

반역자의 상황은 매우 흥미롭다. 사회는 고정된 틀과 고정된 양식과
고정된 이상을 가지기 때문에 각 순간마다 문제에 직면하게 된다. 반역자는 그러한
고정된 이상들과 함께 갈 수 없고, 그 자신만의 고요하고 작은 목소리를 따라야만 한다.

반역자는 과거를 염두에 두지 않는다. 그는 과거를 반복하지 않을 것이며, 세상에 새로운 무언가를 가져오고 있다. 세상이나 사회로부터 도망치는 사람은 현실 도피자이다. 그들은 책임을 회피하는 순간 자유도 없어진다는 것을 이해하지 못하고 책임을 회피해 왔다. 이러한 것들이 삶의 복잡성이다. 자유와 책임은 함께 가 버리거나 함께 남는다.

자유를 더욱더 사랑할수록, 당신은 책임을 더욱더 기꺼이 받아들이게 될 것이다. 하지만 세상 밖에서, 사회 밖에서는 어떤 책임도 생각할 수 없다. 그리고 우리가 배울 수 있는 모든 것들은 책임을 다하는 것을 통하여 배운다는 것을 기억해야만 한다.

책임이라는 아름다운 말은 과거에 파괴되었다. 사람들은 이 말을 거의 의무와 비슷한 말로 만들어 버렸는데, 사실은 그렇지 않다. 의무는 정신적으로 몹시 고된 일로서, 무언가를 마지못해 하는 것이다. 연장자에 대한, 남편에 대한, 아이들에 대한 의무, 이것은 책임이 아니다.

책임이라는 말을 이해하는 것은 매우 중요하다. 당신은 이것을 응답과 능력이라는 두 가지로 나누어 생각해 보아야 한다. 당신은 두 가지 방식으로 행동할 수 있다. 하나는 반응하는 것이고, 다른 하나는 응답하는 것이다. 반응은 당신의 과거의 조건들에서 오며, 이것은 자동적이다. 응답은 당신의 현존, 자각, 의식에서 오며, 이것은 자동적이지 않다. 응답할 수 있는 능력은 성장의 가장 위대한 요소이다. 당신은 어떠한 지시도 어떠한 명령도 따르지 않고, 단순히 당신의 자각만을 따르고 있다. 당신은 상황을 비추고 그것에 응답하며 거울처럼 기능하고 있다. 이것은 과거에 있었던 유사한 경험의 기억에서 나온 것이 아니며, 반응을 반복하는 것도 아닌, 바로 지금 이 순간의 참신하고 새로운 행동이다. 그 상황도 오래된 것이 아니고 당신의 응답도 오래된 것이 아닌, 둘 다 새로운 것이다. 이러한 능력은 반역자의 자질 중의 하나이다.

V. 무(無)

★ ★ ★ ★ ★ ★ ★ ★ ★ ★ ★

당신 안에 무(無)를 창조하는 것은 명상의 목표이다. 하지만 이 무(無)는
부정적인 생각과는 아무 관련이 없다. 이것은 가득 참, 풍부하게 가득 참이다.
이것은 너무나 가득 차 넘쳐흐르기 시작한다.
부처는 무(無)를 넘쳐흐르는 자비로 정의했다.

무(無)는 단지 텅 빔이 될 수 있거나, 아니면 거대한 가득 참이 될 수
있다. 이것은 부정적이 될 수도 있고, 긍정적이 될 수도 있다. 이것이
부정적이라면 죽음, 어둠과도 같다. 종교는 이것을 지옥이라 불렀다.
거기에는 기쁨도, 노래도, 심장 박동도, 춤도 없기 때문에 지옥이다.
꽃들도 없고, 피어남도 없으며, 단지 텅 비어 있다.

이러한 텅 빈 무(無)는 사람들에게 엄청난 공포를 불러일으킨다. 서
양에서는 신비가인 디오니시우스, 에크하르트, 뵈메 같은 특별한 몇
사람을 제외하고는, 신을 무(無)로 일컬어 본 적이 없다. 하지만 이 신
비가들의 생각은 서양의 주된 흐름이 아니다. 서양은 늘 무(無)를 부정

적인 말로 여겼다. 따라서 이것에 대하여 엄청난 공포를 만들어 냈다. 그들은 사람들에게 텅 빈 마음은 악마의 작업장이라고 계속 말하고 있다.

동양은 이것의 긍정적인 면 또한 알고 있었다. 이것은 인류의 의식에 가장 커다란 기여를 한 것 중의 하나이다. 부처는 텅 빔이 악마의 작업장이라는 말을 들으면 웃을 것이다. 그는 오직 텅 빔만이, 오직 무(無)만이 신성함을 일으킨다고 말할 것이다. 그는 긍정적인 현상에 대하여 이야기하고 있다.

부처, 마하비라, 오랜 전통의 선사(禪師), 도교 신자에게 있어 무(無)는 객관적인 실재성이 없음을 의미한다. 모든 것들은 사라졌고, 그리고 모든 것들이 사라졌기 때문에 순수 의식만이 남는다. 거울은 어떤 것도 비추지 않고 텅 비어 있지만, 거울은 거기에 있다. 의식은 내용물이 없이 비어 있지만, 의식은 거기에 있다. 이것이 내용물들로 가득 차 내면에 너무 많은 것들이 있을 때, 당신은 의식이 무엇인지 알 수 없었다. 의식이 내용물들로 가득 찰 때, 그것이 바로 우리가 마음이라 부르는 것이다. 의식이 모든 내용물들로부터 비었을 때, 우리는 이것을 무심(無心) 또는 명상이라 부른다.

당신 안에 무(無)를 창조하는 것은 명상의 목표이다. 하지만 이 무(無)는 부정적인 생각과는 아무 관련이 없다. 이것은 가득 참, 풍부하게 가득 참이다.

이것은 너무나 가득 차 넘쳐흐르기 시작한다. 부처는 무(無)를 넘쳐흐르는 자비로 정의했다.

자비(compassion)란 말은 아름답다. 이것은 '열정(passion)'이라는 단어와 어원이 같다. 다른 것을 구하고 찾고자 하는 욕망이 더 이상 없을 때, 당신 자신만으로도 충분하며, 다른 어떤 사람도 필요하지 않고, 다른 것에 대한 욕망이 사라졌을 때, 열정은 변형된다. 당신이 완벽히 행복하고 기쁨에 넘치며 단지 홀로일 때, 열정은 자비가 된다.

오직 무(無)만이 무한할 수 있다. 어떠한 것은 제한된 범위를 갖게 된다. 어떤 것으로부터 나온 것이 아닌 오직 무(無)에서 나온 것만이 무한히 펼쳐지는 삶이며, 존재이며, 가능성이다. 신은 '누군가'가 아니다. 그는 아무도 아니거나, 더 정확히는 실체가 없는 것이다. 신은 '무엇'이 아니다. 그는 아무것도 아니거나, 더 정확히 말한다면, 객관적인 실재성이 없는 것이다. 그는 부처가 순야(shunya)라고 불렀던 창조적인 텅 빔이다. 그는 창조적 텅 빔이다.

기억하라, 무(無)는 아무것도 아니라는 의미가 아니다. 무(無)는 단순히 모든 것이라는 의미이다. 무(無)의 의미는 '객관적 실재성이 없음'이라는 의미이다. 실재물은 형상이 있다. 무(無)는 형상이 없는 에너지이다. 무수히 많은 형상으로 이것은 분명하게 드러낼 수 있다. 이것은 자신의 형상을 가지고 있지 않기 때문에 수많은 형상으로 분명하게 보여 줄 수 있다. 이것은 유동적이고, 이것은 어떤 형상도 가능하며, 어떤 형상이 되는 것에도 저항하지 않는다. 이것은 고정관념이 없고 고착이 없기 때문에 수많은 방법으로 자신을 표현할 수 있다. 장미로 피어날 수도 있고, 연꽃으로 피어날 수도 있다. 노래가 될 수도 있고, 춤이 될 수도 있으며, 침묵이 될 수도 있다. 무(無)는 아직 어떠한 형상도 취한 적이 없기 때문에 모든 것이 가능하다. 한번 형상이 취해지면 그것은 한계를 가지게 되고, 대안들도 한계를 가지게 된다. 한번 형상이 취해지게 되면 당신은 전적으로 자유로울 수 없다. 당신의 형상이 굴레가 된다. 따라서 명상은 무(無)로 들어가는 입구이다.

생각이 세상이다. 그래서 부처는 마음을 '세상'이라고 부른다. 생각이 일어나는 그 순간, 의식의 호수에 파도가 일며 형상이 솟아오르지만, 그 형상은 순간적이고 덧없을 뿐이다. 곧 이것은 사라져 갈 것이다. 이것은 계속 머무르지 않고 영원하지도 않다. 이것에 매달리지 말고, 이것이 오고 감을 지켜보아라. 이것이 생겨나는 것을 지켜보고, 사라져 감을 지켜보지만, 그것에 매달리지 말라. 이것이 일어났다 다시 사라져 감 속의 의식을 기억하라. 이것이 우리의 실재이고 우리의 진실이다.

VI. 연인

★ ★ ★ ★ ★ ★ ★ ★ ★ ★ ★

다른 사람들에게 이것은 미친 짓으로 보일 것이다. 사실상 사랑이 무엇인지
모르는 사람에게는 적어도 모든 사랑은 미친 짓이고 맹목적인 것이다.
사랑하지 않는 사람들에게 있어 사랑은 맹목적인 것이고, 사랑하는 사람들에게 있어
사랑은 바로 존재의 중심을 볼 수 있는 가능성을 가진 단 하나의 눈이다.

인생이라는 여행 속에서 사랑은 목적이다. 목적 없는 여행은 신경이 과민해지거나 무계획적이 되며, 어떠한 방향도 갖지 못한다. 어느 날은 북쪽으로 가고, 또 어느 날은 남쪽으로 갈 것이다. 당신은 우발적으로 아무것에나 이끌리어 어디로든 간다. 당신은 분명한 목적 없이 유목(流木)처럼 떠다닐 것이다.

친밀(intimacy)이라는 말은 라틴어 intimum에서 왔는데 intimum이라는 말은 당신의 본성, 당신의 가장 중심부의 핵을 의미한다. 당신은 거기에 무언가를 가지지 않고서는 누구와도 친밀해질 수 없고, intimum 즉 친밀함을 허락할 수도 없다. 다른 사람이 당신의 허점과

상처, 거기에 흐르고 있는 고름까지도 볼 것이기 때문이다. 그는 당신이 자신이 누구인지도 모르는 미친 사람이며, 어디로 가고 있는지도 모르고, 자신의 노래는 들어 본 적도 없는 사람이며, 당신의 삶은 조화가 아닌 혼돈이라는 것을 알게 될 것이다. 이것이 친밀함에 대한 공포를 일으킨다. 연인조차도 친밀해지는 사람들은 드물다. 단지 누군가와 성적인 관계를 맺는 것은 친밀함이 아니다. 육체적인 성적 만족은 전혀 친밀함이 될 수 없고, 이것은 단지 표피적인 것이다. 친밀함은 이것과 함께 존재할 수도 있고, 이것 없이도 존재할 수 있다.

친밀함이란 전혀 다른 차원이다. 이것은 다른 사람들이 당신 안으로 들어오는 것을 허락하는 것이며, 당신이 당신 자신을 보듯이 당신을 보게 하며, 당신의 내면을 다른 사람들이 보도록 허락하는 것이며, 당신의 가장 깊숙한 곳인 존재의 중심으로 누군가를 초대하는 것이다. 현대 사회에서 친밀함은 사라져 가고 있다. 연인들조차도 친밀하지 않다. 오직 우정이란 말이 현재까지 남아 있는 말이지만, 이것도 사라져 간다. 그 이유는 나눌 것이 없다는 데 있다. 누가 자신의 내적 빈곤을 보여 주고 싶겠는가? 사람들은 나는 부자이고 성공하였으며, 내가 무엇을 하고 있고 어디로 가고 있는지 아는 체한다.

사람들은 마음을 열고 자신의 내면의 혼란을 보여 주어 상처받기 쉬운 상태가 되려고 하지 않으며, 그럴 만한 충분한 용기도 없다. 다른 사람들이 이것을 이용할까 봐 두렵고, 다른 사람들이 너무 지배하려 들지도 모른다. 당신이 너무나 혼란스러워 스스로 자신을 잘 이끌 수 없고 누군가 이끌어 줄 사람을 필요로 하고 있다는 것을 알게 된다면, 다른 사람이 스승이 되어 이끌려고 들지도 모른다. 따라서 모든 사람

은 다른 사람이 자기 내면의 무력함을 보지 못하도록 보호하려고 애쓴
다. 그렇지 않으면 이용당할 것이기 때문이다. 이 세상은 남을 이용하
는 것이 만연해 있다.

사랑은 목적이다. 당신이 한번 목적이 분명해지면, 내면의 풍요가
자라기 시작한다. 상처는 사라져 연꽃으로 피어난다. 상처는 원숙함으
로 변형된다. 이것이 사랑의 기적, 사랑의 마법이다. 사랑은 이 세상에
서 가장 강력한 연금술이다. 이것을 사용할 줄 아는 사람은 가장 높은
곳에 이를 수 있다.

당신에게 다른 사람이 전혀 필요하지 않을 때, 당신이 자신만으로도
전적으로 충분할 때, 당신이 홀로이지만 충분한 만족 속에 있을 때, 그
때 사랑이 가능하다. 하지만 그때도 또한 다른 사람의 사랑이 진실인
지 아닌지 확실하게 알 수는 없다. 자신의 사랑이 진실인지 아닌지 오
직 그 하나만은 확실히 알 수 있다. 어떻게 다른 사람의 사랑을 확실히
알 수 있겠는가? 그럴 필요도 없다.

하지만 당신이 이 사실을 깨닫고 있지 않을 동안은 누군가의 사랑을
필요로 할 것이다. 그것이 거짓이라손 치더라도 필요로 할 것이다. 그
것을 즐겨라! 걱정하지 말라. 그리고 더욱더 깨어 있으려고 노력하라.

어느 날 당신은 정말로 깨어날 것이고 사랑할 수 있게 될 것이다. 하
지만 그때도 당신은 오직 자신의 사랑에 대해서만 확실해질 것이다.
그것으로 충분하다. 누가 상관하겠는가? 지금은 당신이 다른 사람을

이용하길 원하지만, 당신이 더없는 행복 속에 있을 때는 어느 누구도 이용하고 싶어 하지 않게 된다. 그저 나누고 싶어진다. 당신은 너무 많이 가져 그것이 흘러넘치기 시작한다. 이것을 나누고 싶다. 그리고 누군가 그것을 받아 줄 사람이 있다는 데 감사함을 느낄 것이다.

지금, 당신은 다른 사람의 사랑이 진실인지 아닌지에 대해 너무 많이 속을 태운다. 그것은 당신의 사랑이 확실치 않기 때문이다. 당신은 자신의 가치에 대해서도 확신이 없다. 당신은 누군가가 당신을 진실로 사랑한다고 믿을 수가 없다. 당신은 당신 안에 있는 어떤 것도 볼 수 없다. 당신이 자기 자신을 사랑할 수 없는데, 어떻게 다른 사람이 당신을 사랑할 수 있겠는가? 이것은 있을 수 없는 일이고, 가능해 보이지도 않는다.

당신은 자신을 사랑하는가? 당신은 이런 질문조차 하지 않는다. 사람들은 자신을 증오하고 자신을 비난한다. 계속해서 비난하며, 그들이 열등하다고 생각한다. 그토록 열등한 인간인 당신을 어떻게 다른 사람이 사랑할 수 있겠는가? 아니, 아무도 당신을 진실로 사랑할 수 없을 것이다. 다른 사람이 장난치고 속이고 있으며, 다른 이유가 있음에 틀림없다. 그녀는 무언가 다른 게 있음에 틀림없다. 그도 무언가 다른 게 있음에 틀림없다.

다른 사람에 대해서 확실히 알 수 있는 방법은 없다. 당신 자신에 대해서 먼저 확실해져라. 자신에 대해 확실한 사람은 온 세상에 대하여 확실하다.

VII. 깨어 있음

★★★★★★★★★★★★★★★

당신은 깨어 있음이다. 이것을 위해 당신이 해야 할 일도 없고,
해야 했던 일도 없다. 당신의 본질은 바로 깨어 있음이다.

깨어 있음은 마음의 일부가 아니다. 이것은 마음을 통하여 흐르지만, 마음의 일부분이 아니다. 이것은 전구와 같다. 전기는 전구를 통하여 흐르지만, 전기는 전구의 일부가 아니다. 당신이 전구를 깨트린다 해도 전기는 깨지지 않는다. 그 표현은 방해받겠지만, 가능성은 숨겨진 채 남아 있다. 당신이 전구를 갈아 끼우면, 전기는 흐르기 시작한다.

마음은 단지 도구일 뿐이다. 깨어 있음은 이것의 일부가 아니지만, 이것을 통하여 흐른다. 마음을 초월했을 때, 깨어 있음 그 자체는 남을 것이다. 그래서 부처조차도 당신과 이야기하고 대화하려면 마음을 이용해야 할 것이다. 왜냐하면 그때 그는 흐름, 내면의 흐름이 필요하기 때문이다. 그는 도구와 매개체를 사용해야만 할 것이고, 그때 마음이 그 역할을 할 것이다. 하지만 마음은 단지 수단일 뿐이다.

마음은 단지 수단일 뿐이다. 그리고 당신은 마음을 최대 용량으로 사용하지 않는다. 만약 당신이 이것을 최대 용량으로 사용한다면, 이것은 부처가 말하는 '올바른 지식'이 될 것이다. 비행기를 버스같이 사용하는 사람처럼 우리는 마음을 사용하고 있다. 당신은 비행기의 날개를 자르고, 그것을 길 위에서 버스처럼 탄다. 그것은 버스처럼 일할 것이지만, 당신은 어리석다. 그 버스는 날 수 있다! 당신은 이것의 성능을 올바르게 사용하고 있지 않다.

당신은 마음을 꿈, 상상, 광기에 사용하고 있다. 당신은 이것의 날개를 잘라 버렸고, 이것을 사용하고 있지 않다. 당신이 이것을 날개와 함께 사용한다면, 이것은 올바른 지식이 될 수 있고 지혜가 될 수 있다. 하지만 그것도 역시 마음의 일부이다. 그것 또한 수단이다. 사용자는 뒤에 남아 있고, 사용하는 자는 사용될 수 없다. 당신은 이것을 사용하고 있으며, 당신은 깨어 있음이다. 그리고 명상을 위한 모든 노력들은 매개물 없이 순수한 깨어 있음을 알기 위한 것이다.

이것은 오직 마음의 기능이 멈추었을 때만 알 수 있다. 마음이 멈추었을 때, 당신은 자각이 거기 있음을 깨닫게 될 것이고, 당신은 이것으로 가득 채워져 있음을 알게 될 것이다. 마음은 단지 수단이고 통로이었을 뿐이다. 이제 당신이 원한다면 마음을 사용할 수 있고, 만약 사용하기를 원치 않는다면 이것을 사용할 필요가 없게 된다.

몸과 마음은 둘 다 수단이다. 당신은 수단이 아니고, 당신은 이러한 수단들 뒤에 숨겨져 있는 주인이다. 하지만 당신은 이것을 완전히 잊었고, 손수레와 같은 존재가 되었다. 당신은 수단이 되었다. 구르지예프는 이것을 동일시라고 부른다. 인도의 요기들은 타다뜨마야(tadatmaya)라고 부르며, 이것은 당신이 아닌 무언가와 하나가 되는 것을 말한다.

우리가 마음이 멈춘다고 말할 때, 이것은 동일시가 깨지는 것을 의미한다. 당신은 이것이 마음이고, 이것이 '나의 존재'라는 것을 안다. 서로 연결되어 있던 것이 끊어졌다. 이제 마음은 주인이 아니다. 이것은 단지 도구가 되었다. 이것이 올바른 위치로 내려와 놓였다. 그래서 당신은 필요할 때마다 이것을 사용할 수 있다.

그냥 가만히 지켜본다고 해서, 마음이 멈추거나 뇌세포가 멈추거나 하지는 않을 것이다. 그들은 오히려 충돌이 줄어들어 힘이 더 강해지고 더욱 활기를 띠게 될 것이다. 그들은 더욱 새로워질 것이다. 당신은 그들을 더욱 바르고 정확하게 사용할 수 있지만, 그것들이 짐이 되진 않을 것이다. 그것들은 당신에게 무언가를 하라고 강요하지 못할 것이고, 당신을 좌지우지하지 못할 것이다. 당신은 주인이 될 것이다.

어떻게 지켜봄만으로 이런 일이 일어날 수 있는가? 굴레는 지켜보지 않음으로 인해 생겨나기 때문이다. 굴레는 당신이 경계하지 않음으로 인해서 생겨나므로, 당신이 주의를 기울인다면 굴레는 사라질 것이다. 굴레는 단지 의식하지 못함일 뿐이다. 다른 아무것도 필요하지 않다. 당신이 무엇을 하든, 정신을 가다듬고 더욱 주의를 기울여라.

무엇을 하든 지루하고 졸린 방식으로 하지 않는 데 중점을 두어라. 모든 행동과 모든 생각, 모든 느낌을 지켜보아라. 지켜보며 움직여 가

라. 모든 순간은 매우 귀중하다. 졸음 속에 이것을 낭비하지 마라. 만약 당신이 모든 순간을 좀 더 의식적이 되는 기회로 활용한다면, 의식은 점점 자라나게 된다. 어느 날, 갑자기 당신은 내면에서 타오르고 있는 빛을 발견하게 된다. 당신이 이것을 향해 더욱 매진한다면, 갑자기 어느 날 아침에 편견 없이 중립적이고, 사랑하지만 뒤얽히지 않으며, 세상에 남아 있지만 언덕 위에서 지켜보고 있는 완전히 새로운 모습으로 일어나게 된다. 세상 속에 있지만 언덕에서 지켜보고 있는, 같은 시간 동시에 세상에 있지만 그 속에 있지 않은, 그것은 역설적이지만 성취되어야 할 것이다.

이것은 평범한 금속이 금으로 변형되는 방법이다. 무의식 속에서 당신은 보통의 금속이지만, 의식과 함께 할 때 당신은 금이 되고 변형될 것이다. 단지 자각의 불꽃만이 필요하다. 그 밖의 것들은 모자람이 없이, 모든 것은 거기에 있다. 자각의 불꽃과 함께 새로운 질서가 생겨난다.

VIII. 용기

★ ★ ★ ★ ★ ★ ★ ★ ★ ★

성장은 반드시 하나를 필요로 하는데, 그것은 용기이다. 이것은 가장 기본적이며
신성한 자질이다. 그 밖의 다른 모든 것들은 그저 평범하며 뒤따라올 수 있는 것이지만,
용기는 가장 근본적이고 가장 우선적인 것이다.

당신은 씨앗이다. 씨앗은 네 가지 가능성을 가질 수 있다. 씨앗은 닫힌 채 창문도 없이, 존재와의 영적 교감 없이, 죽은 채 영원히 씨앗으로 남을 수 있다. 왜냐하면 삶은 존재와의 영적 교감이기 때문이다. 씨앗은 아직 땅과 함께, 하늘과 함께, 공기와 함께, 바람과 함께, 태양과 함께, 별들과 함께 소통하지 않은 채 죽어 있다. 씨앗은 아직 존재하는 모든 것들과 대화하려는 어떤 시도도 하지 않고 있다. 자신을 중국의 만리장성과 같은 벽으로 둘러치고 에워싸며 소중히 보호해서, 극도로 고립되어 있다. 씨앗은 자신의 무덤 속에서 산다.

첫 번째 가능성은 씨앗이 씨앗으로 남는 것이다. 이것은 매우 불행하지만, 사람은 단순히 씨앗으로 남을 수도 있다. 모든 가능성은 당신에게 달려 있고, 모든 은총들이 당신 위에 쏟아져 내릴 준비가 되어 있지만, 당신은 결코 문을 열지 않을 수도 있다.

두 번째 가능성은 씨앗이 충분히 용기를 얻어 토양 속으로 깊이 뛰어들어, 자아와 모든 보호물을 버리고 존재와 영적 교류를 시작하며, 땅과 하나가 되는 것이다. 이것은 엄청난 용기가 필요하다. 누가 알겠는가? 이 죽음이 최후가 되고, 다시는 탄생이 없을지도 모른다. 무엇을 보장하겠는가? 아무런 보장이 없고, 이것은 하나의 도박이 될 것이다. 오직 소수만이 도박과 모험을 할 만큼 충분한 용기를 모은다.

구도자(求道者)가 되는 것은 도박의 시작이다. 당신은 자신의 삶을 걸고, 자신의 자아를 걸었다. 자신의 보호물과 모든 안전장치들을 떨쳐 버렸기 때문에 위험한 상태에 있다. 당신이 창문을 열었을 때, 친구가 들어올지 적이 들어올지, 그 누가 알겠는가? 당신은 상처받기 쉬운 상태가 되어 있다. 이것이 구도(求道)의 모든 것이고, 부처가 그의 전 생애를 통해 가르쳤던 것이다. 사십이 년 동안 계속해서 씨앗은 식물로 자라난다. 이것은 그의 과제였고, 평범한 사람이 구도자로 변형된다.

구도자는 부드럽고 섬세한 식물이며 싹이다. 씨앗은 결코 위험에 처해 본 적이 없음을 기억하라. 씨앗에게 무슨 위험이 있을 수 있었겠는가? 이것은 완벽히 보호되고 있었다. 하지만 식물은 언제나 위험 속에 있으며 매우 연약하다. 씨앗은 돌처럼 딱딱한 껍질 속에 숨어 있지만, 식물은 수많은 위험들을 통과해야 한다. 이것이 두 번째 단계이다. 씨앗은 흙 속으로 녹아들어, 개인으로서 자아로서의 그 사람은 사라지고 식물이 되어 간다.

　식둘 모두가 수많은 꽃을 피울 수 있는 높은 곳에 다다를 수 있는 것은 아니기 때문에, 세 번째에 도달하는 것은 매우 드문 경우이다. 매우 소수의 사람만이 두 번째에 도달하고, 그 중의 매우 적은 수만이 세 번째 꽃피우는 단계에 도달한다. 왜 그들은 모두가 꽃을 피우는 세 번째 단계에 도달할 수 없는가? 그것은 그들이 탐욕스럽고 인색하기 때문이며, 나눌 준비가 되어 있지 않기 때문이다…… 사랑이 없기 때문이다.

　식물이 되는 데는 용기가 필요하고, 꽃을 피우는 데는 사랑이 필요하다. 나무에게 있어 꽃이란, 가슴을 활짝 열고 향기를 발산하며, 그의 영혼을 주고 존재 속으로 생명을 쏟아 붓는 것을 의미하는 것이다. 씨앗은 비록 어렵게 모든 보호물을 버리고 식물이 될 수 있었지만, 다른 한편으로 보면 이것은 간단한 일이기도 하다. 씨앗은 흙으로부터 오직 모으고 또 모으며, 쌓고 또 쌓는다. 나무는 오직 물, 공기, 태양에게서 취하기만 한다. 이 탐욕은 방해받지 않으며, 그 반대로 이 열망은 가득 채워진다. 이것은 더욱더 크게 자라날 것이다. 하지만 당신이 아주 많은 것을 갖는 순간이 오면, 당신은 이제 나누어야만 한다. 당신은 그동안 아주 많은 은혜를 입어 왔고, 이제는 보답해야 한다.

　신은 당신에게 매우 많은 것을 주었고, 이제 당신은 감사에 보답해야 한다. 당신이 신께 감사할 수 있는 유일한 길은, 존재가 당신에게 했던 것처럼 인색하지 않게 당신의 보물들을 아낌없이 주고 존재에게 그것들을 되돌려 주는 것이다. 그때 나무는 꽃으로 자라나 활짝 피어난다.

　네 번째 단계는 향기의 그것이다. 꽃은 아직은 거칠고 물질적이지만, 향기는 미묘하고 거의 물질이 아닌 것에 가깝다. 당신은 이것을 볼 수 없으며, 이것은 눈에 보이지도 않는다. 당신은 오직 냄새만을 맡을 수 있고, 이것을 움켜잡을 수 없다. 향기와의 대화를 위해서는 매우 섬세한 이해가 필요하다. 향기 너머에는 아무것도 없다. 향기는 우주 속으로 사라져 이것과 하나가 된다.

이것은 씨앗의 네 단계이고, 또한 인간의 네 단계이기도 하다. 씨앗으로 남아 있지 말고 용기를 모아라. 자아를 떨쳐 버릴 용기, 보호물을 떼어 버릴 용기, 안전장치를 제거할 용기, 상처받기 쉬운 상태가 될 용기를 가져라. 나무로 남아 있지 말라. 꽃이 없는 나무는 초라하다. 꽃이 없는 나무는 보잘것없고, 없어서는 안 될 중요한 무언가가 빠져 있다. 이것은 아름답지 않다. 사랑 없는 나무는 아름답지 않으며, 나무가 사랑을 보여 줄 수 있는 길은 오직 꽃을 통하여서이다. 태양으로부터, 달로부터, 땅으로부터 너무나 많은 것들을 얻어 왔기 때문에, 이제는 나눌 시간이다.

IX. 홀로 있음

★ ★ ★ ★ ★ ★ ★ ★ ★ ★ ★ ★ ★ ★ ★

홀로 할 수 밖에 없는 일들이 몇 가지 있다. 사랑, 기도, 삶, 죽음, 심미적 경험,
더없이 행복한 순간들. 그것들은 모두 당신이 홀로일 때 온다.

어느 누구도 홀로 되기를 원하지 않는다. 세상에서 가장 커다란 두려움은 홀로 남겨지는 것이다. 사람들은 단지 홀로 남겨지지 않기 위해 수많은 일들을 한다. 당신은 다른 사람들과 그저 같아지고 홀로 남겨지지 않기 위해 이웃을 따라 한다. 당신은 개성을 잃고 독특함을 잃는다. 따라 하지 않으면 홀로 남겨질 것이기 때문에 당신은 그저 모방자가 된다.

당신은 군중의 일부가 되고, 교회의 일부가 되고, 조직의 일부가 된다. 어떻게 해서든지 당신은 편안함을 느낄 수 있는 곳에서 군중과 동화되기를 원한다. 당신은 혼자가 아니고, 거기엔 당신과 같은 많은 사람들이 있다. 당신과 같은 수많은 모하메드교도, 당신과 같은 수많은 힌두교도, 수많은 그리스도교도, 수많은 그들…… 당신은 홀로가 아니다.

홀로 된다는 것은 진정으로 위대한 기적이다. 이것은 지금 당신이 어떤 교회에도, 어떤 조직에도, 어떤 신학에도, 어떤 사상에도 속하지 않으며, 사회주의자, 공산주의자, 파시스트, 힌두교도, 기독교도, 자이나교도, 불교도도 아니며, 그저 당신으로 있는 것이다. 그리고 당신은 정의 내릴 수 없고, 말로 형언할 수 없는 당신의 실재를 사랑하는 방법을 배운 것이다. 당신은 자신과 함께 하는 법을 알게 되었다.

이것을 이해하려고 노력하라. 당신은 홀로 태어났으며, 홀로 죽는다. 탄생과 죽음 이 둘은 인생에 있어 가장 위대한 순간이다. 당신은 홀로 태어나고, 홀로 죽는다. 인생에 있어 가장 위대한 순간인 시작과 끝은 홀로 이루어진다. 당신이 명상할 때 당신은 다시 혼자가 된다. 그래서 명상은 탄생과 죽음 둘 다이다. 당신은 과거로부터 죽고, 알려지지 않은 사람으로 새롭게 태어난다.

사랑할 때조차 당신은 함께라고 생각하지만 함께가 아니다. 거기에는 두 개의 홀로 있음이 있다. 진정한 사랑에는 잃는 것이 없다. 두 연인이 앉아 있다. 만약 그들이 진정한 연인이라면, 서로를 소유하려고 하지 않으며 서로를 지배하려고도 하지 않는다. 이것은 사랑이 아닌 혐오의 길이요, 폭력의 길이기 때문이다. 만약 그들이 사랑하고 있고

52

그 사랑이 그들의 홀로 있음에서 나온 것이라면, 당신은 아름다운 두 홀로 있음이 함께 하고 있음을 보게 될 것이다. 그들은 서로 떨어져 하늘 높이 있는 두 개의 히말라야 산봉우리와 같다. 그들은 서로를 방해하지 않는다. 사실 깊은 사랑만이 순수한 홀로 있음을 당신에게 보여준다.

진실한 모든 것들과 실재인 이 모든 것들은 당신에게 언제나 홀로 있음을 가져올 것이다. 사랑, 기도, 삶, 죽음, 심미적 경험, 더없이 행복한 순간들은 당신이 홀로일 때 온다. 당신이 사랑할 때 당신은 누군가와 함께 있다고 생각한다. 아마도 그 누군가는 단지 당신의 홀로 있음의 반영이고, 그 누군가는 당신의 홀로 있음을 반사하는 거울일 뿐이다. 하지만 더욱 깊은 사랑 속으로 들어갈 때, 당신의 연인조차 거기에 침투해 들어올 수 없음을 더 깊이 있게 알게 된다. 당신의 홀로 있음은 절대적이고, 그래서 이것은 좋은 것이다. 그렇지 않다면 당신은 공공물이 될 것이다. 그때는 당신이 혼자 있더라도, 가장 깊숙한 내면의 중심은 가지지 못할 것이고, 그때 당신은 침범당할 수 있다. 하지만 당신의 홀로 있음은 절대적이다. 그 어느 누구도 이것을 침범할 수 없다.

X. 변화

★ ★ ★ ★ ★ ★ ★ ★ ★ ★ ★

새로움으로 들어가는 것만이 당신을 변형시킬 수 있으며, 변형을 일으킬 수 있는
다른 길은 없다. 만약 당신이 새로움으로 들어가는 것을 허락한다면, 당신은 예전으로는
결코 다시 돌아갈 수 없을 것이다.

새로움은 당신으로부터 나오는 것이 아니라, 알 수 없는 곳으로부터
온다. 이것은 당신의 일부가 아니다. 새로움은 계속하던 것을 그만두
게 하기 때문에 두렵다. 당신의 모든 과거는 위험에 처하게 된다. 당신
은 한 가지 방식으로 살아왔고, 한 가지 방식으로 사고했으며, 신념을
가지고 안정된 삶을 만들었다. 그런데 새로운 무언가가 문을 두드린
다. 이제 당신의 지나간 과거의 방식이 통째로 방해를 받게 될 것이다.
만약 당신이 그 새로움이 들어오도록 허용한다면, 당신은 다시는 예전
의 상태로 되돌아갈 수 없다. 그 새로움은 당신을 변형시킬 것이다.

이것은 모험이다. 새로움과 함께 할 때, 그것이 어디서 끝날지 결코

알 수 없다. 오래된 것은 잘 알고 있고 친숙하다. 당신은 이것과 오랫동안 살아왔고 서로 잘 맞추어져 있다. 새로운 것은 친숙하지 않다. 이것이 친구가 될지 적이 될지 누가 알겠는가. 그리고 그것을 알 방법은 없으며, 이것을 알 수 있는 유일한 길은 이것을 해 보는 것이다. 따라서 불안하고 두렵다.

당신은 이것을 계속 거절할 수는 없다. 오래도록 해 왔던 것들은 아직도 당신이 찾는 것을 주지 못했기 때문이다. 이제껏 당신이 해 왔던 것들은 전도유망해 보였지만, 그 약속은 실현되지 않았다. 오래된 것은 익숙하지만 비참하다. 새로운 것은 불편할지 모르지만, 거기엔 가능성이 있다. 이것은 당신에게 더할 나위 없는 행복을 가져올지도 모른다. 그래서 당신은 이것을 거절할 수도 없고 받아들일 수도 없다. 그에 따라 당신 안에는 동요와 걱정 그리고 엄청난 고통이 생겨난다. 이것은 자연스러운 일이고, 늘 해 온 방식이며 또한 앞으로도 늘 이렇게 할 것이다.

새로운 것이 나타남을 이해하려고 노력하라. 낡은 것에 만족하는 사람은 그 누구도 없기 때문에 세상의 모든 사람은 새로워지길 원한다. 그것이 무엇이든지 잘 알고 있는 오래된 것에는 그 누구든지 줄곧 만족할 수는 없다. 왜냐하면 그것이 무엇이든 잘 알기 때문이다. 한번 알고 나면 이것은 반복되고, 한번 알고 난 것은 지루하고 단조롭다. 당신은 이것을 없애 버리고 싶다. 당신은 탐험하고 모험하기를 원한다. 당신은 새로워지고 싶다. 하지만 아직도 새로운 것이 당신의 문을 두드릴 때, 당신은 뒤로 물러서고 움츠러들고, 오래된 것 뒤로 숨는다. 이것은 딜레마이다.

　모든 사람들이 새로워지고 싶어 하지만, 우리는 어떻게 하면 새로워질 수 있는지 모르고 있다. 새로워지려면 용기가 필요하며, 그것도 평범한 용기가 아닌 아주 특별한 용기가 필요하다. 이 세상은 겁쟁이로 가득 차 있고, 따라서 사람들은 성장하기를 멈춘다. 당신이 겁쟁이라면 어떻게 성장하겠는가? 새로운 기회가 올 때마다 움츠러들고 눈을 감아 버린다면 어떻게 성장하겠는가? 어떻게 그렇게 될 수 있겠는가? 당신은 그렇게 되고 있는 척할 뿐이다.

　우리는 어떻게 새로워질 수 있는가? 우리는 우리 스스로 새롭게 할 수 없다. 새로움은 저 너머에서 온다. 새로움은 존재로부터 온다. 마음은 항상 늙었다. 마음은 결코 새롭지 않으며 과거의 축적일 뿐이다. 새로움은 저 너머에서 오고, 이것은 선물이다. 이것은 미지로부터 오며, 미지에 속한 것이다.

　알려져 있지 않고 알 수 없는 미지가 당신 안으로 들어온다. 이것은 당신이 결코 봉인되어 따로 떨어져 있지 않기 때문에 당신 안으로 들어왔다. 당신은 따로 떨어져 있는 섬이 아니다. 당신은 그 너머를 잊었지만, 그 너머는 당신을 잊지 않았다. 어린아이는 어머니를 잊었지만, 어머니는 그 아이를 잊지 않았다. 그 부분은 “나는 분리되었다.”라고 생각하기 시작했지만, 전체는 당신이 분리되어 있지 않다는 것을 안다. 전체가 당신 안으로 들어오고, 이것은 여전히 당신과 연결되어 있다. 이것이 비록 당신이 환영하지 않더라도 새로운 것이 오는 이유이다. 이것은 매일 아침 오고, 매일 저녁 온다. 이것은 수많은 방식으로 온다. 만약 당신이 이것을 볼 수 있는 눈을 갖게 된다면, 이것이 계속해서 오고 있음을 보게 될 것이다.

오직 깊이 있게 전적으로 받아들여진 새로움만이 당신을 변형시킬 수 있다. 당신은 삶 속으로 새로운 것을 가져올 수 없으며, 새로움은 스스로 온다. 당신은 이것을 받아들이거나 거절할 수 있다. 만약 당신이 이것을 거절한다면, 당신은 하나의 닫혀 있고 죽은 돌로 남게 된다. 만약 이것을 받아들인다면, 당신은 한 송이 꽃이 되고 열리기 시작한다. 그리고 이 열림이 축제가 된다.

새로움은 전령이고, 새로움은 전갈이다. 이것은 복음이다. 새로움에 귀 기울이고, 새로움과 함께 가라. 나는 당신이 두려워하는 것을 안다. 두려움에도 불구하고 새로움과 함께 가라. 그러면 당신의 삶은 날로 풍요로워질 것이고, 어느 날 당신 안에 갇혀 있던 화려한 광채가 빛을 발하게 될 것이다.

어떤 것이든지 반복하는 그 순간 당신은 로봇 같은 삶을 살기 시작한다. 당신과 당신이 사랑하는 사람을 계속해서 변형시킬 만큼 위대한 당신의 지혜, 당신의 명상, 당신의 사랑이 없다면, 모든 것은 반복 속에 갇혀 버릴 것이다. 그래서 각 순간마다 당신은 사랑하는 사람의 눈을 볼 때마다 무언가 다른 것을 보고 새로운 것을 본다. 이것은 새로운 꽃이 피어나고 계절이 바뀌는 것이다.

변화하지 않고 그대로라면 사랑조차 지옥이다. 그렇지 않다면 온 세상의 모든 사람들이 사랑 속에 있을 수 있지만, 모든 사람들은 자신이 만든 개인 전용 화장실과 같은 자신만의 지옥 속에 산다. 결코 비참한 삶이나 지옥의 삶이 아닌, 과거로부터 벗어나 새로운 차원으로 사람들을 만나며, 새로운 방식으로 사람들과 사귀고, 새로운 노래를 부르며, 매 순간 새로워지려고 노력해야 한다. 사람들은 "나는 기계처럼 살지 않을 것이다."라는 기본에 중점을 두어야 한다. 기계는 인생을 가지고 있지 않으며, 이것은 능률만을 가지고 있다. 세상은 능률을 필요로 하기 때문에 당신이 기계가 되길 바란다. 하지만 당신의 존재는 절대로 기계가 되기를 바라지 않고 예측 불가능하길 바란다. 매일 아침 새로운 당신을 발견해야 한다.

XI. 도약

★ ★ ★ ★ ★ ★ ★ ★ ★ ★ ★

영어에는 아주 아름답고 의미심장한 두 개의 단어가 있다. 하나는
붕괴(breakdown)이고, 다른 하나는 도약(breakthrough)이다. 붕괴는 당신이 어떠한
명상도 알지 못하고 당신의 논리가 현실에 맞지 않을 때 일어난다. 그때 거기에
도약이 있게 된다. 당신은 새로운 시각과 조망을 가지고 새로운 세계로 들어간다.

만약 당신의 머리가 붕괴된다면, 걱정하지 마라. 이 구조가 무너진 상태를 기회로 사용하라. 그 순간 당신이 미쳐 가는 것은 아닌지 걱정하지 말고, 그 순간 가슴으로 미끄러져 들어가라. 진정으로 심리학이 소용되는 미래에, 어느 날 누군가가 너무 이성적이 되어 미쳐 갈 때마다 우리는 그가 감성적이 될 수 있도록 도울 것이다. 그 순간 기회가 열리기 때문이다. 붕괴는 하나의 도약이 될 수 있다. 오래된 구조는 사라졌고, 이제 그는 더 이상 이성에 꽉 매여 있지 않다. 그는 잠시 동안 자유롭다. 현대 심리학은 사람을 계속 오래된 구조에 다시 끼워 맞추려고 노력한다. 현대의 모든 노력들은 어떻게 하면 다시 그 사람을 보통으로 되돌려 적응시킬 것인가에 있다. 진정한 심리학은 뭔가 다른 일을 할 것이다. 진정한 심리학은 이 기회를 활용할 것이다…… 낡은 마음은 사라졌고, 거기에 틈이 생겼기 때문이다. 이 틈을 사용해서 그 사람을 다른 마음, 즉 가슴으로 이끌어 가야 한다. 그를 존재의 다른 중심으로 이끌어 가야 한다.

당신은 차를 운전할 때 기어를 바꾼다. 기어를 바꿀 때마다 기어가 중립인 때가 온다. 이때는 중립 기어로 움직인다. 중립 기어는 기어가 없는 상태이다. 이 기어에서 다른 기어로 움직이는 순간, 기어가 없는 때가 온다. 하나의 마음이 실패했을 때, 당신은 중립 상태이다. 이제 다시 당신은 지금 갓 태어난 것과 같다. 이 기회를 활용하고, 무너지고 있는 오래되고 낡은 썩은 구조로부터 에너지를 거두어 폐허를 떠나라. 가슴으로 이동하라. 이유는 잊어버리고, 사랑이 당신의 중심, 당신의 목적이 되게 하라. 각 붕괴는 하나의 도약이 될 수 있고, 이성의 실패는 감성의 성공이 될 수 있다. 머리의 실패는 가슴의 성공이 될 수 있다.

에너지는 층들이 있다. 첫 번째 층은 매우 자그마한 층이다. 이것은 날마다 사용하기 위한 것으로, 아침에 일어나 밥을 먹고, 목욕을 하고, 사무실에 가서 돈을 벌고, 집으로 돌아오는 그러한 일들을 하기 위한 것이다. 이것은 아주 작은 층이다.

당신이 명상하기 시작할 때, 에너지는 첫 번째 층에서 가져오고, 이 것은 새로운 종류의 일이다. 오래된 일은 계속되고 있고, 새로운 에너지는 다직 사용되지 않는다. 당신이 극도로 피곤에 지치는 순간이 온다면, 그것은 축하할 일이다. 오직 극도로 지친 그때, 도약이 있을 것이고, 두 번째 층의 에너지가 당신을 통해 흐르기 시작할 것이다. 반대로, 당신은 쓰고도 남을 만큼의 에너지를 가진 것을 느끼게 될 것이고, 당신은 더 깊은 에너지의 원천을 만나게 된다. 이것은 두 번째 원천이고, 이것은 거대하다.

이것은 중대한 국면들에서 일어나며, 또한 보통의 상황에서도 일어난다. 당신은 피곤하다. 당신은 극도로 지쳐 사무실에서 돌아왔으며 잠을 자고 싶다. 갑자기 당신의 집이 불길에 휩싸이면 모든 피곤함이 사라져 버린다. 두 번째 층은 비상층이며, 죽느냐 사느냐 하는 문제가 걸린 아주 중대한 상황일 때 사용된다. 당신은 에너지로 가득 차서, 잠도 자지 않고 피곤함도 느끼지 않는다. 당신은 그 층으로 서서히 조금씩 움직여 갈 것이다.

그때 거기에 세 번째 층이 있는데, 이것은 전혀 인간적인 것이 아니다. 첫 번째는 개인적인 것이고, 두 번째는 집단적이며, 세 번째는 우주적이다. 매우 소수의 사람만이 세 번째에 도달한다. 세 번째에 도달하는 것은 깨닫게 되는 것이다.

XII. 새로운 시각

★ ★ ★ ★ ★ ★ ★ ★ ★ ★ ★ ★ ★ ★ ★ ★ ★ ★ ★ ★

영성은 어떠한 덕행을 실천하는 것이 아니라 새로운 시각을 얻는 것이다.
덕행은 그 시각을 따라오며 저절로 온다. 이것은 자연적인 부산물이다.
당신이 눈을 뜨기 시작할 때, 모든 것은 변하기 시작한다.

이것은 새로운 삶의 시작, 새로운 시각의 시작이다…… 새로운 존재
방식의 시작이다. 당신은 많은 것을 버려야만 할 것이며, 지나 버린 모
든 것과 과거로부터 자신을 단절해야만 할 것이다. 이것을 더 이상 실
어 나르지 말라. 이것은 불필요한 짐이다. 이것은 성장을 방해하고 마
비시킨다. 서서히 이것은 그 사람을 짓누르는 산이 된다.

매 순간 과거를 죽일 수 있는 사람에게는 이것이 결코 축적되지 않
을 것이다.

이것이 구도자의 길이다. 매 순간 과거는 죽고, 그래서 당신은 항상
젊고 새롭고 활기차다. 그 결과 당신은 항상 현재에 존재한다.

현재에 존재하는 것은 신 앞에 서는 것이다.

죽음의 원인이 되는 자아를 버리기 시작할 때, 당신은 새로운 삶에 대한 시각과 새로운 삶의 양식을 갖기 시작한다. 당신은 부활한다. 하지단 이때 이기적이지 않고 복종할 준비가 되어 있으며, 신께 "당신의 뜻대로 이루어지게 하소서."라고 말할 수 있는 겸손한 마음이 필요하다.

신은 언젠가 만나게 될 사람이 아니다. 신은 당신이 없어지는 체험, 당신의 자아가 사라지는 하나의 체험이다. 당신의 자아가 더 이상 존재하지 않을 때 무엇이 남겠는가? 단지 순수한 광대함, 무한한 무(無)가 남게 된다. 하지만 이 무(無)는 부정적인 개념이 아니다. 무(無)는 또 다른 종류의 가득 참이다. 자아의 측면에서 보면 아무것도 없는 것이고, 전체의 측면에서 보면 가득 참이다. 낡은 시각으로 보면 아무것도 없는 것이지만, 이것은 새로운 탄생이며 새로운 시각이 태어나는 것이다.

이것은 넘쳐흐른다. 힘차게 넘쳐흐른다. 그리고 이 힘은 영원하며, 시작도 끝도 없다.

마음은 혼란이다. 생각과 생각, 수많은 생각들이 시끄럽게 떠들고 충돌하며 서로 싸우고 당신의 주의를 끌려고 한다. 수많은 생각들이 수많은 방향으로 당신을 잡아 이끈다. 이 모든 것들과 함께 당신을 계속 유지할 수 있다는 것은 기적이다. 어쨌든 당신은 어떻게 하든지 겉으로 보기에 이것들과 잘 융화되는 것처럼 보이려고 노력한다. 하지만 보이지 않는 깊은 곳에서는 계속해서 복잡한 생각들이 아우성치고, 상반된 생각들이 내전을 일으키고 있다. 생각들은 서로 싸우고, 당신이 생각들로 꽉 채워지기를 바라고 있다. 이것은 엄청난 혼란이며, 당신은 이것을 마음이라 부른다.

하지만 마음이 혼란이라는 것을 알게 된다면, 당신은 마음을 자신과 동일시하지 않으며, 결코 그 속으로 빠져들지 않을 것이다. 당신은 절대로 떨어져 내리지 않을 것이다! 마음은 무력해질 것이다. 당신은 계속 지켜볼 것이기 때문에, 당신의 에너지는 천천히 마음으로부터 물러날 것이다. 더 이상 그것을 기르지는 않을 것이다.

한번 마음이 죽으면, 당신은 마음 없음으로 태어나게 된다. 그 탄생은 깨달음이다. 그 탄생은 처음으로 당신을 깨달음의 세계, 평화의 땅으로 데려간다. 이것은 당신을 더없는 행복과 은혜의 땅으로 데려간다. 그렇지 않으면 당신은 지옥에 남는다. 지금 현재 당신은 지옥에 있다. 하지만 만약 당신이 결정한다면, 당신이 결심한다면, 당신이 의식을 선택한다면, 지금 당장 당신은 지옥에서 천국으로 뛰어오를 수 있다.

XIII. 변형

★★★★★★★★★★

괴로움과 고통, 불행과 같은 것들을 좋은 것으로 변형시키려면,
그 반대되는 것들이 꼭 필요하다는 것을 알아야 한다.
오직 받아들임을 통해서만 변형이 가능하다.

괴로움과 고통, 불행과 같은 것들을 좋은 것으로 변형시키려면, 그 반대되는 것들이 꼭 필요하다는 것을 알아야 한다. 빛은 어둠이 있을 때만 존재할 수 있다. 그런데 왜 어둠을 미워하는가? 어둠 없이 빛은 있을 수 없다. 그래서 빛은 사랑하고 어둠은 증오하는 사람은 딜레마에 빠지게 되며, 그들이 무엇을 하고 있는지도 알지 못한다.

삶은 죽음 없인 존재할 수 없다. 그런데 왜 죽음을 싫어하는가? 삶이 존재할 공간을 만들어 주는 것이 죽음이다. 죽음은 삶에 대조되는 것이고, 배경이 되는 것이며, 하얀 분필로 삶이 쓰인 칠판과 같은 것이라는 것을 안다면, 이것은 위대한 통찰이다. 죽음이란 삶이 별처럼 빛나기 시작하는 밤의 어둠과 같은 것이다. 당신이 만일 밤의 어둠을 없 앤다면, 별들도 사라질 것이다. 이것은 낮 동안 일어나는 일이다. 별들은 아직 거기 있는데도 불구하고, 당신은 그것들이 사라졌다고 생각하는가? 그들은 아직 거기에 있다. 빛이 너무 강해 그들을 볼 수 없게 됐을 뿐이다. 그들은 대조됨 속에서만 모습을 드러낸다.

성자는 죄 많은 사람이 있기 때문에 가능하다. 따라서 부처는 죄 많은 사람을 미워하지 말라고 하였다. 그들은 성자가 존재할 수 있게 해 주며, 한 동전의 양면과 같은 존재이다. 좋은 것에 집착하거나 나쁜 것을 떼어 내려고 하지 말아야 한다는 것을 알라. 이 둘 다를 삶의 본질적인 한 부분으로 받아들여라. 이 받아들임 속에서만 당신은 무언가를 변형시킬 수 있다. 오직 수용을 통해서만 변형이 가능하다.

고통을 변형시키기 전에 당신은 지켜보는 자가 되어야 한다. 이것은 세 번째 주의 사항이다. 첫 번째는 불운에 대항하지 말라는 것이다. 두 번째는 반대되는 것은 반대가 아니라 필연적으로 따라오는 덤과 같은 것이며, 거기에 선택의 여지란 없으므로, 선택 없이 남아 있으라는 것이다. 세 번째는 지켜보는 자가 되라는 것이다. 당신이 그저 고통을 지켜보게 된다면 그것을 받아들여 감수하게 될 것이고, 그렇지 않고 그것을 자신과 동일시해 버린다면 그렇게 할 수 없을 것이다.

당신이 자신을 고통과 동일시하는 순간, 그것을 버리거나 제거하고 싶어지고, 이것은 매우 고통스러운 일이 된다. 하지만 당신이 지켜보는 자가 된다면, 고통은 모든 가시와 침들을 잃고 말 것이다. 그때 거기에 고통은 있지만, 당신은 그것을 지켜보는 자가 된다. 당신은 단지 하나의 거울일 뿐, 고통은 당신과 전혀 관계가 없는 것이다. 행복은 왔다가 가 버리고, 불행도 왔다가 가 버리며, 이것은 지나쳐 가는 볼거리에 불과하다. 당신은 그저 거기 있고, 거울이 되어 이것을 비출 뿐이다. 삶은 오고 가고, 죽음도 오고 가며, 거울은 그 둘 다에 영향을 받지 않고 있다. 거울은 비추어 주지만, 영향은 받지 않은 채 남아 있다. 거울은 어떠한 것에 의해서도 흔적을 남기지 않는다.

당신이 지켜볼 때, 위대한 거리가 생겨난다. 오직 지켜봄만이 평범한 금속을 금으로 변형시킬 수 있다. 오직 지켜볼 때만 당신은 내면의 과학자가 되고 분리된 관찰자가 된다. 이제 당신은 반대되는 것이 반대가 아닌, 서로가 변해서 된 것이라는 것을 안다. 이것은 세상에서 불운을 없애는 것에 대한 문제가 아니라, 불운을 어떤 이로운 것으로, 독을 감미로운 음료로 변형시키는가에 관한 것이다.

"나는 더할 나위 없이 행복하게 살고 있는가?" 이러한 생각은 항상 가치가 있다. 만약 그렇지 않다면 그 사람은 모험을 해야만 한다. 새로운 길, 새로운 삶의 방식, 새롭게 탐구할 것들을 찾아야만 한다. 당신이 잃을 게 없다는 것만은 아주 확실하다. 당신이 낡은 삶의 방식에서 진정한 행복을 발견하기는 어렵다. 당신이 이미 가졌다면, 새로움에 대한 욕구는 사라질 것이고, 점차로 오래된 것들은 무의미해지며, 이것은 너무나 자명한 일이다. 새로움은 의미가 있을 수도 있고 없을 수도 있다. 하지만 적어도 새로움에는 의미가 있을 가능성이라도 있다. 오래된 것은 그렇게 해야만 하기 때문에 그 일들을 해 왔다. 당신은 그렇게 알았고, 그것을 이해했으며, 어떤 것도 새로 받아들이지 않고 살아왔다. 마치 모래에서 기름을 짜내려고 애쓰는 것처럼 살아왔다. 모래에서 기름을 짜내려고 얼마나 더 오랫동안 당신의 뇌를 괴롭힐 것인가?

나는 새로운 것이 당신에게 기쁨이 되리라고 명백히 말할 수는 없다. 이것은 길보다는 그 길 위에 있는 여행자에게 달려 있기 때문이다. 따라서 진정한 변화는 길 위에 있는 것이 아니라 여행자에게 있다. 그렇지만 길을 바꾸는 것은 하나의 시작이 된다.

당신은 밖에 있고, 그래서 변형은 밖으로부터 시작되어야 한다. 만약 당신이 바깥을 바꿀 만큼 용기를 모을 수 있다면, 이것은 안쪽을 바꿀 수 있을 정도로 강해질 것이다. 그리고 더없는 기쁨이 당신에게 조금이라도 온다면, 그때 새로움을 위한 탐구는 기쁨과 열의를 가지기 시작할 것이다.

XIV. 통합

★★★★★★★★★★

당신은 중심에서 통합되어 있다.
그렇지 않다면 당신은 전혀 존재할 수 없다.
어떻게 중심 없이 존재할 수 있겠는가?

통합은 '이루는 것'과는 아무 관계가 없다. 사실상, '이루기 위해' 기울이는 모든 노력은 분열을 가져온다.

통합은 이미 가장 깊숙한 당신 존재의 중심에 있다. 이것은 안으로 가져올 수 있는 것이 아니다. 당신은 중심에서 통합되어 있다. 그렇지 않다면 당신은 전혀 존재할 수가 없다. 어떻게 중심 없이 존재할 수 있겠는가? 바퀴가 돌고 마차가 움직이는 것은, 그 움직이는 바퀴에 움직이지 않는 중심이 있기 때문이다. 이것은 바퀴의 축 위에서 움직인다. 만약 마차가 움직인다면, 거기에 바퀴 축이 있다. 당신은 이것을 알 수도 있고, 알지 못할 수도 있다.

당신은 살아 있고, 당신은 숨을 쉬고 있으며, 당신은 의식이다. 삶은 움직이고 있고, 그래서 인생의 수레바퀴에는 축이 있음에 틀림없다. 당신이 그것을 알지 못하더라도, 그것은 거기에 있다. 그것 없이는 당신이 있을 수 없다.

그래서 가장 우선적이고 기본적인 것은 무엇을 이루는가의 문제가 아니다. 당신은 그저 존재한다. 당신은 그저 안으로 가야 하고 이것을 보아야 한다. 이것은 발견이지 성취가 아니다. 당신은 계속 이것과 함께 해 왔다. 하지만 당신은 주변적인 것에 너무 집착해서 그 중심에는 등을 돌리고 있다. 당신은 너무 밖으로만 향하고 있어 안은 볼 수 없다.

조금만 통찰을 해 보라. 통찰이란 말은 아름답다. 이것은 안을 보고, 안을 자세히 주시하여, 안을 알아차린다는 의미이다. 눈들은 바깥을 향하고 있고, 손은 바깥을 향하여 뻗으며, 다리는 당신을 자신으로부터 멀리 데려간다. 조용히 앉아, 주변에 대해 긴장을 풀고, 눈을 감고, 그저 자신 속으로 가라…… 그리고 애쓰지 말라. 물에 빠져 어떤 것도 할 수 없는 사람처럼 그저 긴장을 풀어라. 우리는 물에 빠졌을 때조차 계속 '하려고' 한다.

만약 당신이 그저 일어나는 대로 몸을 맡긴다면, 당신은 수면으로 떠오를 것이다. 당신은 구름을 뚫고 그 중심이 떠오르는 것을 보게 될 것이다.

명상은 고대의 가장 오래된 것 중의 하나로 티벳의 수도승들에 의해서 아직도 사용되고 있다. 명상은 내가 당신에게 말하고 있는 진실에 기초하고 있다. 그들은 때때로 당신이 그저 사라질 수 있도록 가르친다. 정원에 앉아 있을 때, 당신이 사라져 가는 것을 느끼기 시작한다.

당신이 이 세상에서 사라졌을 때, 당신이 더 이상 여기 없을 때, 당신이 완전히 투명해져 버렸을 때, 세상이 어떻게 보이는지 보아라. 단 일 초라도 여기에 있지 않으려고 노력하라. 당신의 집에서, 마치 당신이 없는 것처럼 있어라.

이것은 정말로 아름다운 명상이다. 당신은 하루 동안에도 여러 번 시도할 수 있다. 단 일 초 동안이라도 그렇게 하라. 일 초의 반만이라도 그저 멈추고…… 당신은 사라진다. 그리고 세상은 계속된다. 당신 없이도 세상은 완벽하게 잘 돌아간다는 사실을 좀 더 분명히 알게 되었을 때, 그때 당신은 오랫동안 살면서 경시해 오던 당신 존재의 다른 부분어 대해서 배울 수 있게 될 것이다. 이것은 수용적인 자세이다. 당신이 그저 허락한다면, 당신은 하나의 문이 된다. 모든 것들은 당신 없이 계속되고 있다.

먼저 수용적이 되고, 먼저 수동적이 되며, 먼저 행동 없음이 되어라. 그리고 당신의 내면에서 존재를 깨달을 때, 당신은 늘 내부의 중심에서 통합되어 있었다는 것을 알게 된다.

당신은 이미 통합되어 있다. 가장자리에 있는 것이 아니다. 바깥은 매우 소란스럽고, 당신은 가장자리에서 일부분으로 있다. 안으로 들어가라. 그리고 더 깊이 들어갈수록, 당신이 통합되어 있음을 더욱 잘 알게 될 것이다. 당신 존재의 가장 깊숙한 성지에 다다를 때, 당신은 갑자기 당신이 하나임을, 절대적 단일체임을 알게 된다.

XV. 조건화

다른 사람들에 의해 알게 된 것은 무엇이든 당신이 아니다.
그것은 당신의 페르소나이다. 당신은 때 묻지 않은 당신을 다시 찾아야만 한다.
사람들이 당신 위에 여러 층들을 씌우기 시작하기 전의, 사회화시키기 전의,
당신의 본질을 찾아야만 한다.

　동양의 고대 우화 중에 사자 이야기가 있다. 암사자 한 마리가 이 언덕에서 저쪽 언덕으로 건너뛰다가 새끼를 낳게 되었다. 그 사자의 새끼는 양들 틈으로 떨어지게 되었다. 양들은 그가 그들의 적인 사자의 새끼라는 것을 알지 못하고 기르게 된다. 그 어린 새끼도 주위에는 온통 양떼들이었기 때문에 자신이 사자라는 것을 결코 알 수 없었다. 그래서 그는 정말 한 마리 양처럼 양들 틈에 섞여 걸었다.

　양은 결코 혼자 걷지 않는다. 그들은 서로가 거의 밟힐 정도로, 서로의 몸이 부딪힐 정도로 꼭 붙어 떼를 지어 걷는다. 그들은 혼자가 되는 것을 두려워한다. 혼자가 되는 것은 위험하기 때문이다. 사나운 맹수

에게 잡아먹히지 않으려면 꼭 함께 붙어 있어야만 한다.

사자는 홀로 걸으며, 결코 무리를 이루지 않는다.

사자는 매우 넓은 영역을 가진다. 그의 영역에 누구도 들어오는 것을 원하지 않는다. 때론 한 마리의 사자가 1마일의 영역을 차지하기도 한다. 다른 어떤 사자도 그 안에 들어올 수 없다. 만약 들어온다면 하나가 죽거나, 아니면 둘 다 죽을 때까지 잔인한 싸움이 일어날 것이다. 그들은 홀로 걷는다.

하지만 불쌍한 이 어린 사자는 그가 사자라는 사실을 알지 못했다. 그는 그가 어떤 모습인지 알 수 없었다. 그는 점점 크게 자라났지만, 양들도 아주 어렸을 때부터 키워 온 그 사자가 익숙해졌다. 비록 이상한 양이긴 했지만, 그는 한 마리의 양이었다…… 왜냐하면 그는 어떤 사자도 먹지 않는 풀을 뜯어 먹었기 때문이다. 어떤 사자도 그것을 먹지 않는다. 사자들은 풀을 먹느니 오히려 죽는 것이 낫다. 그 사자는 풀을 먹는 것에 익숙해졌으며, 채식주의자로 살게 되었다. 그 사자는 비록 크고 거대했지만, 그것에 대해 어떤 생각도 없이 안전하기 위해 양떼들의 한가운데로 들어가곤 했다…… 그는 전혀 사자처럼 포효해 본 적이 없었다. 그런 생각을 할 수조차 없는데, 어떻게 포효할 수 있겠는가? 그는 양처럼 꿈꾸었으며, 그에게 어떤 해도 입힐 수 없는 사나운 맹수에게 잡혀 먹히지나 않을까 양처럼 두려워했다.

어느 날 늙은 사자가 이 광경을 보게 되었다. 그는 그의 눈을 믿을 수가 없었다! 그렇게 큰 젊은 사자가 양들과 섞여 있는 것을 전에는 결코 본 적이 없었기 때문이다. 사자와 양은 우정을 나누어 본 적도 없고, 그것은 또한 가능하지도 않다. 하지만 양들은 어떤 두려움도 없이 사자와 걷고 있었으며, 그 사자도 홀로 될까 봐 두려워하며 양들과 함께 걷고 있었다.

늙은 사자는 그의 눈을 믿을 수가 없었다. 그는 양떼들을 뒤쫓았다. 자연히 모든 양들은 울음소리를 내며 달아나기 시작했다. 그리고 그 젊은 사자도 같은 소리를 냈다. 늙은 사자가 젊은 사자를 잡는 것은 매우 힘들고 어려운 일이었다. 젊은 사자는 꼭 한 마리의 양처럼 울부짖고 눈물을 흘렸다.

늙은 사자는 젊은 친구를 근처의 연못으로 끌고 갔다. 그는 늙은 사자보다 힘이 더 센데도 불구하고, 극도로 두려워하며, 내키지 않았지만 가지 않을 수 없었다. 만약 그 젊은 사자가 자신이 사자라는 것을 알았더라면, 늙은 사자가 그를 연못으로 끌고 가지는 못했을 것이다. 그는 그 늙은 사자를 죽여 버렸을 것이다! 하지만 그는 한 마리 양이었다. 그래서 많은 양들이 사자에 의해 죽임을 당해 왔기 때문에 자기도 죽을 것이라 믿고 저항을 했지만, 그 늙은 사자에게 끌려갈 수밖에 없었다. 이제 그의 차례가 된 것이다.

하지만 연못에서 기적이 일어났다. 늙은 사자는 젊은 사자에게 말했다. "나의 아들아, 연못 안을 들여다보아라." 그들의 모습이 둘 다 연못에 비쳤다. 그때 순간적인 변형이 일어났다. 양은 실재가 아니었으며, 사자를 기른 사회가 심어 준 거짓 생각이었기 때문이다. 그것은 그의 성격이지, 그의 개성이 아니었다. 그것은 그의 자아이지, 그의 진정한 자신이 아니었다. 그것은 단지 그의 가면이었지, 본래의 얼굴이 아니었다.

처음으로 그는 얼굴의 양면을 보았다. 그리고 갑자기 포효하기 시작했다. 존재의 깊은 곳으로부터 나오는 거대한 포효가 골짜기를 뒤흔들었다.

늙은 사자가 말했다. "나의 일은 끝났다. 내가 해야 할 일을 다 했다. 자, 이제 너는 너 자신이다. 너는 이제 네가 누구인지 안다."

성격은 사회와 문화와 문명과 교육에 의해 주어진 것이다. 다시 말하면, 다른 사람에 의한 것이다. 사람들은 당신에게 그들의 의견을 심어 주고, 당신은 그 의견들을 모으고 있다. 그러한 의견들은 당신의 성격을 만들어 내고 있다.

성격이 아직 발달되지 않은 아주 어린아이들을 관찰해 볼 필요가 있다. 이렇게 되기까지는 시간이 걸린다. 적어도 삼사 년 동안은 다른 어느 때보다도 개성을 지닌 채 남아 있다. 그는 정직하고 진실하다. 그는 다른 사람의 의견은 주목하지 않는다.

이것이 당신이 과거를 기억하려고 해도 어떤 특정한 순간까지밖에 거슬러 올라갈 수가 없는 이유이다. 그 순간은 세 살이나 네 살, 거의 세 살 정도일 것이다. 그 이전은 완전한 공백이다. 당신은 그 삼 년 동안 여기에 있었지만 어떤 것도 기억할 수 없다. 당신은 아홉 달을 어머니의 자궁 안에 있었지만 전혀 아무것도 기억할 수가 없다.

이 삼 년을 지금 기억할 수 없는 이유는 당신이 성격을 갖고 있지 않았기 때문이다. 성격은 다른 사람의 의견을 모은 것이며, 잘못 만들어진 동일시이며, "나는 누구이다."라는 어떤 생각이다. 당신은 자신이 누구인지 정확히 알 수 없다. 당신이 누구인지 알기 위해서는, '나'라는 이름 안에 축적된 모든 잡동사니들을 뚫고 자신에게로 깊이 파 내려가야만 하기 때문이다. 당신은 다시 어린아이가 되어야만 할 것이다.

자신에 대하여 당신이 알고 있는 것은 당신의 성격이다. 당신은 어떤 특정한 이름을 가졌다는 것을 안다. 당신은 자신이 이름 없이 이 세상에 왔다는 것을 아는가? 당신은 어떤 교육을 받았고 어떤 자격증을 가지고 있다. 당신은 의사나 기술자나 교수로 태어난 것이 아니라는 것을 안다. 이런 것들은 당신에게 덧붙여진 것이다. 당신의 지위, 이름, 명성…… 하지만 이것은 당신이 그렇다고 생각하는 한 당신이다. 만약 이 모든 것들을 당신으로부터 가져가 버린다면, 당신은 무엇인가? 아무것도 아니다…… 모든 것이 지워진 텅 빈 백지이다.

당신의 성격은 자신에 대하여 알고 있는 모든 것이다. 나는 이것을 절대적으로 단순하게 만들고 있고, 그 결과 당신은 주의 깊어질 수 있다. 당신의 개성은 당신이 모르는 것이고, 당신이다.

명상은 성격을 제거하고 당신의 삶의 근원과 개성에, 당신이 어머니의 자궁에서 가져온 불꽃에 도달하고자 하는 노력이다. 그리고 그것은 당신이 태어나기 전부터 가지고 있었고, 어머니의 자궁에 들어가기 전부터도 가지고 있던 것이다. 당신은 개성을 가진 이래로 영원하다. 이것은 당신의 근원적인 의식이며, 수많은 생의 수많은 층으로 덮여 있다. 당신은 이것을 완전히 잃어버렸고, 이것으로 돌아가는 길을 잊어버렸다.

그러니 기억하라. 다른 사람들에 의해 알게 된 것은 무엇이든 당신이 아니다. 그것은 당신의 페르소나이다. 당신은 때 묻지 않은 당신을 다시 찾아야만 한다. 사람들이 당신 위에 여러 층들을 씌우기 시작하기 전의, 당신이 더욱 교양을 쌓고 교육을 받아 문명화되기 시작하기 전의, 당신의 본질을 찾아야만 한다.

XVI. 번개

사람은 의도적으로 많은 것들을 잊는다. 그는 기억하지 않으려 애쓴다.
기억은 자아를 산산이 부수고 모든 것을 철저히 붕괴시킬지도 모르기 때문이다.
하지만 이 삶에서, 우리는 기꺼이 포기하고 놓아 버리는 만큼 얻는다.

만약 당신이 진실을 잠깐 힐끗 보기라도 한다면, 당신은 당황스럽고 이해하기 힘들 것이다.

이런 적이 있는가? 당신이 깊이 잠들어 있을 때 때때로 무엇인가가 갑자기 당신을 잠에서 깨운다. 새벽 다섯 시, 당신이 깊이 잠들어 있는데, 가장 깊이 잠들어 있을 때, 갑자기 무엇인가가 당신을 깨운다. 어떤 시끄러운 소리, 거리에서 폭죽이 터지는 소리, 당신의 문으로 돌진하는 차, 어떤 소음 때문에 당신은 갑자기 일어난다. 즉시 당신은 잠 속에서 튀어 올라 깨어난다. 당신은 깊은 잠 속에서 화살같이 돌아온다. 보통 우리는 깊은 잠 속에서 서서히 깨어난다. 먼저 깊은 잠이 떨어져 나가고, 그 후 꿈이 점차 떠오르고, 그리고 한동안 꿈속에 남아 있다. 하지만 갑자기 어떤 일이 일어난다면, 당신은 깊은 잠에서 화살처럼 곧장 깨어나게 된다. 당신은 눈을 뜨고 깜짝 놀란다. 여기가 어디지? 내가 누구지? 잠시 동안 아무것도 알 수가 없다.

여러분에게 어느 순간, 언젠가 한 번은 이런 일이 틀림없이 일어났을 것이다. 당신은 놀라, "내가 누구지?"라고 묻지만, 당신의 이름과 주소조차 생각나지 않는다. "여기가 어디지?" 이것 또한 알 수가 없다. 마치 당신이 갑자기 어떤 외계의 세상에 온 것처럼 느껴진다. 이것은 잠시 동안이고, 당신은 다시 돌아온다. 왜냐하면 이 충격은 그렇게 엄청나게 강하지는 않기 때문이다. 그 후 이것이 매일 일어난다면, 역시 습관이 된다. 당신은 매일 아침 일어난다. 당신은 꿈의 세계에서 깨어 있음의 세계로 돌아온다. 이 일상은 오래되었고, 때때로 이것이 갑자기 일어나면, 아직도 당신은 깜짝 놀라고 겁먹는다.

진정으로 깨어나는 일이 일어난다면, 당신은 완전히 말문이 막힐 것이다. 당신은 무슨 일이 일어났는지 전혀 알 수 없다. 모든 것은 고요하고 조용해진다.

내가 말하는 뜻을 잘 간직하기 위해 보석으로 장식된 상자를 만들어라. 이것을 지혜로서가 아니라 단지 정보로서 보관하고, 이것을 위해 의식적으로 상자를 만들어라. 그러면 나의 말들이 당신의 무의식으로부터 떠올라, 일어났던 경험들을 분명하고 알기 쉽게 만드는 체험들이 일어나기 시작하면서 당신은 점차 알게 될 것이다.

공기를 손으로 잡는 간단한 한 가지 실험을 해 보라. 당신이 꽉 움켜 쥐자마자 공기는 도망갈 것이다. 당신이 주먹을 더욱 꽉 움켜쥘수록, 당신이 잡고 있는 공기는 줄어들고, 결국 공기는 남아 있지 않게 된다. 주먹을 느슨하게 풀면, 공기는 당신이 편 손 안으로 밀려들 것이다. 공기는 편 손 안에는 늘 있지만, 주먹 쥔 손에서는 달아나 버린다. 손을 펴고 있는 사람의 손은 항상 공기로 가득 차 있고, 결코 비어 있지 않게 되며, 매 순간 공기는 신선하다. 이것을 관찰해 본 적이 있는가? 열린 손은 결코 비어 있지 않고, 닫힌 손은 항상 비어 있다. 닫힌 손 안에 공기가 조금 남아 있다손 치더라도, 이것은 건조하고 오래되고 썩은 것이다.

스스로 놓아 버리는 자만이 온전히 즐길 수 있다. 이 세상에서, 이 삶에서, 기꺼이 포기하고 놓아 버리는 만큼 얻을 것이다. 이것은 역설적이다. 하지만 삶의 모든 법칙들은 역설적이다.

삶에서 어떤 것을 쥐려고 하는 것은 참으로 어리석다. 꽉 잡으려고 하는 것은 엄청난 잘못이다. 그렇게 함으로써 갖고 싶어 했던 것을 잃게 된다. "이것은 나의 것이다."라고 주장할 때, 우리는 이미 우리의 것이었던 것을 잃게 된다.

XVII. 침묵

★★★★★★★★★★★★

당신이 안으로 들어갈 때, 당신은 새로운 종류의 침묵에 닿는다.
그것은 침묵 자체의 현존이다. 그것은 소음이 없는 것만이 아니다.
그것은 거의 보일 수 있고 만져질 수 있는 절대적으로 명확한 그 무엇이다.

숲 속의 나무 사이에서 발견되는 깊은 침묵조차도 내면의 침묵과는 비교될 수 없다. 아무리 깊을지라도 바깥의 침묵은 깊이가 없이 얕은 채로 남아 있다. 사람은 숲으로 갈 수 있고 산으로 갈 수 있다. 그곳은 분명 고요하지만, 이것은 사실상 부정적인 침묵이다. 거기에는 시장에서 나는 시끄러운 소리도 없고, 자동차 소음도 없다. 지나가는 비행기도 없고, 기차와 사람도 없고, 짖어 대는 개들도 없다. 이것은 소음의 부재이다. 따라서 이것은 깊이를 가질 수 없다.

당신이 안으로 들어갈 때, 당신은 새로운 종류의 침묵에 닿는다. 그것은 침묵 그 자체의 현존이다.

그것은 소음이 없는 것만이 아니다. 그것은 거의 보일 수 있고 만져질 수 있는 절대적으로 명확한 그 무엇이다. 그리고 이것이 다른 점이다. 바깥의 침묵은 어느 순간 방해받을 수 있지만, 내면의 침묵은 결코 방해받을 수 없다. 어떤 소음도 이것을 뚫고 들어올 수는 없다. 당신이 한번 이것을 느낀다면, 시장에서조차 침묵으로 남을 수 있다. 이것은 밑바닥 저변으로 흐르게 된다. 표면적으로 당신은 활동이나 일을 하고 있을지라도, 깊은 곳에서는 전적으로 고요하다. 어떤 것도 이것을 방해할 수 없고, 어떤 것도 이것으로부터 당신의 주의를 흩뜨리지 못하며, 당신은 이것에 뿌리를 내린 채 남아 있다.

수천 년 동안 수도자나 수녀들은 침묵을 찾으러 세상을 떠났다. 물론 그들은 정글이나 숲, 수도원에서 어떤 침묵을 찾았지만, 이것은 단지 소음의 부재이지 진정한 침묵이 아니다.

진정한 침묵은 오직 당신이 안으로 들어갈 때만 발견될 수 있다. 이것은 바로 당신 안에 내재하고 있다. 그때 이것은 무한한 깊이와 무한한 높이를 가지며, 헤아릴 수 없다. 이것을 아는 것이 모든 것을 아는 것이다.

비록 많은 사람이 침묵하고 싶다고 말하지만, 침묵을 사랑하는 사람은 매우 드물다. 그들이 침묵하는 순간, 그들은 행복하지 않다. 그들은 즉각적으로 기분을 전환할 것, 기분을 풀어 줄 것, 심심풀이할 것들을 찾기 시작한다. 그들은 침묵하고 있는 순간이 두렵다. 그것을 두려워하는 이유가 있다. 침묵하면 할수록 당신은 더 사라지기 때문이다.

당신은 당신의 마음이기 때문에 소란스럽고, 당신은 당신의 자아이기 때문에 시끄럽다. 마음이 사라질 때, 마음과 자아 둘 다가 증발한다. 그때 거기에 침묵이 있다. 그때 당신은 당신의 진정한 중심과 정말로 가까이 있다. 하지만 당신은 이것을 알지 못하고, 그래서 어디로 가고 있는지 알지 못한다. 이것은 바닥 없는 현상, 즉 깊은 심연 속으로 떨어져 내리는 것처럼 느껴질 것이다. 공포가 당신을 휘감으면, 당신은 기분 전환할 거리나 심심풀이할 어떤 것, 즉 매달릴 어떤 것이라도 찾기 시작한다.

그리고 사람들은 쉬는 날에 무엇을 할지도 모르면서 영생을 갈망한다. 그냥 생각해 보라. 만약 그들이 정말로 영원히 살게 된다면, 그들은 무엇을 할 것인가? 사람들은 아름다운 것들에 대해 이야기하지만, 그들이 무엇을 이야기하고 있는지조차 알지 못한다.

하지만 침묵을 사랑하는 사람은 존재를 사랑하고 진실을 사랑하게 된다. 그때 가장 순수한 본질로 있는 종교를 사랑하게 된다. 왜냐하면 오직 침묵을 통해서만 경전들을 발견하기 때문이다. 오직 침묵을 통해서만, 당신 안에 감추어진 경전, 당신 안에서 폭발할 준비를 하고 있는 신성한 말씀, 집에 올 당신을 기다리고 기다리는 빛을 발견하기 때문이다. 침묵을 사랑하는 것이 곧 산야스(sannyas)이다. 산야스는 침묵을 향한 거대한 사랑으로 정의될 수 있다.

XVIII. 전생

★★★★★★★★★★★★★

하나의 꿈이 오고, 다른 꿈이 뒤따라온다. 그리고 여전히 또 다른 꿈이 따라온다.
순례자들은 한 순간으로부터 시작해서 다른 순간으로 들어간다. 순간에서 순간으로,
그 순간들은 계속 사라져 가지만, 순례자는 계속하여 나아간다.

나는 환생이 진실인지 아닌지 묻지 말 것을 제안한다. 나에게 있어
이것은 진실이고, 당신에게는 아직 아니다. 긍정이나 부정의 어떤 견
해도 갖지 말라. 그저 가설에 열린 채 탐구하라. 만약 자신의 전생들로
갈 수 있다면, 모든 사람이 아주 길고 긴 과거를 가지고 있다는 것을
증명하는 데 충분하다. 그리고 그것은 다른 식견을 가져온다. 만약 전
생이 있다면, 그것은 미래의 생도 있을 것임을 의미한다. 이번 생은 그
저 중간에 있다. 물론, 미래는 아직 일어나지 않았기 때문에 미래의 생
으로 들어가는 것은 불가능하다. 하지만 과거는 이미 일어났었기 때문
에 과거로 들어가는 것은 절대적으로 쉽다. 기억은 거기 있고, 기록도

거기 있다. 단지 이것이 담겨 있는 기록의 방으로 가는 길을 잊었을 뿐이다.

이것을 하나의 가설로 가져라. 나에게 모든 것은 가설이다. 만약 당신이 이것을 오직 탐험하고 질문할 준비가 될 만큼 믿을 수 있다면, 그것으로 족하다.

나는 당신을 가르칠 이론을 가지고 있지 않다. 그래서 스스로 진실을 알아내는 것이 당신을 위한 유일한 방법이다. 당신에 의해 발견되지 않은 어떠한 진실도 진실이 아니다. 진실은 오직 당신이 이것을 발견했을 때 진실이 된다.

당신은 밤에 잠자리에 눕는다. 졸음이 오기 시작하고 거의 잠들 무렵, 당신의 마음에서 마지막 생각이 사라지면, 그때 잠이 든다. 그리고 아침에 잠에서 깨어 잠자리를 떠나며, 깨어날 때 당신의 첫 생각을 발견한다. 당신은 그 결과에 매우 놀랄 것이다. 밤의 마지막 생각이 아침의 첫 생각이 된다. 같은 식으로, 죽을 당시의 마지막 욕망이 탄생 시 첫 욕망이 된다.

죽음에 의해 몸은 분해되지만 마음은 여행을 계속한다. 당신의 육체 나이는 오십 년일지 모르나, 마음의 나이는 오백만 년이 넘을지도 모른다. 탄생할 때마다 생겨난 모든 마음을 합한 것은 오늘의 당신 안에 있다. 부처는 이 사건에 매우 의미심장한 이름을 주었다. 그는 처음으로 이것에 '의식의 저장고'라는 이름을 붙였다. 집에 있는 창고처럼,

당신의 마음은 모든 전생의 기억들을 저장하고 있다. 그렇기 때문에 당신의 마음은 아주 오래된 것이다. 당신의 마음은 단지 인간으로 태어난 것만을 저장하는 것이 아니다. 만약 당신이 동물이나 나무로 태어났었다면, 이 경우도 반드시 그 모든 탄생의 기억들이 당신 안에 또한 존재한다.

의식의 저장고 안으로 깊이 있는 탐구를 해 본 사람은 이렇게 말한다. 장미를 보는 그 순간 사랑에 가슴이 벅차다면, 그 이유는 그 사람이 과거에 장미였을 때의 깊은 기억이 장미와 공명을 일으켜 느낌이 되살아난 것이라고 말이다. 어떤 사람이 개를 매우 사랑한다면, 이것은 우연이 아니다. 그의 의식의 저장고 안에 그를 개들과 아주 밀접하게 의식하게 하는 기억들이 있다. 우리의 삶에서 일어나는 모든 일들은 우연이 아니다. 원인과 결과라는 신비로운 과정이 이것들의 일어남 뒤에서 작동하고 있다.

"나는 누구인가?"는 매우 근본적인 질문이며 존재론적인 질문이다. "나는 누구인가?" 이것은 모든 깊이와 높이 안에 있는 우리 존재의 모든 것을 포괄하는 질문이다. 이 질문은 나를 태어나기 전의 곳, 나의 모든 전생의 뒤쪽으로 데려갈 것이다. 이 질문은 나를 태초에 시작된 곳으로 데려간다. 이 질문의 깊이는 무한하다. 그래서 또한 그것을 향한 여행도 똑같이 깊다.

XIX. 순수

★★★★★★★★★★★

진정으로 알기를 원한다면 당신의 모든 지식을 버려야만 하고,
전에 배운 것들을 잊어야 할 것이다. 당신은 경이에 찬 눈과 기민함을 가진
작은 어린아이와 같이 다시 순수해져야만 할 것이다.

부처도, 예수도, 모하메드도 지식이 매우 많은 사람이 아니었다. 그들은 순수하고 단순한 사람이다. 하지만 그들의 단순함, 순수함, 천진함 같은 특성들은 가장 깊숙한 존재의 중심을 꿰뚫게 한 그러한 것이다. 그것들은 그들의 진실을 알게 했고, 그들 존재의 중심에 도달하게 했다. 그들은 알지만 박학다식하지는 않다. 그들의 앎은 경전을 통해 얻은 것이 아니다. 그들의 앎은 주의하여 지켜봄으로써 일어났다. 근원을 기억하라. 진정한 앎은 명상, 자각, 의식, 주의 깊음, 경계함, 지켜봄을 통하여 온다. 그리고 가공의 지식은 경전을 통하여 온다. 실재하지 않는 지식은 매우 쉽게 배울 수 있고, 당신은 그것에 대하여 허풍을 칠 수 있지만, 당신은 바보로 남을 것이다. 학식 있는 바보, 하지만 바보는 모두 같은 바보이다.

진정으로 알기를 원한다면 당신의 모든 지식을 버려야만 하고, 전에 배운 것들을 잊어야 할 것이다. 당신은 경이에 찬 눈과 기민함을 가진 작은 어린아이와 같이 다시 순수해져야만 할 것이다. 당신의 존재뿐만 아니라 나무와 새, 동물과 바위, 별들과 같은 세상의 존재들 또한 알 수 있게 될 것이다. 만약 당신이 자신을 알게 된다면, 당신은 모든 것을 알게 될 것이다.

순수는 바로 당신의 본성이다. 당신은 그것이 되기 위하여 해야 할 일이 없으며, 당신은 이미 그것이다. 당신은 순수로 태어났다. 조건들의 층과 층들이 당신의 순수 위에 부과되었다. 당신의 순수는 거울과 같고, 조건들은 먼지의 층들과 같다. 거울은 성취될 수 있는 것이 아니라, 이미 거기 있다. 아니 오히려 여기에 있다. 거울은 없어진 게 아니고, 먼지의 층들 뒤에 숨겨져 있을 뿐이다.

당신은 본성에 이르는 길을 좇을 필요가 없다. 왜냐하면 당신은 본성을 떠날 수 없고, 다른 어떤 곳으로도 갈 수 없기 때문이다. 당신이 원할지라도 그것은 불가능하다. 그것은 정확한 본성의 정의이다. 본성은 뒤에 남겨질 수 있거나 관계를 끊거나 할 수 없다는 의미이다. 하지만 당신은 이것에 대하여 잊을 수 있다. 당신은 이것을 잃을 수는 없지만, 이것은 잊혀질 수 있다. 그것은 어김없이 그렇게 되어 왔다. 거울은 잃어버린 것이 아니라 잊혀졌다. 더 이상 거울로서 기능하지 않기 때문에 잊혀졌다. 그것은 거울에 어떤 결점이 생겼기 때문이 아니라, 단지 먼지의 층들이 덮고 있기 때문이다. 그 먼지의 층들을 제거하여 거울을 깨끗하게 하는 것이 필요한 일의 전부이다.

순수해지는 과정은 실제로는 '되는' 과정이 아니다. 이것은 당신의 존재를 발견하는 과정이다. 이것은 발견이지 성취가 아니다. 당신은 새로운 무언가에 도달하는 것이 아니라, 단지 언제나 당신이었던 그것에 도달하는 것이다. 그것은 잊혀진 언어이다.

이런 일은 자주 일어난다. 길을 가다가, 당신이 알고 있고 얼굴도 친숙한 사람을 만났다. 갑자기 당신은 이미 알고 있는 그의 이름을 떠올리려고 한다. 당신은 말한다, "그의 이름이 혀끝에 맴도는데," 하지만 아직 기억나지 않는다. 이게 무슨 일인가? 혀끝에 맴도는데, 왜 그것을 말할 수 없는가? 당신이 그것을 알고 있다는 것을 알지만, 아직도 그것을 기억해 낼 수 없다. 더 노력할수록 기억해 내는 것은 더욱 어려워진다. 왜냐하면 노력을 기울일수록 당신은 더욱 긴장하게 되기 때문이다. 당신이 긴장할 때 당신은 본성과 더 멀어진다. 당신은 이미 거기에 있는 그것으로부터 더욱 멀어진다. 긴장을 풀었을 때 당신은 더 가까워진다. 당신이 완전히 긴장을 풀었을 때, 이것은 저절로 떠오른다.

당신이 열심히 노력했지만 이것은 떠오르지 않고, 그래서 당신은 이것에 대하여 모두 잊는다. 그리고 나서 욕조에 누워 있거나 수영할 때, 그 사람의 이름을 기억하려고 전혀 노력하지 않을 때 갑자기 그의 이름이 불쑥 떠오른다. 무슨 일이 일어났는가? 당신은 기억하려 노력하지 않았고 편히 쉬고 있었다. 당신이 긴장을 풀었을 때 당신은 넓어지고, 긴장할 때 당신은 좁아진다. 더 많이 긴장할수록 더 많이 좁아진다. 당신과 당신의 내면 사이의 통로는 너무 좁아져서 이름 하나조차 통과시키지 못한다.

모든 위대한 과학적 발견은 이런 신비스러운 방법, 즉 말하자면 매우 비과학적인 방법으로 이루어졌다. 당신이 노력을 그만둘 때, 당신은 긴장이 풀리고 편안해진다. 당신은 유연해지고, 넓어지며, 열리게 된다. 내면에 있는 것은 떠오른다. 더 이상 긴장하지 않는 마음에 도달한다면, 이것은 저절로 표면으로 떠오른다.

순수는 거기에 있지만 당신은 단순히 그것을 잊어버렸다. 당신은 이것을 잊게끔 되어져 왔다. 사회는 교활하다. 오랜 세월에 걸쳐, 사람들은 교활해져야만 이 사회에서 살아남을 수 있다고 배웠다. 더 교활해질수록 당신은 더욱 성공하게 될 것이다. 다른 사람들보다 영리하고 더 교활한 것이 정치적 게임의 전부이다. 누가 더 영리한지 계속 싸우고 경쟁한다. 누구든지 더 교활한 자는 성공할 것이고 힘을 갖게 될 것이다.

그 교활함의 세월을 거치면서 사람들은 하나를 배웠다. 그것은 순수한 채로 남아 있는 것은 위험하며, 그렇게 해서는 살아남지 못할 것이라는 점이다. 따라서 부모들은 그들의 아이들이 순수에서 나오도록 몰아 댄다. 선생님들, 학교들, 대학들은 당신을 좀 더 교활하고 영리하게 만드는 단순한 일을 하기 위해 존재한다. 비록 그들은 이것을 지성이라고 부르지만, 이것은 지성이 아니다. 지성은 순수와 대립되지 않음을 기억하라. 지성은 순수의 맛이요, 지성은 순수의 향기이다.

그리고 순수는 성취되는 것이 아니며, 이미 거기에 있다. 이것은 오직 발견되거나 재발견될 뿐이다. 당신은 다른 사람들로부터 배운 모든 것을 버려야만 한다. 그러면 당신은 즉시 순수해질 것이다.

남에게 빌린 지식으로 살아가지 말라. 당신이 간직한 지성을 찾고 탐구하라. 부정하는 과정이 필요하다. 이것은 버리는 작업을 통하여 이룩될 것이다. 당신은 당신에게 주어진 모든 것을 부정하여야 한다. 당신은 말해야 한다. "이것은 나의 것이 아니다. 따라서 나는 이것에 대해 아무 권리가 없다. 이것은 진실일 수도 있고, 진실이 아닐 수도 있다. 누가 알겠는가? 다른 사람들은 그러하다고 말하지만, 이것이 나의 체험이 되지 않는다면, 나는 동의하거나 의견을 달리할 수 없다. 나는 믿지도 불신하지도 않을 것이다. 나는 기독교도나 공산주의자가 되지 않을 것이며, 힌두교도나 모하메드교도가 되지 않을 것이다. 나는 단순하게 어떤 이데올로기도 따르지 않을 것이다." 당신이 누구를 따르든, 자신의 주위에 먼지를 모으게 될 것이기 때문이다.

그저 모든 지식을 놓아라. 이렇게 하면 그러한 지식을 오랫동안 가지고 있었고 매우 자랑스러워했기 때문에 마음이 아플 것이다. 당신의 석사, 박사와 같은 학위들, 당신은 그런 모든 학위들을 자랑스러워했다. 그런데 갑자기 내가 그 모든 것을 버리라고 하니, 대체 이것이 무슨 말인가?

그저 어린아이처럼 단순하라. 그저 당신이 태어났을 때처럼, 이 세상에 들어왔을 때처럼, 다시 어린아이가 되어라. 그러한 거울 같은 상황에서는 당신은 어느 것이든 반사할 수 있게 될 것이다. 순수는 앎으로 가는 문이다. 앎에 이르는 길에서 지식은 장벽이고, 순수는 다리이다.

XX. 환영의 초월

★★★★★★★★★★★★★★★★★★

환영으로부터 나오기 위해서는 조금의 노력이 필요하다.
왜냐하면 우리는 그것들에게 매우 많은 투자를 해 놓았기 때문이다.
그것들은 우리를 계속 살아가게 하는 우리의 희망들이다.

마음은 환영 속에 산다. 마음은 당신 안에 축적된 모든 기억으로서의 환영, 상상으로서의 환영, 꿈, 희망, 욕망으로서의 환영에 불과하다. 이 모든 환영의 중심은 바로 '나'라는 자아의 환영이다. 이것이 바로 그 뿌리이고, 중심적인 환영이며, 모든 다른 환영들은 이것의 주위를 맴돈다. 그것들은 이것을 떠받치고 기르며, 그것들은 이것에 의해 유지되고 길러진다. 이것은 상호 합의이다. 이 두 개 사이에서 당신과 당신의 실재를 완전히 잃게 된다.

명상은 단순히 이러한 꿈, 욕망, 과거, 미래라는 환영의 상태에서 나와서, 단지 당신을 둘러싼 그 순간에 존재하는 것이다. 그저 그 순간에 아무런 생각 없이 전적으로 존재하는 것은 실재 안에 있게 되는 것이다. 우리는 환영과 매우 오랫동안 살아 왔기 때문에 이것을 버리기 위해 조금의 노력을 해야 한다. 이것은 거의 습관이 되었고, 제2의 천성이 되었다. 우리는 환영에 매우 많이 투자해 왔기 때문에 그것으로부터 나오려면 약간의 노력을 하여야 한다. 그것들은 우리의 삶을 계속 살아가게 하고 연장하게 하는 우리의 희망들이다. 그것들을 버린다는 것은 미래를 버리고 모든 희망을 버린다는 의미이다. 하지만 우리는 희망을 가지지 않고 현재를 살아가는 방법을 알지 못한다.

희망을 가지지 않고 현재에 사는 것은 완전한 것이다. 그리고 희망을 가지지 않고 산다는 것은 절망적으로 산다는 의미가 아니라는 것을 기억하라. 희망을 가지지 않고 산다는 것의 의미는 현재가 너무나 엄청나게 아름답다는 것을 의미한다. 누가 미래를 신경 쓰겠는가? 누가 미래를 염려하겠는가? 이것은 희망을 잃고 절망하여 살아가는 것이 아니라, 현재로 가득 차서 미래에 대한 생각을 할 여지가 없는 것을 말한다.

절망 속에 사는 사람은 공허한 삶을 산다. 그는 현재가 무엇인지 알지 못한다. 그에게는 미래도 사라져 버렸다. 그는 오직 미래를 위해서 살았다. 당근은 '내일'이라는 곳에 매달려 있지만, 그곳은 결코 도달할 수 없는 곳이다. 사람들은 당근을 잡기 위해서 계속 열심히 일한다. 그러나 그것은 결코 잡히지 않으므로 계속 뒤쫓을 수밖에 없다. 결국 죽음이 당신을 데려가지만, 당신은 아직 도착하지 못했다. 이것은 수많은 사람들의 이야기이다. 그들은 결코 이룰 수 없는 희망 속에서 살고, 이루지 못한 채 죽는다.

희망을 가지지 않고 산다는 것은 단순히 지금 여기에 살고, 내일이 없다는 것을 아는 것이다. 항상 오늘뿐이다. 그때 완전히 다른 종류의 삶이 당신 안에서 결정화되기 시작할 것이다. 완전히 기쁨에 넘쳐서 그 사람은 과거에 대하여 생각하지 않고, 미래에 대하여도 생각하지 않는다.

우리는 현재가 매우 공허할 때만 과거와 미래를 생각한다. 왜냐하면 우리는 이 순간을 사는 방법을 알지 못하기 때문이다. 그래서 과거나 미래로 달려가는데, 어느 쪽이든 이것은 같은 길이다. 과거는 더 이상 존재하지 않고, 미래는 아직 오지 않았다. 둘 다 존재하지 않는다. 이 두 개의 존재하지 않는 것 사이의 이 순간이 있고, 이 순간이 전부이다.

오랜 세월 동안 동양에서 행해진 노력은 문제들을 해결하는 것이 아니다. 예를 들어, 당신은 밤에 사자가 쫓아오는 악몽을 꾸고 이 문제를 해결하려고 한다. 그것이 정신분석학이라는 것이다. 아니면 당신은 이것이 어디로부터 오는지, 처음에 이것이 어떻게 시작되었는지 알려고 노력하기 시작한다. "왜 이 사자가 나를 따라오지? 이 공포가 어디서 오지? 왜 내가 그 나무를 오르고 있지?" 처음에는 이것이 어떻게 시작되었는지 잘 분석하고 설명하며 독창적 이론을 가지고 당신에게 말해 줄 수 있는 매우 능숙한 전문가를 찾아갈 것이다. 아마도 이것은 탄생 시의 외상이거나, 어린 시절 당신의 부모님이 당신을 잘 돌보지 않아서일 것이다. 아니면 이 사자는 어떤 사람일지도 모른다. 그 눈을 직접

들여다보라. 이것은 당신의 아내이거나 남편이고, 당신은 자신의 아내나 남편을 두려워하고 있는 것이다.

하지만 이 모든 설명들은 한 가지를, 즉 이것이 진짜라는 것을 당연하게 받아들인다. 이것이 기본적인 문제이다. 사자가 어디서 왔는지, 사자의 상징적 의미가 무엇인지는 진정한 문제가 아니다. 진정한 문제는 사자가 실재인지, 실재가 아닌지 하는 것이다. 마음이 실체가 없는 환영, 마야라는 것을 아는 데 정신분석학은 도움을 줄 수 없다. 사실상 이것은 당신을 진흙 수렁 속으로 더 깊이 데려갈 뿐이다. 이것은 당신을 더 깊이, 뿌리로 데려간다. 하지만 환영은 어떤 뿌리도 가지고 있지 않다. 당신은 항상 뿌리로 다가갈 것이지만, 당신은 도달하지 못할 것이다. 환영은 어떤 원인도 가질 수 없다.

지금 그 차이를 명백히 하기 위해 반복해서 설명하겠다. 환영은 어떤 원인도 가질 수 없다. 따라서 당신은 그 원인을 찾을 수 없다. 당신은 계속 들어가고, 무의식 속으로 들어갈 수 있다. 프로이드는 그렇게 했고, 그것을 완벽하게 했다. 하지만 그것은 어떤 문제도 해결하지 못했다. 융은 더 깊이 들어가야 했다. 그는 집단 무의식 같은 것을 알아냈다. 그리고 당신은 계속 갈 수 있다. 그러면 당신은 우주적인 무의식을 찾을 수 있고, 계속해서 층과 층을 넘어 앞으로 간다. 당신은 계속 분석할 수 있고, 그것은 아마 탄생 시 외상일지 모른다. 당신은 어머니의 자궁으로부터 빠져나올 때 매우 두려워했을 것이다. 하지만 그것은 거기서 끝나는 것이 아니다. 왜냐하면 당신은 어머니의 자궁 속에서 9개월을 있었기 때문이다. 그 9개월은 그저 흘러갔을 리가 없다. 그 9개월은 당신에게 많은 것을 일어나게 했다. 당신은 그것을 분석해야만 한다.

만약 당신이 충분히 깊이 들어갈 수 있다면, 당신의 전생 속으로 들어갈 수 있을 것이다. 그것은 힌두 분석가들이 했던 것이다. 그들은 그것을 '전생'이라고 말하며, 그리고 '전생들에서 전생들로' 계속해서 뒤로 간다. 그러면 당신은 아무 데도 아닌 곳에 다다른다. 어느 길로 가든 당신은 이것이 전부 쓸데없음을 알게 되는 지점으로 간다.

마음의 쓸데없음을 보고, 환영은 어떤 원인도 없음을 알며, 그것을 분석할 수도 없음을 알아라. 오직 할 수 있는 한 가지는 당신 자신을 조금 더 주의 깊고 깨어 있게 만드는 것이다. 이러한 깨어 있음 속에서 그 꿈은 사라진다. 당신을 잡는 마음이 없다. 그리고 일단 당신을 잡는 마음이 없다면, 당신은 완전히 새로운 사람이다. 새로운 의식이 당신 안에서 태어난다.

XXI. 완성

★ ★ ★ ★ ★ ★ ★ ★ ★ ★

하나의 기본적인 법칙을 기억하라. 무엇이든지 완성되는 것은 다 떨어진다.
왜냐하면 그것을 유지할 필요가 없기 때문이다. 무엇이든지 완성되지 못한 것은
다 매달려 있다. 그것은 완성되기를 기다리고 있다.
그리고 이 존재는 정말로 늘 완성되기를 갈망하고 있다.

존재 전체는 모든 것을 완성하려고 하는 기본적인 경향을 가지고 있다. 그것은 완성되지 않은 것들을 좋아하지 않는다. 그것들은 매달려 있고, 그것들은 기다리며, 존재를 위해 서두름도 없다. 그것들은 수백만 년을 기다릴 수 있다.

당신이 완성시킨 것을 기억하는 것이 있는가? 당신은 완전히 완성되었다고 말할 수 있는 인생의 어떤 순간, 어떤 경험이 있는가? 만약 어떤 완성된 경험이 있다면, 마음은 다시는 이것으로 돌아가지 않을 것이다. 그럴 필요가 없다. 그럴 필요가 전혀 없는 것이다! 완전히 쓸모없는 일이다. 마음은 단지 모든 것을 완성하려고 노력한다. 마음은

완성하려는 경향성을 가지고 있다. 그리고 이것은 꼭 필요한 것이다. 그렇지 않다면 인생은 불가능해질 것이다.

그래서 모든 사람들의 내부에서 계속되는 독백은 정말로 잘못된 삶, 즉 미완성된 삶의 일부이다. 아무것도 끝나지 않았는데, 당신은 새로운 시작을 계속 만들어 낸다. 그때 마음에 완성되지 못한 것들이 쌓여 간다. 그것들은 결코 완성되지 않을 것이고, 마음에 짐이 될 것이다. 계속되는 짐, 자라나는 짐, 점점 늘어나는 짐들은 독백을 만들어 낸다.

이것이 당신이 늙어 갈수록 독백이 점점 더 늘어나는 이유이다. 그리고 노인은 소리 내어 혼자 말하기 시작한다. 정말로, 그 짐은 너무나 커서 통제할 수 없다. 노인들을 지켜보아라. 그들은 앉아 있으나 다리는 계속 움직일 것이고, 그들은 말할 것이고, 그들은 몸짓을 할 것이다. 그들이 무엇을 하는가? 당신은 그들이 늙고 망령이 들어, 정신이 나간 거라고 생각할 것이다. 아니다. 그렇지 않다. 그들은 매우 길고 완성되지 못한 삶을 살았다. 그런데 이제 죽음이 더욱 가까이 다가오니, 마음이 급해져서 모든 것을 완성하려고 하는 것이다. 하지만 이것은 아마 불가능할 것이다!

그래서 만약 당신이 정말로 이 독백을 깨고 고요해지기를 원한다면, 당신이 하는 모든 일을 완성하려고 노력하라. 그리고 새로운 일을 시작하지 말라. 끝내지 않은 일 때문에 정신이 나갈 것이다. 당신이 무슨 일을 하고 있든지 매우 사소한 일까지도 모두 끝내라.

당신은 목욕을 하고 있다. 이것을 완전히 하라. 이것을 완전히 하는 방법은 무엇인가? 거기 있어라! 당신이 현재에 존재하는 것이 그렇게 하는 길이다. 거기 있고, 이것을 즐기고, 여기에 살고, 이것을 느껴라.

당신 위로 쏟아지는 물에 민감해지고 흠뻑 젖어라. 목욕을 완전히, 전적으로 끝마치고서 나오라. 그렇지 않다면 목욕을 끝내지 않았다는 생각이 당신을 따라올 것이다. 이것은 그림자가 될 것이고, 당신을 따라다닐 것이다. 당신이 먹고 있다면 그저 먹어라! 그때는 다른 것은 모두 잊어라. 그때는 현재의 행동을 제외하고는 이 세상에 아무것도 존재하지 않도록 하라.

당신이 무엇을 하든지 마음이 흠뻑 젖고 만족할 때까지, 아주 완전하게, 서두르지 말고, 참을성 있게 하라. 오직 그러고 나서 이것을 떠나라. 당신의 각각의 행위를 완전하게 하는 것에 대한 3개월간의 지속적인 자각은 당신의 독백 안에 어떤 틈을 줄 것이다. 그러면 당신은 처음으로 내면적인 독백이 완성되지 못한 삶의 부산물이라는 것을 깨닫게 될 것이다.

부처는 '바른 생활'이라는 표현을 사용해 왔다. 그는 팔정도(八正道)를 주었다. 그것은 여덟 가지 규범인데, 하나는 '바른 생활'이다. 바른 삶이란 전적인 삶을 의미하고, 잘못된 삶이란 미완성의 삶을 말한다.

만약 당신이 화가 난다면, 그때는 정말로 화를 내어라. 진정으로 화를 내어, 이것을 완성하여라. 이것을 겪어라. 고통 속에는 해가 없다. 고통은 많은 지혜를 가져오기 때문이다. 고통 속에는 해가 없다. 고통을 통해서만 고통을 초월하기 때문이다. 이것을 겪어라! 하지만 진정으로 화를 내어라.

당신은 무엇을 하는가? 당신은 화가 났는데 웃고 있는가? 이제 해소되지 않은 화가 당신을 따라올 것이다. 당신은 이 세상 전부를 속여 넘길 수 있을지는 몰라도 당신 자신은 속일 수 없고, 당신의 마음은 속일 수 없다. 마음은 그 웃음이 거짓이라는 것을 매우 잘 알고 있다. 이제 내면에서 화는 계속될 것이고, 그것은 독백이 될 것이다. 당신이 크게 말하지 못한 것은 무엇이든지, 내부에서 말할 것이다. 당신이 하지 못한 일은 무엇이든, 그것을 하는 것을 상상할 것이다. 이제 당신은 꿈을 창조할 것이다. 당신은 당신의 적인 화의 대상과 싸울 것이다. 마음은 당신이 어떤 것을 완성하도록 도우려고 노력한다. 하지만 그것도 역시 불가능하다. 왜냐하면 당신은 다른 것을 하고 있기 때문이다.

이렇게 하는 것조차 도움이 될 수도 있다. 당신이 화를 낼 상황이 아니었기에 그때는 참았었다. 이제는 그 화를 없애야 하므로, 마음껏 화를 낼 수 있는 혼자의 방으로 들어와 문을 닫아라. 하지만 독백을 계속하지 말고, 이것을 행동으로 표현하라. 이것을 사람에게 할 필요가 없다. 베개에게 하라. 베개와 싸우고, 화를 내고, 이것을 표현하라. 하지만 정말로, 진실로 그렇게 하라. 진실로 그렇게 하면, 당신은 내면에서 갑자기 긴장이 풀어지는 것을 느끼게 될 것이다. 그때 독백은 사라질 것이고, 이것은 중단될 것이다. 거기에 하나의 간격, 하나의 틈이 생길 것이다.

그 틈이 침묵이다.

그래서 먼저 해야 할 일은 그 독백을 깨뜨리는 것이다. 당신의 삶이 '바른 삶', 완전히 사는 삶이 될 때에만 이것을 할 수 있다. 결코 미완성으로 있지 말라. 마치 다음 순간이 오지 않을 것처럼 매 순간을 살아라. 그리고 단지 이것을 완성하겠다고 결심하라. 죽음은 언제라도 찾아올 수 있음을 알라. 이것이 마지막일지 모른다. 그것을 느껴라, "만약 내가 무언가 할 일이 있다면, 나는 지금 여기에서 완전히 해야만 한다!"

스승

★ ★ ★ ★ ★ ★ ★

한번 당신이 부처 즉 깨달은 이를 보았다면, 당신 안에서 갑자기
거대한 불길이 타오르기 시작한다. "만약 이 아름다움, 은총, 지혜, 더없는 행복이
어떤 사람에게 일어날 수 있다면, 왜 나에게는 일어날 수 없단 말인가?"

스승은 도전 이외에 아무것도 아니다. "만약 나에게 이 일이 일어났다면, 당신에게도 일어날 수 있다." 교리, 신앙, 철학을 제의하는 수많은 스승들이 있지만, 진정한 스승은 말과 아무 관계가 없다. 그는 신앙, 무신론이나 유신론과 관계가 없고, 신과 천국이나 지옥과도 관련이 없다. 진정한 스승은 오직 한 가지의 것과 관련을 가지는데, 그것은 당신의 잠재력을 보고 내면을 보도록 당신을 자극하는 것이다. 그의 존재는 당신을 고요하게 만들고, 그의 말들은 당신의 침묵을 깊게 하며, 타로 그의 존재는 천천히 당신의 위선과 가면, 성격을 녹여 없애기 시작한다.

스승의 역할은 당신이 불확실의 맛을 보고, 열려 있음의 맛을 보게 해 주는 것이며, 그러면 당신은 열려 있음과 불확실성이라는 것을 알게 된다. 그들은 자유의 기본 요소들이다. 그것들 없이 당신은 자신의 날개를 펴고 무한의 하늘로 날아오를 수 없다.

가짜 스승들을 피하는 것은 절대적으로 필요하다. 그들은 같은 말들을 하기 때문에 이것은 매우 어렵다. 그래서 당신은 말들로 듣지 말고 가슴으로 들어야 한다. 당신은 그들의 교리, 그들의 논리, 그들의 주장을 듣지 말고, 그들의 우아함, 그들의 아름다움, 그들의 눈에 귀 기울여야 한다. 당신은 스승 주위의 보이지 않는 후광을 듣고 느껴야 한다. 이것은 서늘한 미풍처럼 당신을 건드릴 것이다. 당신이 스승을 찾았다면, 당신은 잠재력의 보물 창고를 열 수 있는 열쇠를 발견한 것이다.

당신이 말로서가 아니라 침묵으로 받아들일 준비가 되어 있다면 스승을 찾는 것은 쉽다. 진실은 결코 말을 통해서 오지 않으며, 말과 말 사이, 줄과 줄 사이, 침묵의 공간으로부터 오기 때문이다. 만약 스승을 찾고 있다면, 어떤 판단 기준이나 어떠한 편견도 갖지 말라. 절대적으로 열려 있어라. 그렇다면 스승과 우연히 마주칠 때 당신은 그의 에너지를 느낄 수 있다. 그는 주위에 온 세상의 에너지를 가져온다. 그의 경험이 그의 모든 주위에 발산된다. 만약 당신이 열려 있고, 무언가 근원적인 것을 맛보고, 새로운 것을 체험하는 데에 두려움이 없다면, 스승을 찾는 것은 그리 어렵지 않다. 거기에 무슨 어려움이 있을 수 있겠는가, 어려움은 당신 쪽에 있다.

스승은 당신의 미래이다. 그가 된 것은 당신이 될 수 있는 것이다. 스승은 당신의 존재를 펼치게 하는 사람에 불과하다. 당신은 씨앗이고 그는 꽃이다. 스승이 당신에게 내면의 봄을 위한 초대, 내면의 꽃을 위한 하나의 초대가 되게 하라. 가능성은 거기에 있다. 그 가능성이 현실이 되게 하지 않고는, 당신은 결코 만족될 수 없다. 그리고 각각의 사람이 잠재적인 신이 되지 않고는 축복도 없고 더없는 행복도 없다. 그리고 각각의 사람은 잠재적인 신이고, 전체의 삶은 잠재력을 현실로 바꾸는 일이다.

2

불의 원소(지팡이)

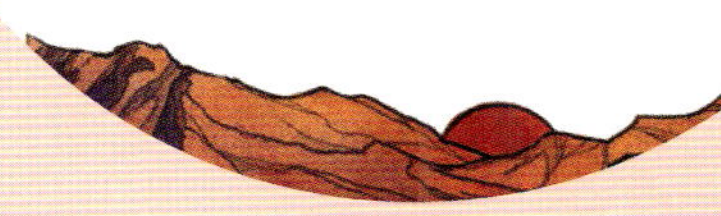

에너지 – 행동 – 응답

윌리엄 블레이크가 "에너지는 기쁨"이라고 말한 것은 옳다. 그것은 매우 지적인 깊이가 있는 말이다. 그렇다, 에너지는 기쁨이다. 그리고 당신이 더욱 큰 에너지를 가진다면, 당신의 기쁨도 더욱 커질 것이다. 에너지가 넘쳐흐르면 축제가 된다. 에너지가 당신 안에서, 화합 속에서, 깊은 조화 속에서, 율동과 흐름 속에서 춤출 때, 당신은 세상에게 축복이 된다.

에너지

생명은 거대한 에너지 현상이다. 당신은 얼마나 많은 에너지를 가지고 있는지 깨닫지 못한다. 원자들이 얼마나 많은 에너지를 가지고 있는지 알고 있다고 생각하는가? 눈으로 볼 수 없는 하나의 원자가 만약 폭발한다면 히로시마나 나가사키와 같은 큰 도시를 파괴할 수 있다. 몇 분 안에 모든 것은 타 버린다. 물질의 원자 하나가 그렇게 많은 에너지를 갖는다면, 그저 생각해 보라. 당신의 의식은 훨씬 더 높은 현상이다. 당신의 존재는 우주적 에너지를 가지고 있음에 틀림없다. 물론 당신이 깨닫지 못하기 때문에 그 에너지는 잠들어 있다. 하지만 그것을 깨달은 사람의 진술은 하나의 암시를 준다.

카비르는 내적 존재의 체험이 마치 수천 개의 태양이 갑자기 솟아오르는 것 같다고 말한다. 그의 주위에 온통 태양이 춤을 추고 있다. 그 빛은 매우 눈부셔서 눈을 거의 멀게 만들 정도다. 하지만 이것은 카비르만의 체험이 아니다. 많은 신비가들은 이것을 같은 식으로 묘사했다.

하지만 걱정하지 말라. 이 에너지는 파괴적이 아니라 창조적이다. 명상적인 침묵에서 나온 에너지는 어떤 것이라도 창조적이다. 이것이 어떤 것을 파괴한 경우는 단 하나도 없다. 이것은 오직 창조만 한다. 이것은 내면에 아름다운 공간을 창조했고, 그리고 바깥에는 아름다운 예술, 음악, 조각, 시, 그림을 창조했다. 이 불은 전혀 뜨겁지 않고, 오히려 매우 서늘하다.

모세의 이야기를 예로 들면, 그는 신을 찾으러 시내산에 갔고, 그곳에서 그는 하나의 불을 보았다. 그리고 그 불 안에서 타지 않는 초록의 덤불을 보았다. 그는 자신의 눈을 믿을 수가 없었다. 그 불꽃은 높이 솟아올랐고, 그 불꽃 속의 덤불은 초록색이었다. 그리고 이 꽃은 마치 불이 아니라 서늘한 미풍이 지나가는 것처럼 피어났다.

신학자들은 이것을 이해해 보려고 노력해 오고 있다. 나는 신학자는 아니지만 시는 조금 이해할 수 있다. 내 생각에 이것은 시적인 표현이지, 신학적인 표현이 아니다. 이것이 말하고 있는 것은, 생명은 서늘한 에너지이고, 매우 창조적이고, 매우 비파괴적이며, 그 불 속에서조차 덤불은 초록으로 남을 것이고 자라서 꽃을 피울 것이라는 것이다.

생명의 에너지를 받아들여라. 생명의 에너지와 영적 교감을 나누고 대화를 나누면, 당신은 무한히 풍부해지고 타지 않을 것이다. 처음으로 당신의 봄은 올 것이고, 당신의 꽃들이 피어날 것이다.

에너지의 불꽃과 함께 기뻐하고, 그러한 불꽃과 함께 춤을 추고, 그러한 불꽃과 영적 교감을 가져라. 그러면 당신은 존재 자체와 대화를 하게 될 것이다. 만약 당신이 불에 탈까 봐 두려워한다면, 공포가 이 과정을 멈추게 할 것이고, 그것은 당신이 의식의 영역으로 더 깊이 들어가는 것을 막는 장애가 될 것이다. 이 두려움을 버려라. 아무도 생명의 에너지에 의해 불에 탄 사람은 없다.

사람은 내면으로 들어갈 때, 두려움을 버리는 것을 배워야만 한다. 거기에는 당신이 가진 에너지 외에는 아무도 없고, 당신이 지닌 에너지는 당신의 적일 리가 없다. 사실상 '당신의 에너지'라고 말하는 것은 맞지 않다. 이런 표현을 쓸 수밖에 없는 것은 언어의 빈곤 때문이다. 그것보다는 당신이 그 에너지라고 말하는 것이 오히려 낫다. 거기에 불에 탈 사람이 누가 있는가? 당신은 불꽃 그 자체이고, 그 불꽃의 춤이 바로 당신의 존재이다.

행동

마음은 항상 목적, 이익, 유용성과 같은 조건들을 생각한다. 마음이 사라질 때, 행동은 사라지지 않고 활동은 사라진다. 그리고 이 둘 사이에는 거대한 차이가 있다. 활동은 유용성을 가지며, 행동은 순수한 기쁨이고 순수한 아름다움이다. 당신은 무언가를 성취하기 위해서 행동하지 않으며, 당신의 행동이 하나의 춤이고 노래이기 때문에 움직인다. 당신은 에너지로 가득 찼기 때문에 행동한다.

당신은 해변에서 뛰어다니는 어린아이를 지켜본 적이 있는가? 당신은 그에게 묻는다. "왜 달려가고 있는가? 달리는 목적이 무엇인가? 무엇을 얻으려고 하는가?" 어린아이가 해변에서 조개껍질을 모으고 있는 것을 본 적이 있는가? 당신은 그에게 묻는다. "이걸 모두 어디에 쓰려고 하는가? 너는 시간을 좀 더 유용하게 쓸 수 있는데 왜 낭비하는가?"

어린아이는 유용성에 대해서는 전혀 관심이 없다. 그는 자신의 에너지를 즐기고 있다. 아이는 에너지로 가득 차고, 그 에너지가 솟아올라 순수한 춤이 된다. 어떤 명색뿐인 것도 할 것이다. 조개, 조약돌, 색깔 있는 돌들은 단지 명색에 지나지 않는 것들이다. 태양, 아름다운 해변…… 이것들도 별것이 아니다. 단지 별것 아닌 것으로 기쁨에 들떠 달리고 뛰고 소리 지른다. 거기에 유용성이란 전혀 없다.

"에너지는 기쁨이다." 이것은 윌리엄 블레이크가 한 말이다. 이것은 서양의 가장 신비스런 시 가운데 하나다. 에너지는 기쁨이다. 엄청난 에너지를 가지고 있다면, 당신은 이것을 가지고 무엇을 할 것인가? 폭발이 제한되고 있다.

행동은 에너지에서 나오고, 기쁨에서 나온다. 활동은 실무적이고, 행동은 시적이다. 활동은 결과를 지향하기 때문에 굴레를 만든다. 당신은 이것을 자신의 동기에 의해서 하지 않고, 어떤 목적을 위해서 한다. 거기에는 목적이 있기 때문에 좌절이 있다. 백 번 중 아흔아홉 번은 목표를 성취하지 못할 것이고, 그래서 아흔아홉 번은 비참해지고 좌절할 것이다. 당신은 활동 그 자체를 즐기지 못했고, 결과를 기다리고 있었다. 이제 그 결과가 나왔고, 백 번 중 아흔아홉 번은 좌절한다. 나머지 일 퍼센트에 대한 희망도 갖지 말라. 왜냐하면 당신이 목표를 성취했을 때도 좌절이 있기 때문이다. 당신의 목표는 성취되었지만, 갑자기 당신은 그 목표에 대해 꾸어 왔던 모든 꿈들이 실현되지 않았다는 것을 깨닫게 된다.

활동은 목적이 있음을 의미한다. 활동은 하나의 결과를 위한 수단일 뿐이다. 행동은 그 자체가 목표이자 수단이라는 것을 의미한다. 이것이 행동과 활동의 차이점이다.

당신 안에서 행동이 솟아오를 때, 이것은 완전히 다른 차원이다. 당신은 순수한 행동의 기쁨을 위해 움직인다. 행동은 자신에게 이르는 하나의 끝이고 유용성을 가지지 않는다. 마음은 목표와 방향을 정하는 원인이다. 따라서 마음이 사라지면, 이것과 함께 모든 실용적인 활동도 또한 사라진다. 마음은 당신의 모든 동기를 포함하고 당신의 과거와 미래를 포함하지만, 현재는 전혀 포함하고 있지 않다. 그래서 마음이 없을 때는 순수한 현재만이 남는다. 당신은 순간에서 순간으로 행동하고, 그리고 각 순간은 그것 자체로도 충분하다.

응답

행동은 응답을 의미하고, 활동은 반응을 의미한다. 당신이 행동하고 있을 때, 그것은 마음을 뒤로하고 당신의 의식이 존재와 직접 연결되고 있다는 것을 의미한다. 따라서 응답은 즉각적이다. 그때 당신이 하는 일은 무엇이든 진부한 것이 아니다. 이것은 마음에 의해 주어진 빌려 온 대답이 아니다. 당신은 이렇게 함으로써 실존에 응답하고 있다. 당신의 행동은 그 상황에서 진실이기 때문에 그때 그곳에 아름다움이 있다.

하지만 세상에 있는 수많은 사람들은 이미 만들어져 있는 대답을 통하여 단순하게 살고 있다. 그들은 이미 그 대답을 가지고 있다. 그들은 귀를 기울이지 않으며, 그들이 직면한 상황을 보지도 않는다. 그들은 질문 자체보다는 자신이 가지고 있는 대답에 더 관심이 있고, 계속해서 그 대답에 따라 살아가고 있다. 이것이 바로 그들이 반복적이고 지루하며 질질 끌려가는 인생을 사는 이유이다. 이것은 더 이상 흥겨운 삶이 아니며, 흥미로운 인생이 될 수 없다.

행동은 하나의 춤과 같은 삶이고, 활동은 억지로 사는 삶이다. 활동은 항상 그 상황에 진실하지 않고, 행동은 언제나 그 상황에 진실하다. 그리고 활동은 항상 과거로부터 대답을 가져오는데, 인생은 매 순간 변화하기 때문에 이것은 적당하지 않다. 그래서 과거로부터 가져오는 모든 것은 결코 적합하지 않고, 이것은 늘 부족하게 된다. 그래서 당신이 무엇을 하든지 좌절이 있다. 당신은 진실에 잘 대처하지 못했다고 느낀다. 당신은 늘 무언가 빠져 있고, 자신이 했어야 할 일에 정확하게 반응하지 못했다고 항상 느낀다. 그 이유는 단순히 반복하고, 앵무새처럼 따라 하며, 만들어져 있는 대답을 하고, 손쉽게 얻으려 했기 때문이다. 하지만 이것은 진실이 아니다. 상황이 새로워졌기 때문에 진실이 아니다.

행동은 이것에 목적이 없다는 의미이다. 시인들이 '시를 위한 시' 또는 '예술을 위한 예술'이라고 말하듯이, 신비가들의 경우도 마찬가지다. 그의 행동은 행동을 위한 행동이다. 거기에는 어떤 다른 목적도 없다. 그는 어린아이처럼 단지 이것을 좋아할 뿐이다. 그는 순수하게 이것을 즐긴다.

불의 왕 : 창조자

★★★★★★★★★★★★★★★★

창조자의 기쁨은 창조 그 자체에 있다. 거기에 다른 보상은 없다.

미덕이라 불릴 가치가 있는 미덕은 오직 창조성뿐이다. 당신이 무엇을 창조하는지는 중요하지 않지만, 그것은 삶의 질을 높이고, 존재를 아름답게 하며, 더 즐거운 삶을 살게 하며, 좀 더 활기차게 노래하고, 더욱 빛나는 사랑을 하게 해야 한다. 창조자의 삶은 영원과 불사의 일부가 된다.

수많은 사람들은 살지만, 어떤 것도 창조하지 못한다. 그리고 그림이든 노래든 춤이든 스스로 창조하지 않으면 더없는 행복을 느낄 수 없고 비참한 채로 있을 것이라는 점은 삶의 원리들 가운데 하나다. 오직 창조만이 당신에게 존엄을 가져온다. 창조는 당신 안에 충만함이 피어나도록 돕는다.

창조자는 군중의 일부가 될 수 없다. 창조자는 홀로 되는 것과 따로 떨어지는 것, 고독의 아름다움을 배워야만 한다. 그 이유는 오직 여유 안에서 잠재력이 현실로 변하기 시작하기 때문이다. 창조자의 길은 궁극적으로 당신을 자신에게로 데려간다. 왜냐하면 당신은 군중에서 멀어지고, 집단에서 멀어질 것이기 때문이다. 당신은 홀로 있음으로 들어갈 것이다. 화가는 그의 상상력 안에서 절대적으로 혼자다. 무용가는 그의 춤 안에서 절대적으로 혼자다.

한번은 위대한 무용가 중 한 사람인 니진스키가 질문을 받은 적이 있다. "당신은 많은 청중 앞에 설 때 긴장하지 않으세요?" 그는 말했다. "의식하고 있는 한 나는 긴장감을 느낍니다. 하지만 그것은 춤을 시작하기 전까지만입니다. 춤 속에 있을 때, 나는 완전히 혼자이고, 거기에는 아무도 없습니다. 다른 사람들이 사라질 뿐만 아니라 때때로 나 자신이 사라지고 오직 춤만이 남는 그런 순간이 옵니다. 이것은 가장 위대한 순간입니다."

과학자들이 니진스키가 중력 때문에 육체적으로 불가능한 높이를 뛰어오르는 순간을 관찰한 적이 있었다. 더욱 놀라운 것은 그가 내려올 때였다. 그는 매우 천천히 내려왔는데, 마치 그것은 나뭇잎이 땅으로 천천히 떨어져 내리는 것 같았고, 전혀 서두름이 없었다. 중력은 물체를 강제로 끌어당기기 때문에, 이도 역시 중력이 작용하는 한 가능한 일이 아니었다.

그는 이것에 대하여 질문 받았고 대답했다. "이것은 나에게도 신비로운 일입니다. 내가 시도할 때는 번번이 일어나지 않습니다. 왜냐하면 내가 거기에 있기 때문입니다. 아마도 나라는 것이 중력의 결과인 무게인 것 같습니다. 내가 나 자신을 완전히 잊었을 때, 갑자기 그런 일이 일어납니다. 당신이 관중이듯이 나도 관중이 되고, 경이로 가득 찹니다. 어떻게 이런 일이 일어나는지 나도 모릅니다.”

아마도 자아는 당신 안에 있는 가장 무거운 것인 것 같다. 니진스키가 그 자신이 사라지는 것을 느꼈던 순간, 오직 춤만이 있고 춤추는 자가 없는 순간, 그는 차원은 매우 달랐지만 부처나 노자의 체험과 같은 체험에 가 닿았다. 그의 춤은 하나의 신비스러운 체험이 되었다.

창조자의 기쁨은 창조 그 자체에 있다. 거기에 다른 보상은 없다. 당신의 행동에 어떤 보상을 바라기 시작할 때, 당신은 기술자이지 창조자가 아니다.

창즈자는 야망이 없으며, 명성에 대한 욕망도 없다. 야망과 명성에 대한 강한 욕망이 있는 사람은 삼류에 지나지 않는다. 그들은 제작자일 수는 있지만 창조자는 아니다. 창조자는 유명해지고자 하는 의도가 없고, 존경받고자 하는 의도도 없다. 그의 모든 에너지는 오직 하나, 창조에 열중한다.

오태되고 위대한 모든 예술 작품…… 예를 들면, 우리는 이 세상에서 가장 아름다운 건축물인 타지마할을 건축한 사람이 누구인지 모른다. 인간의 궁극적인 체험에 대한 가장 아름다운 진술인 우파니샤드를 누가 창작하였는지 아무도 모른다. 그들은 그들 자신을 단순히 존재의 매개체, 도구라고 생각했다. 오직 자신은 존재의 창조를 위한 도구이지, 자신이 창조자라고 결코 생각하지 않았다. 자신의 이름을 서명하는 것조차 추하다.

당신은 일반 대중을 본다…… 그들은 어떤 것도 창조하지 않았지만, 공동 화장실 안에 서명을 하고, 영화관의 의자에 자신들의 이름을 새겨 놓았다. 자신이 가고 난 후에 이름을 남기고 싶은 그러한 욕망, 높은 지위에 오르고 싶은 그러한 욕망, 야망적이 되는 것은 창조적 영혼의 일부가 아니다. 이것은 세속적이고 이류이다.

불의 여왕 : 나눔

★★★★★★★★★★★★★★★

당신은 더 많이 나눌수록 더 많이 갖게 될 것이다.
보통 일반적인 경제학에서는 나눔은 잃는 것이지만,
영적인 경제학에서는 더 갖는 일이 된다.

　보통의 경제학에서는 당신은 구두쇠가 되어야만 하고, 그래야 당신은 부자가 될 수 있다…… 모아야 하고, 절대 나누어서는 안 된다. 영적인 경제학에서는 당신이 만약 구두쇠라면 자신이 가진 무엇이든 잃게 될 것이다. 당신은 나눌 때만 살아 있을 수 있고, 그것은 살아 있는 경험이다. 나눔에 의해서 그것은 역동적인 활동을 계속한다.

　나는 엄청난 복권 당첨금을 받은 젊은이에 대하여 들은 적이 있다. 그는 굉장히 기뻐했다. 그는 거지가 서 있는 것을 보고 차를 세웠다. 거지는 매일 거기에 서 있었지만, 그는 차를 세워 본 적이 한 번도 없었다. 하지만 오늘은 달랐다. 젊은이는 백 달러 지폐를 거지에게 주었다. 거지가 소리 내어 웃었다.

그 사람은 말했다. "이해할 수 없군요. 왜 웃는 거죠?"

그는 말했다. "옛날의 내가 생각나서…… 내가 차를 가지고 있던 때 나는 당신처럼 베풀곤 했죠. 곧 당신이 나의 옆에 서게 될 걸 생각하니 웃음이 납니다. 그렇게 관대해선 안 돼요! 나의 경험에서 무엇인가 배우길 바라오."

일반적인 경제학에서는 당신이 무언가를 주는 순간, 당신이 가진 것이 그만큼 줄어든다. 하지만 사랑을 줄 때 사랑이 줄어드는 것을 느꼈는가? 아니면 기쁨을 나눔에 있어 당신의 기쁨이 조금 줄어들었다고 느꼈는가? 만약 당신이 잘 지켜본다면, 당신은 놀라게 될 것이다. 나눔에 의해서, 당신의 기쁨은 더 늘어난다. 사랑에 의해, 당신의 사랑의 샘은 더욱 흘러넘치고, 당신은 더욱 생기가 넘친다. 행동에 의해…… 당신의 친구와 그저 당신 자신을 나누고, 그때 자신이 무언가 잃고 있지 않고, 반대로 무언가를 얻고 있다는 것을 알게 될 것이다.

다른 사람의 충고를 듣지 말라. 그들은 오직 일반적인 경제학만을 알고 있다. 그들은 더 높은 경제학에 대해서는 아무것도 알지 못한다. 주는 곳은 어디든지 나눔이 있고, 주지 않는 곳은 어디든지 매우 파괴적이다.

당신은 많이 줄수록 더 많은 것을 가질 것이고, 더 적게 줄수록 더 적게 가질 것이다. 만약 전혀 주지 않는다면, 당신은 어떤 것도 갖지 못할 것이다.

어떤 주저함과 망설임도 없이 전체를 주어라. 다른 사람의 말을 듣지 말라. 당신이 스스로 체험한 것에 귀 기울여라. 스스로 경험한 것을 지켜보라. 당신이 나눌 때, 당신은 어떤 것을 잃게 되는가, 아니면 어떤 것을 얻게 되는가? 그것은 결정적인 것이 될 것이다.

불의 기사 : 강렬함

★★★★★★★★★★★★★★★★★★★

만약 당신이 전적으로, 강렬하게 산다면, 그때 당신은 자유이다.
당신은 그 순간에 살았고, 이것은 끝이 났다. 당신은 뒤돌아보지 않고,
앞도 보지 않으며, 단순히 지금 여기에 남아 있다.

만약 당신의 탐구가 그저 미적지근하다면, 그때 궁극적인 것은 당신으로부터 아주 멀어진다. 만약 당신의 목마름이 전부이고 망설임이 없다면, 당신은 이것 안으로 뛰어들며, 뒤에 어떤 것도 남기지 않고 자신의 화, 사랑, 증오, 탐욕, 자신의 모든 것과 함께 온 몸으로 뛰어든다. 자신이 가진 모든 것과 자신에게 주어진 모든 것을 걸었을 때, 그 거리는 거의 존재하지 않는다.

이것은 당신의 강렬함에 달려 있다. 당신의 강렬함의 정도가 경건함과 사악한 잠 사이의 거리를 결정할 것이다.

당신이 어떤 것에 열정적일 때마다 자신이 사라지는 것을 지켜본 적

120

이 있는가? 당신은 누군가와 사랑을 한다. 매우 강렬한 사랑 속에서 자신은 사라진다. 당신은 더 이상 존재하지 않고, 사랑만이 존재한다. 당신이 화를 낼 때 강렬하고 전적인 화냄 속에서 자신은 사라진다. 당신은 더 이상 그곳에 없고, 오직 화만이 존재한다.

당신은 자신의 삶 속에서 이것을 볼 수 있다. 무언가가 거기에 있을 때마다, 당신이 가진 모든 것을 건다면, 자신은 발견되지 못한다. 그것은 신비를 푸는 위대한 열쇠이다. 무언가를 마지못해 할 때만 자신이 존재하게 된다. 당신이 주저하는 그것이 자신이 된다.

만약 당신이 그림을 그리거나 어떤 일을 하거나 노래를 하거나 춤을 추거나 기타를 치는 일에 완전히 몰두한다면, 만약 그것에 완전히 들어간다면, 당신은 즉시 자신이 거기에 없다는 것을 알게 될 것이다. 미지의 무언가가 당신을 점유하게 된다. 자신은 그곳에 없고, 이기심도 없다.

그리고 이런 순간이 여러 번 왔지만, 당신은 물론 알아차리지 못한다. 아름다운 일몰을 볼 때, 당신은 일몰의 아름다움에 넋을 잃어 잠시 동안 자신에 대한 생각은 잊는다. 당신은 거기에 없다. 그곳에는 전적으로 다른 가치가 있었고, 당신은 그곳에 없었다. 무언가가 그곳에 있었지만 당신은 그것을 '나' 라고 부를 수 없고, 그것을 자아가 얼어붙은 상태라고도 부를 수 없다. 당신은 유체이고 흘러가고 있었다.

이것은 크리슈나무르티가 관찰자가 관찰이 되는 순간이라고 부른 것이다. 그 노을은 거기 있었고, 그 노을은 너무나 엄청났다. 이것은 당신을 점령해 버렸다. 관찰자는 관찰되는 것 속으로 사라져 버렸다. 그 노을은 모든 것이 되었다. 당신은 분리되지 않았고, 멀리 떨어져서 바라보고 있지 않았고, 당신은 구경꾼이 아니었다. 당신은 그 속에 있었고, 그것의 부분이었다. 당신은 자신이 서서히 녹아들고 동화되는 것을 느끼기 시작했다.

따라서 아름다움의 체험, 사랑의 경험, 위대한 음악의 경험은 해방을 가져온다. 당신이 알았던 그 순간들은 자연스럽게 오고 자연스럽게 간다. 하지만 과학적으로 설명할 수는 없다. 당신은 그것들에 대해 명상하지도 않았고, 그들 안에 숨겨진 열쇠를 찾지도 않았다.

세 살 먹은 아이를 보면, 당신은 활기참이란 무엇인지를 알게 될 것이다. 아이들은 얼마나 즐겁고, 그의 주위에서 일어나고 있는 모든 일들에 얼마나 민감한지, 얼마나 촉각을 곤두세우고 주의 깊은지 알게 될 것이다. 아이들의 눈은 어떤 것도 놓치지 않는다. 그리고 모든 것에 얼마나 열정적인가? 화가 나면 그는 순수하게 화만 낸다. 화를 내는 아이를 보는 것은 아름답다. 왜냐하면 나이 많은 사람들은 항상 마지못해 하기 때문이다. 화가 났을 때조차 그들은 전적으로 화를 내지 않고 망설인다. 그들은 전적으로 사랑하지 않고, 전적으로 화를 내지 않으며, 어떤 것도 전적으로 하지 않고, 항상 계산하고 있다. 그들의 삶은 미적지근해진다. 어떤 것이 증발하는, 어떤 것이 일어나는, 혁명이 가능한 곳인 100°C의 세기가 결코 될 수 없다.

하지만 어린아이는 무엇을 하든지 항상 100°C로 산다. 그는 당신을 미워할 때는 완전히 미워하고, 당신을 사랑할 때는 완전히 사랑한다.

그리고 그렇게 변화하는 데는 일 초밖에 걸리지 않는다. 그는 아주 빠르다! 그는 시간을 끌지 않고, 이리저리 궁리하지 않는다. 잠깐 전에 그는 당신의 무릎에 앉아 당신을 얼마나 사랑하는지 이야기했다. 그런데 어떤 일이 일어났다. 당신이 뭐라고 얘기했고, 당신과 그 사이에 무엇인가가 잘못되었다. 그는 당신의 무릎에서 뛰어 내려와 말한다. "다시는 꼴도 보기 싫어." 그리고 우리는 그의 눈에서 정말로 그러함을 본다!

그리고 이것이 전부이기 때문에 뒤에 흔적을 남기지 않는다. 그것이 전체성의 아름다움이다. 이것은 심리적인 기억을 축적하지 않는다. 오직 부분적인 삶만이 심리적인 기억을 만든다. 오직 당신이 부분적으로만 살았던 모든 것들이 당신 주위에 매달려 있고, 그리고 그 잔재들이 당신의 전체 삶과 계속된다. 수많은 것들이 완성되지 않은 채 그곳에 매달려 있다.

그것이 카르마 이론의 전부이다. 끝내지 못한 일들, 완성되지 못한 행동들은 완성되기를 계속 기다리고 있으며 당신을 계속 재촉한다. "나를 완성시켜라!" 왜냐하면 모든 행동은 실행되기를 원하기 때문이다.

하지만 당신이 전적으로, 강렬하게 산다면, 그때 당신은 자유이다. 당신은 그 순간에 살았고 이것은 끝이 났다. 당신은 뒤돌아보지 않고 앞도 보지 않으며, 단순히 지금 여기에 남아 있다. 거기에는 과거도 없고 미래도 없다. 그것이 내가 말하는 축제이다. 진정한 축제의 순간에는 오직 현재만이 존재한다.

불의 시종 : 놀이

★★★★★★★★★★★★★★★

놀이는 목적이 전혀 없는 어떤 것이다. 그 순전한 기쁨을 위해
함께 있는 것만으로도 아름답다. 더 잘 이해하고 더 나은 세상에서는 경기가
사라질 것이다. 오직 놀이만이 있을 것이다.

놀이의 나라로 가는 어떤 지도가 있을 리 없다. 모든 지도들은 심각
함으로 이끌기 위한 것이다. 놀이는 모든 지도가 타 버렸을 때 가능하
다. 놀이로 가는 길은 없다. 왜냐하면 놀이는 하나의 목적이 아니며,
목적이 될 수 없기 때문이다. 당신이 모든 목적에 대하여 잊었을 때,
어떤 곳으로도 가려고 하지 않을 때, 가려고 하는 그 생각을 버렸을
때, 바로 지금 여기에서 놀이는 당신 안에 자라기 시작하고 당신 안에
서 일어난다.

놀이는 그때 거기가 아니라, 지금 여기에 있다. 그런데 어떻게 거기
로 가는 지도가 있을 수 있겠는가? 당신은 어떤 곳으로도 가지 않는

다. 그저 있을 뿐이다.

심각함은 목표 지향적이다. 심각한 사람이 놀기 시작할 때, 그는 놀이의 속성조차 변형시킨다. 이것은 하나의 경기가 되고, 더 이상 놀이가 아니다. 그것이 놀이와 경기의 다른 점이다. 노는 것이 심각해지면 경기가 된다.

사람들은 레슬링을 보러 가고, 투우와 미식축구를 보러 간다. 그것들은 츠하고 폭력적이며 잔인하다. 이런 것들을 보기 위하여 가는 사람들은 미숙하고 약간 도착된 사람들이다. 구경꾼들은 그 검투사들만큼 성숙하지 않다. 둘 다 정화를 하기 위한 어떤 방법이다. 경기라는 이름으로 그들은 쓰레기를 집어던지고 그들의 폭력성을 토해 내고 있다.

이 세상은 매우 폭력적이다. 그래서 여기에 사랑이 존재할 수 없다. 인류가 진정으로 인간이 되었을 때, 투우 경기와 레슬링 같은 것들은 전례 없는 일이 될 것이고, 역사의 한 부분이 될 것이다. 수많은 사람들이 투우 경기를 보러 가는 것을 상상하기만 해도 매우 추하고 메스껍다. 하지만 사람들은 심각하다. 그들은 놀이도 역시 심각한 것으로 바꾼다.

놀이는 목적이 전혀 없는 어떤 것이다. 그 순전한 기쁨을 위해 함께 있는 것만으로도 아름답다. 더 잘 이해하고 더 나은 세상에서는 경기가 사라질 것이다. 오직 놀이만이 있을 것이다. 거기에는 승자도 없고 패자도 없다. 왜냐하면 승자와 패자의 개념은 무정한 것이기 때문이다. 그럴 필요가 없다! 왜 우리는 순전히 함께 즐기지 못하는가? 셈하고 점수를 매길 필요가 없다. 거기에 어떤 결과도 나오지 않을 것이다.

만약 당신이 축구하는 것을 사랑한다면, 축구를 하여라. 그저 그것을 하라! 결과를 생각하지 말라. 만약 결과를 생각하게 되면, 당신은 심각해진다. 놀이는 파괴되고, 이것은 거의 실무적인 것이 된다. 순수한 에너지의 분출을 즐기고, 그 순간을 즐겨라. 어떤 다른 것을 위하여 그것을 희생하지 말라.

불 에이스 : 근원

에너지가 바로 거기에 있을 때, 그것은 오직 지금 여기에 있다.
그것은 어떤 곳으로도 가지 않으며, 본래의 근원에서 정확히 고동치고,
틀림없이 거기서 빛을 발한다. 그것은 연꽃처럼 피어나고 있으며,
바깥으로 나가지도 안으로 들어가지도 않는다.

내가 안으로 가라고 말할 때, 나는 다만 머리로 가지 말라고 말하는 것이다. 사회 전체는 당신의 에너지가 머리로 이동하도록 강요한다. 모든 교육은 어떻게 하면 오직 머리에서 에너지가 고동치게 할 수 있을까, 어떻게 하면 당신을 위대한 과학자로 만들 수 있을까, 어떻게 하면 당신을 훌륭한 의사로 만들 수 있을까 하는 기본적인 기술들로 구성된다. 세상의 모든 교육은 머리로 에너지를 가져가는 것으로 이루어져 있다.

선(禪)은 당신에게 머리에서 나와서 기본적인 근원으로 가라고 요청한다. 세상에 널려 있는 교육 체계는 에너지를 가져다가 머리에 집어

넣었고, 사고하고 상상하고 사상을 창조하는 데 이것을 써 왔다. 머리는 이것을 사용했다. 머리에서 에너지를 사용하는 것을 아는 것은 선(禪)이 아니다. 비록 머리의 모든 에너지를 사용한다 해도, 당신의 불멸을 결코 깨닫지는 못할 것이다. 당신은 매우 위대한 사상가나 철학자가 될 수 있을지 모르나, 체험으로서의 인생이 무엇인지는 결코 알지 못할 것이다. 당신은 체험으로서 전체와 함께 하나가 된다는 것이 무엇인지 결코 알 수 없을 것이다.

에너지가 단지 그 중심에서 고동칠 때…… 이것이 어떤 곳으로도 움직이지 않고, 머리가 아니고 가슴도 아닌 마음이 오는 그곳, 이성이 오는 바로 그 근원…… 바로 그 근원에서 고동칠 때, 이것이 바로 좌선의 의미이다.

좌선이란 어디로도 움직이지 않고, 바로 그 근원에 앉아 있는 것이다. 엄청난 힘이 솟아오르고, 에너지가 빛으로, 사랑으로, 위대한 삶으로, 연민으로, 창조성으로 변형된다. 이것은 여러 형상을 취할 수 있지만, 먼저 그 근원에 있는 방법을 배워야 한다. 그러면 근원은 당신의 잠재력이 어디에 있는지 결정할 것이다. 당신은 그 근원에서 이완할 수 있다. 그리고 그것은 당신의 잠재력으로 당신을 데리고 갈 것이다. 영원히 생각을 멈추라는 말이 아니다. 단지 당신이 알아차리고 방심하지 않아야 하며, 근원 속으로 들어갈 수 있어야 한다는 말이다. 머리가 필요할 때 당신은 에너지를 머리로 이동할 수 있고, 사랑이 필요할 때 당신은 에너지를 가슴으로 가져갈 수 있다.

하지만 스물네 시간 생각할 필요는 없다. 생각하지 않을 때는 근원으로 돌아가 휴식하여야 한다. 그것은 당신을 계속 만족스럽고 주의 깊고 기쁨에 넘치도록 유지시킨다. 더없는 기쁨이 당신 주위를 둘러싼다. 이것은 하나의 행동이 아니다. 이것은 단지 발산이다.

좌선은 선(禪)의 전략이다. 문자 그대로 이것은 단지 앉아 있는 것을 의미한다. 어디에 앉는가? 바로 그 근원에 앉아라.

그 광휘의 근원은 당신의 바깥이 아니라 당신의 안에 있다. 만약 당신이 이것을 바깥에서 찾는다면 헛수고이다. 눈을 감고 당신 자신의 내부로 가라. 이것은 거기 있다…… 영원토록 기다리고 있다. 이것은 당신의 가장 깊은 본질이다. 당신은 발광체이다. 당신의 존재는 빛을 발한다. 이 발광체는 빌려 온 것이 아니다. 이것은 당신의 가장 깊은 중심이다. 이것이 당신이다.

당신은 빛이다. 당신 자신을 비추는 빛.

불 2 : 가능성

★★★★★★★★★★★★★★

산다는 것은 위험 속에 있다는 것을 의미한다. 산다는 것은 모든 가능성들이
가능한 상태로 남아 있는 것이다. 그리고 그 가능성은 무한하며, 당신은 어떤 가능성에도
제한되어 있지 않다. 당신은 무한한 존재이며, 한계가 없는 존재이다.
당신은 어떤 것도 될 수 있고, 그 다음 순간 어떤 것도 가져올 수 있다.

깊은 근원에서, 각 개인은 하나의 전 인류이다. 전 인류일 뿐만 아니라 하나의 전 존재이다. 나무는 당신 안에 있으며, 개도 당신 안에 존재하고, 호랑이도 당신 안에 존재한다. 모든 지나간 과거는 당신 안에 존재하고, 모든 미래도 또한 그러하다. 매우 미세한 방식으로, 세상에 일어났던 모든 일과 앞으로 일어날 모든 일은 당신 안에 잠재적으로 존재한다. 당신은 수많은 방식으로 존재할 수 있다. 따라서 산다는 것은 위험하게 산다는 것을 의미한다. 산다는 것은 변화와 움직임을 거치며 사는 것이다. 사람은 하나의 강과 같은 존재이다.

만약 당신이 안전하다면, 당신은 물웅덩이가 된다. 거기에는 움직임도 없고 역동성도 없다. 정지해 고여 있는 웅덩이의 물은 더러워지고 점점 죽는다. 강은 살아 있으며, 무슨 일이 일어날지 아무도 모른다. 사막에서 없어질지도 모른다. 무슨 일이 일어날지 예측할 수 없다. 예측할 수 있는 삶은 기계적인 삶이다. 당신의 삶은 예측할 수 없고, 당신은 삶과 함께 고동치고 맥박치고 진동한다. 그제야 당신은 진정한 삶을 산다고 할 수 있다.

자연은 무한한 가능성의 절정이다. 이 가능성들 안에서 100°C에서 물이 끓는 것은 자연스럽게 일어나고, 0°C에서 물이 어는 것 또한 자연스럽게 일어난다. 물이 0°C에서 어는 자연스런 현상은 물이 100°C에서 수증기로 변하는 자연스런 현상의 반대적인 것이 아니다. 다른 것이 일어나지 않는 동안에만 하나의 사건이 자연스러운 것이 아니라 둘 다 자연스러운 것이다.

어둠이 자연스러운 것처럼 빛도 자연스럽다. 넘어지는 것이 자연스럽듯이 일어나는 것도 자연스럽다. 자연에는 무한한 가능성이 있다. 우리는 무한한 길들이 출현하는 교차점에 서 있다. 흥미로운 것은 설사 우리가 선택한다 하더라도, 선택하는 능력 그 자체는 자연이 부여한 것이라는 것이다. 우리가 설사 잘못된 길을 선택한다 하더라도, 자연은 우리를 이것의 끝으로 데리고 갈 것이다.

자연은 매우 협조적이다. 우리가 지옥으로 가는 길을 선택한다면, 자연은 그 길을 열어 주기 시작하고 우리가 나아가도록 초대한다. 자연은 당신을 막지 않을 것이다. 당신이 물을 얼음으로 바꾸려는 것을 왜 자연이 막겠는가? 당신이 그렇게 하기를 원하는데, 왜 그것을 수증기로 바꾸게 하려 하겠는가? 당신이 지옥으로 가기를 원하거나 천국으로 가기를 원한다면, 자연은 기꺼이 당신에게 길을 열어 줄 것이다. 당신이 살기를 바라건 죽기를 바라건, 자연은 항상 기꺼이 협조하려 할 것이다. 사는 것도 자연스럽고, 죽는 것도 자연스러우며, 둘 중의 하나를 선택하는 당신의 능력도 역시 자연스럽다. 만약 당신이 자연의 다차원성을 간파할 수 있다면, 내가 말하는 것을 이해하는 데 어려움이 없을 것이다.

고통도 자연스럽고, 행복도 자연스럽다. 장님으로 살아가는 것도 자연스럽고, 눈을 뜨고 살아가는 것도 자연스럽다. 깨어 있는 것도 자연스럽고, 잠들어 있는 것도 자연스럽다. 자연은 끝이 없는 가능성을 내포하고 있다. 그리고 흥미로운 점은, 우리는 자연의 바깥에서 사는 것이 아니라 자연의 일부라는 것이다. 우리의 선택도 역시 우리 내부에 가지고 있는 자연적인 능력에 기인한다.

개인이 더욱더 의식적이 될 때, 그의 선택하는 능력은 더 깊어진다. 개인이 더욱 무의식적이 될 때, 그의 선택하는 능력은 깊이가 더 얕아진다.

예를 들어, 물이 태양 아래 있을 때 수증기로 변하지 않을 방법은 없다. 이렇게 되지 않는 것은 어렵다. 물은 수증기가 될지 안 될지 결정할 수 없다. 만약 이것이 태양 아래 있다면 이것은 분명히 수증기가 되고, 추위 속에 있다면 분명히 얼음이 된다. 설사 물이 의식이 낮거나 전혀 없거나 잠자고 있기 때문에 이렇게 살아야 한다는 것을 알지 못하더라도, 물은 이러한 일들을 겪으며 살아야만 한다.

사람은 훨씬 많은 것을 알기 때문에 더 많은 선택을 하여야 한다. 그는 몸을 통해서뿐 아니라 마음을 통해서도 결정해야 한다. 그는 지구를 여행할 것을 선택할 뿐만 아니라, 우주로의 여행도 선택해야 한다. 이것 역시 그의 선택에 달려 있다.

비록 이 영역은 아직 탐구되지 않았지만, 나는 가까운 미래에 과학은 자멸하는 경향을 가진 나무가 있는 곳을 발견할지 모른다고 느낀다. 살기를 선택하고 싶지 않은 나무들, 빽빽한 나무숲에서 잠깐만 머무르기를 바라고 마침내는 죽고 싶어 하는 나무들. 이것은 아직 발견되지 않았다.

사람들 사이에서도 우리는 자살하기를 바라는 사람들을 분명히 볼 수 있다. 그들은 살기를 선택하지 않는다. 그들은 죽는 방법을 찾는다. 그들은 가시를 볼 때마다 미친 사람처럼 그것을 향해 달려든다. 꽃은 그들의 마음을 끌지 못한다. 그들은 안 되는 쪽을 볼 때마다 최면에 걸린 듯이 그 방향을 향하게 되지만, 그들이 잘될 때는 어떤 이유를 찾는다. 그들은 성장의 가능성에 저항하는 수많은 논쟁거리는 발견해 내지만, 확실히 절망적인 곳으로는 곧장 달려 나간다.

모든 선택은 인류에게 열려 있다. 더욱 의식적인 사람이 될수록 그의 선택은 그를 행복으로 인도할 것이고, 더욱 무의식적인 사람이 될수록 그는 불행을 향하여 더 가까이 움직여 갈 것이다.

불 3 : 체험하기

꽃 옆에 앉아라. 남자와 여자로서가 아니라 꽃으로 앉아라. 나무 옆에 앉아라.
남자와 여자로서가 아니라 나무로 앉아라. 강물에서 목욕하라. 사람으로서가 아니라
강물이 되어라. 그러면 그때 수많은 암시가 당신에게 주어진다.

보아라! 느껴라! 만져라! 하지만 생각하지 마라. 생각이 들어오는 그 순간, 당신은 궤도를 이탈한다. 그때 당신은 개인적인 세계에서 살게 된다. 생각은 개인적인 세계이다. 이것은 당신에게 속해 있다. 그때 당신은 당신 자신 안에 갇히고, 보관되고, 투옥된다. 생각하지 않을 때 더 이상 당신은 존재하지 않는다. 당신은 더 이상 닫혀 있지 않다. 생각하지 말라. 그러면 당신은 열리고 자신에게 스며들 수 있게 된다. 존재가 당신 안으로 흐르고, 당신은 존재 안으로 흐르게 된다.

하지만 마음은 해석하려는 경향이 있다. 당신은 무언가를 보기 전에 이미 그것을 해석하고 있다. 내가 어떤 것을 말하기도 전에 당신은 이미

그것에 대하여 생각하고 있다. 이것이 듣기가 불가능해지는 이유이다.

당신은 듣는 것을 배워야만 할 것이다. 듣는다는 것의 의미는 당신이 열려 있고 상처받기 쉽고 수용적이 된다는 것이지만, 당신은 여하튼 생각하지 않고 있다는 것이다. 생각은 적극적인 행동이지만, 듣기는 수동적인 행동이다. 당신은 골짜기가 되고 자궁이 되어 받아들인다. 만약 당신이 들을 수 있다면, 그때 자연은 말한다. 하지만 이것은 언어가 아니다. 자연은 말을 사용하지 않는다. 그러면 자연은 무엇을 사용하는가? 이것은 암시를 사용한다. 꽃은 거기에 있다. 이것 안에 무슨 암시가 있는가? 이것은 어떤 것도 말할 수 없지만, 이것이 정말 아무것도 말하고 있지 않다고 말할 수 있는가? 이것은 많은 말들을 하고 있지만, 어떤 말도 사용하지 않고 말없이 전하고 있다.

말로 표현하지 않는 것을 들으려면, 당신은 말이 없어져야 할 것이다. 왜냐하면 오직 같은 것만이 같은 것을 들을 수 있고, 오직 같은 것만이 같은 것과 이야기할 수 있기 때문이다.

꽃 옆에 앉아라. 남자와 여자로서가 아니라 꽃으로 앉아라. 나무 옆에 앉아라. 남자와 여자로서가 아니라 나무로 앉아라. 강물에서 목욕하라. 사람으로서가 아니라 강물이 되어라. 그러면 그때 수많은 암시가 당신에게 주어진다.

그리고 이것은 의사소통이 아니며 영적 교감이다. 그때 자연은 수천의 혀로 말하지만, 언어로 말하는 것이 아니다. 이것은 수많은 방향에서 말하지만, 이것이 무슨 의미인지, 사전은 도움이 되지 않고, 철학자에게 물어볼 수도 없다. 이것이 무슨 의미인지 생각하기 시작하는 순간, 당신은 이미 잘못된 길로 들어선 것이다.

존재는 당신을 위하여 수많은 문을 열지만, 당신은 바깥에 서서 바깥에서 오는 것에 대해 무언가를 알고 싶어 한다. 자연에는 바깥이란 없다.

나는 이 말들을 반복하고 싶다. 자연에는 바깥이 없다. 모든 것은 안쪽에 있다.

불 4 : 참여

★ ★ ★ ★ ★ ★ ★ ★ ★ ★ ★

강물로 뛰어들어라. 그것만이 삶을 알 수 있는 유일한 길이다. 강물로 뛰어들어라.
결코 관객이 되지 말라. 관객은 세상에서 가장 불쌍한 사람이다.

삶은 오직 참여를 통해서만 알 수 있다. 관객이 되지 말라. 요즘은 세상 전체가 그저 하나의 관객, 구경꾼 무리가 되었다. 누군가가 춤을 추고, 당신은 이것을 지켜본다. 당신은 무엇을 하고 있는가? 어떻게 춤을 지켜볼 수만 있는가? 춤은 느껴져야만 하고 추어져야만 한다. 누군가가 노래하고 있고, 당신은 보면서 듣고 있다. 노래와 그것의 아름다움을 알려면, 당신이 노래해야만 한다. 당신은 참여해야 한다. 하지만 당신은 모든 것을 계속 보고만 있다. 이러한 커다란 불행들은 곳곳에 만연해 있다.

당신은 영화를 보기 위해 서두른다. 무엇을 위해서? 당신은 아름다운 인생을 살 수 없는가? 왜 당신은 영화를 보러 가야만 하는가? 사람들은 다른 사람들의 삶을 보기 위해서 텔레비전 앞의 의자에 달라붙어 떨어지지 않는다. 그들은 삶을 살고 있지도 않으며, 당신을 위해 연극을 하고 있을 뿐이다. 그들은 당신을 위해 연기하고, 당신은 그 배우들을 보고 있다. 누구도 살고 있지 않다. 무용수는 진정한 무용수가 아니라 직업적인 무용수일 뿐이고, 당신은 관객이다. 모든 것이 거짓이다.

본질적인 것을 찾아라. 본질적인 것을 찾기 시작할 때 당신은 참여하게 될 것이다. 당신은 알게 될 것이다. 춤은 단 하나의 방법으로만 알 수 있으며, 그것은 춤을 추는 것이라는 것을……

강기슭에 서서 다른 사람이 수영하는 것을 지켜보기만 한다면, 수영이 무엇인지 어떻게 알 수 있겠는가? 당신은 손을 젓는 것을 볼 것이고, 그 사람이 물 속에서 무언가를 하는 것을 볼 것이다…… 하지만 그에게 일어나고 있는 전율을 당신이 어떻게 알겠는가? 그에게 일어나고 있는 발길질을, 감각을, 부력을 어떻게 알겠는가? 강물의 느낌, 강물과 함께 흘러가는 것, 강물과 함께 춤추는 것을, 강가에 서 있는 당신이 어떻게 알겠는가?

강물로 뛰어들어라. 그것만이 인생을 알 수 있는 유일한 길이다. 강물로 뛰어들어라. 절대 관객이 되지 말라. 관객은 세상에서 가장 불쌍한 사람이다. 참여하라.

이것은 나의 느낌이다. 만약 신이 있다면, 그는 당신이 잘한 일은 무

엇이고 잘못한 일은 무엇인지, 무슨 죄를 범하고 무슨 덕행을 행하였는지, 당신에게 묻지 않을 것이다. 아니다. 만약 신이 있다면 그는 물을 것이다. 당신의 삶은 축제였는가, 아니면 슬픔이었는가? 묻는 것은 오직 그뿐일 것이다.

모든 존재들이 축제를 할 때, 왜 당신은 따로 떨어져 혼자 고립되어 있는가? 그러면서 당신은 이방인이라고 느낀다. 꽃이 피고 있는데, 왜 당신은 멀리 서 있는가? 왜 꽃피우지 않는가? 새들이 노래하는데, 왜 당신은 멀리 서 있는가? 왜 노래하지 않는가, 왜 참여하지 않는가?

불 5 : 전체성

★ ★ ★ ★ ★ ★ ★ ★ ★ ★ ★ ★ ★

당신이 하고 싶은 일은 항상 무엇이든 하라. 하지만 그것을 전적으로 하라.
만약 그것이 좋은 것이라면, 그것은 당신의 일부가 될 것이다. 만약 그것이 좋지 않은 것이라
면, 당신은 그것으로부터 나오게 될 것이다. 이것이 전적으로 하는 것의 아름다움이다……
이것이 전적으로 하는 것의 비밀이다.

나는 죄를 짓지 말라고 말하지 않는다. 나는 계율을 가지고 있지 않
다. 나는 이렇게 말하지 않는다. "이것을 해라. 이것은 도덕적이고 고
결한 일이다." 나는 당신이 원하는 것은 무엇이든 하라고 말한다. 만약
당신이 도둑이 되고 싶다면, 완벽한 도둑이 되라. 만약 그것이 덕행이
라면, 그것은 당신의 일부가 될 것이다. 만약 이것이 덕행이 아니라면,
당신은 그것 밖으로 나올 것이다. 당신이 화내고 싶다면, 전적으로 화
를 내라. 만약 그것이 그럴 만한 가치가 있다면, 당신은 이것을 즐길
것이다. 만약 그것이 무의미하다고 느낀다면, 그것은 저절로 떨어져
나갈 것이다.

전체성은 기준이다.

☀

부처는 결코 어떤 후회도 하지 않는다. 그는 결코 뒤돌아보지 않는다. 그것은 아무 의미가 없다. 그가 한 각각의 일들은 완전히 완벽하게 이루어졌다.

당신은 항상 부분적이고 단편적이었다는 단순한 이유 때문에 항상 뒤돌아본다. 오직 당신 존재의 일부만이 관련되며, 당신은 모든 일을 할 때 결코 전적으로 몰입되어 하지 않는다.

나중에 당신은 생각하기 시작한다. "나는 그것을 했어야만 했는데." 또는 "나는 이것을 했어야만 했는데." 또는 "아마 더 나은 방법이 있었을지도 모르는데." 당신은 후회하기 시작하고 죄의식을 느끼기 시작한다. 당신의 행동들은 완성되지 못했고, 그래서 그것들은 고민거리로 남는다.

어떤 행동이 전적으로 행해질 때, 당신이 완전히 그 속에 있을 때, 그때 당신은 이것에서 완전히 나오게 된다. 당신은 이것에서 완전히 나온다.

이 기본적인 법칙을 기억하라. 만약 당신이 무언가를 완전히 한다면, 그것에서 완전히 나올 수 있다. 만약 당신이 전적으로 그 속에 있지 않다면, 당신은 그 시간이 지나간 후에도 그 속에 남아 있을 것이다. 그날이 가 버렸는데도 당신은 그 속에 남아 있을 것이다. 당신의 어떤 부분이 과거에 집착하기 시작하고, 당신은 늘 불행함을 느낄 것이다. 당신이 무엇을 선택하든지, 불행은 꼭 따라오게 되어 있다. 왜냐하면 조만간 당신은 좀 더 잘할 수 있었다는 것을 알게 되기 때문이다.

하지만 깨어 있는 사람은 더 잘할 수 있는 어떠한 가능성도 없다는 것을 안다. 그렇다면 이것을 기억할 필요가 무엇이 있는가? 부처는 과거를 기억하지 않는다. 그는 기억하지 못하는 것이 아니다. 그는 당신보다 더 분명하게 기억하고 있다. 하지만 그 기억은 침묵의 창고에 있다. 만약 이것이 필요하면, 그는 그 기억을 사용할 수 있지만 그 기억의 노예가 되지는 않는다.

그리고 결코 미래에 대해서 생각하지 않는다. 그는 미래를 위하여 결코 예행연습을 하지 않는다. 왜냐하면 그는 "무슨 일이 일어나든 나는 항상 그것과 완전히 함께 할 것이다. 더 이상 가능한 것은 없다."는 것을 알기 때문이다. 그래서 그는 아무런 기억 없이, 미래에 대한 예상 없이, 자발적으로 행동한다. 그의 행동은 전적이며 현재에 속한다. 전적이며 현재에 속하는 행동은 자유를 가져온다.

불6 : 성공

★★★★★★★★★★★★

그저 계속 나아가고, 가능한 것은 무엇이나 즐겨라. 만약 성공이 거기 있다면,
성공을 즐겨라. 만약 실패가 거기 있다면, 실패를 즐겨라. 왜냐하면 실패는
성공이 줄 수 없었던 몇 가지 즐거움을 가져올 것이기 때문이고,
성공은 또한 실패가 줄 수 없었던 몇 가지 기쁨을 가져올 것이기 때문이다.

당신이 성공하기를 원한다면, 당신은 불행할 것이다. 당신은 성공할 수도 있고, 성공하지 못할 수도 있다. 하지만 한 가지는 분명하다. 당신은 불행할 것이다.

당신이 성공하기를 바라고 우연히 일치하여 성공한다 하더라도, 이것은 당신을 충족시키지 못할 것이다. 왜냐하면 이것은 마음의 방식이기 때문이다. 당신이 얻은 것은 무엇이든 무의미해지고, 마음은 앞을 향하기 시작할 것이다. 마음은 더욱더 많은 것을 바란다. 마음은 더 많은 것을 바라는 욕망일 뿐이다. 그런데 이 희망은 결코 채워질 수 없다. 왜냐하면 무엇을 가지든지 당신은 늘 더욱 많은 것을 상상할 수 있기 때문이다. 그리고 당신이 가진 것과 '좀 더' 사이의 거리는 여전히 일정하게 유지될 것이다.

이것은 인간의 경험 중에 가장 일정한 것 중의 하나이다. 모든 것이 변하지만, 당신이 가진 것과 당신이 가지고 싶어 하는 것 사이의 거리는 여전히 일정하게 유지된다.

앨버트 아인슈타인은 말한다. 시간의 속도는 일정하게 유지된다. 그것만이 변하지 않는 것이다. 그리고 부처는 말한다. 마음의 속도는 일정하다. 그리고 사실은 마음과 시간은 둘이 아니다. 그 둘은 같은 것이다. 같은 것에 대한 두 개의 이름일 뿐이다.

그래서 만약 당신이 성공하기를 원한다면, 당신은 성공할지도 모른다. 하지만 당신은 만족하지 못할 것이다. 그리고 당신이 만족하지 못한다면, 성공의 의미가 무엇인가? 그리고 나는 당신이 성공할 수 있지만 그것은 오직 우연의 일치일 뿐이라고 말한다. 당신이 실패할 가능성은 더욱 크다. 왜냐하면 당신 혼자만 성공을 뒤쫓는 것은 아니기 때문이다. 수많은 사람들이 뒤쫓고 있다. 한 나라에서 6억의 사람들 가운데 오직 한 사람만이 수상이 될 수 있다. 그리고 6억의 사람들이 대통령이나 수상이 되기를 원하고 있다. 그래서 오직 한 사람이 성공하고, 그 밖의 다수는 실패한다. 당신은 실패할 가능성이 더욱 크다. 수학적으로 그것은 성공보다 더 확실할 것이다.

만약 당신이 실패한다면, 당신은 좌절할 것이다. 당신의 전 생애를 순전히 낭비한 것처럼 느껴진다. 만약 당신이 성공한다고 해도, 그것은 결코 성공이 아니다. 만약 당신이 실패한다면, 그것은 실패한 것이다. 이것이 게임의 전부이다.

하지만 만약 당신이 성공에 반대한다면, 당신은 다시 성공에 대한 또 하나의 생각을 갖게 된다. 즉, 어떻게 하면 성공이라는 이 터무니없는 생각을 버릴 것인가 하고 생각하는 것이다. 그러면 당신은 또 하나의 생각을 가지게 된다…… 그러면 다시 거리가 생기고, 다시 욕망이 있게 된다.

이제 이 생각이 사람들을 수도사로 만들고 수도원으로 가게 만든다. 그들은 성공에 반대한다. 그들은 경쟁이 없는 세상 밖으로 나가기를 원한다. 그들은 이 모든 것에서 탈출하기를 원한다. 그래서 어떤 도발도, 유혹도 없기를 바란다. 그들은 자신 안에서 쉴 수 있다. 그리고 그들은 성공을 갈망하지 않기 위해 노력한다. 하지만 이것도 하나의 갈망일 뿐이다.

이제 그들은 정신적인 성공에 대한 생각을 갖는다. 어떻게 하면 성공하여 부처가 되고 예수가 될까 생각한다. 다시 생각이 있고 거리가 생기며, 다시 욕망이 있다. 다시 전체 게임을 시작한다.

나는 성공에 반대하지 않는다. 내가 이 세상에 있는 것은 이 때문이다. 그렇지 않다면 탈출하였을 것이다. 나는 이것에 찬성하거나 반대하지 않는다. 나는 말한다. 유목(流木)이 되어라. 무슨 일이 일어나든 일어나게 두어라. 스스로의 선택을 가지지 말라. 당신의 주변에 무엇이 오든지 이것을 환영하여라. 때로 이것은 낮이기도 하고, 때로는 밤이기도 하다. 때로 이것은 행복이기도 하고, 때로 이것은 불행이기도 하다. 당신은 선택의 여지가 없다. 당신은 그저 어떤 경우든 받아들인다.

이것이 내가 말하는 영적인 존재의 가치이다. 이것이 내가 말하는 신성한 의식이다. 이것은 원하지도 반대하지도 않는다. 왜냐하면 만약 당신이 원한다면, 당신은 반대하게 될 것이다. 만약 반대한다면, 당신은 원하게 될 것이다. 그리고 당신이 무언가를 원하거나 무언가를 반대하거나 할 때, 당신의 존재는 둘로 나뉘게 된다. 당신은 선택권을 가지며, 선택권은 지옥이다. 선택 없이 있는 것은 지옥에서의 해방이다.

모든 것을 그냥 내버려두어라. 당신은 그저 계속 나아가고, 가능한 것은 무엇이나 즐겨라. 만약 성공이 거기 있다면, 성공을 즐겨라. 만약 실패가 거기 있다면, 실패를 즐겨라. 왜냐하면 실패는 성공이 줄 수 없었던 몇 가지 즐거움을 가져올 것이기 때문이고, 성공은 또한 실패가 줄 수 없었던 몇 가지 기쁨을 가져올 것이기 때문이다. 그리고 자기 것이라는 개념이 없는 사람은 무슨 일이 일어나든지 모든 것을 즐길 능력이 있다. 만약 그가 건강하다면 건강을 즐길 것이고, 만약 병들었다면 침대에서 쉬며 병을 즐길 것이다.

병을 즐겨 본 적이 있는가? 만약 당신이 이것을 즐기지 못했다면, 당신은 많은 것을 놓친 것이다. 그저 아무것도 하지 않고 침대에 누워서, 세상에 대한 걱정도 없이, 모든 사람이 당신을 돌보고, 당신은 갑자기 군주가 된다. 모두가 친절하고, 관심을 가지고 들어 주며, 사랑해 준다. 그리고 당신은 아무 할 일도 없이 있고, 세상에 대한 단 하나의 걱정도 없다. 당신은 단순히 쉬고 있다.

당신은 새들의 소리를 듣고, 음악을 듣고, 또는 약간의 독서를 하고 잠에 떨어진다. 아름답다! 이것은 그 자체로 아름다움을 갖는다. 그러나 만약 당신이 항상 건강하기를 바란다면, 당신은 비참해질 것이다.

불행은 우리의 선택 때문에 온다. 우리가 선택하지 않을 때는 더없는 행복이 있다.

146

불 7 : 스트레스

삶에서 몸부림치는 것은 전혀 도움이 되지 않는다.
애쓰는 것은 단지 해를 끼칠 뿐이며, 의미가 없다. 노력은 필요하지 않다.

모든 개인적인 목표는 우주 그 자체의 목표와 대립한다. 모든 개인적인 목표는 전체의 목표와 반대된다. 모든 개인적인 목표는 신경을 자극한다. 본질을 아는 사람은 "나는 전체로부터 분리되어 있지 않으며, 나 자신의 어떤 운명도 찾고 탐구할 필요가 없다. 일들은 일어나고 있고, 세상은 움직이고 있다. 그것을 존재라 부르든 그 너머라고 부르든, 존재가 일들을 하고 있다. 그것들은 저절로 일어나고 있다. 나는 어떠한 싸움도, 어떠한 노력도 할 필요가 없다. 나에게는 어떤 것을 위하여 싸울 필요가 없다. 나는 긴장을 풀고 그저 있을 뿐이다."라고 느끼게 된다.

본질적인 사람은 행위자가 아니며, 비본질적인 사람이 행위자이다. 물론 그러면 비본질적인 사람은 걱정, 긴장, 스트레스, 고뇌 속에 있고, 계속해서 화산 위에 앉아 있게 된다. 이 화산은 어느 순간 폭발할 수 있다. 왜냐하면 그는 불확실한 세상에 살고 있으면서도 세상이 확실하다고 믿고 있기 때문이다. 이것은 그의 존재 안에 긴장을 만들어 낸다. 그는 아무것도 확실하지 않다는 것을 내면 깊은 곳에서는 알고 있다.

부자는 가질 수 있는 모든 것을 가지고 있지만, 자신이 아무것도 가지고 있지 않다는 것을 내면 깊은 곳에서는 안다. 그것이 부자를 가난한 사람보다 더 불행하게 만든다. 가난한 사람은 언젠가 운명이 그에게 축복을 부어 줄 것이라는 희망을 갖고 있기 때문에 아직 그렇게 불행하지는 않다.

훗날 머지않아 그는 도착하고 성취할 것이다. 그는 희망할 수 있다. 부자는 도착했고, 그의 희망은 충족되었다. 그런데 갑자기 그때 그는 아무것도 충족되지 않았다는 것을 알게 된다. 모든 희망은 충족되었지만, 아직 아무것도 충족되지 않았다. 그는 도착했지만, 전혀 도착하지 못했다. 그것은 늘 꿈 속의 여행이었다. 그는 1인치도 나아가지 못했다.

세상에서 성공한 사람은 어떤 누구도 느낄 수 없는 실패의 고통을 느낀다. 그와 관련하여 성공 같은 성공은 없다는 격언이 있다. 나는 당신에게 성공 같은 실패는 없다고 말하고 싶다. 하지만 당신이 성공해 보지 않고서는 이것을 알 수 없는 일이다. 당신이 꿈꾸어 왔고 계획했고 추구하며 열심히 일했던 모든 부(富)가 거기에 있을 때, 부의 한복판에 앉게 되었을 때, 당신은 거지이다. 내면 깊은 곳은 비어 있고, 텅 비어 있다. 안에는 아무것도 없고, 모든 것은 바깥에 있다.

사실 모든 것이 바깥에 있을 때, 이것은 대조를 이룬다. 이것은 그저 당신 내면의 공허와 아무것도 없음을 강조하는 것이다. 이것은 단순히 당신 내면의 극빈과 궁핍을 강조한다. 부자는 가난한 사람이 결코 알 수 없을 만큼 가난에 대해 안다. 성공한 사람은 실패가 무엇인지 안다. 세상의 정상에서 갑자기 당신은 어리석게 행동해 왔다는 것을 깨닫는다. 당신은 그렇게 말하지는 않을 것이다. 왜냐하면 그렇게 말하는 것이 무슨 소용이 있겠는가? 당신은 계속 매우 행복한 척한다. 대통령이나 수상들은 매우 행복한 것처럼 꾸민다. 그들은 그렇지 않다. 그저 겉치레일 뿐이다. 뭐라고 말하겠는가? 어떤 것도 말할 필요가 없다. 그들은 정직하지 못하다.

옛날 사람들이 더 진실하고 정직했다. 부처는 왕자였다. 그는 왕이 될 것이었지만, 거기에는 아무것도 없다는 것을 깨달았다. 그는 그런 척 가장할 수 있었다. 마하비라는 왕자였다. 그는 왕이 될 것이었다. 그는 거기에는 아무것도 없다는 것을 깨달았다. 그들은 단순히 세상에 그들의 깨달음을 전했다. 그들은 부자는 실패했으며 왕국은 왕국이 아니라고 말했다. 당신이 진정으로 왕국을 찾고 싶다면, 다른 곳에서 무언가 다른 방향으로 찾아야만 할 것이다. 이 세상 속에는 도착하는 길이 없다.

만약 당신이 개인적인 목표를 가지면, 당신은 미쳐 갈 것이다. 긴장하지 말라! 우연한 세상에서 나올 때 본질적인 세계로 떨어져 들어갈 수 있다. 그때 그들은 있는 그대로를 받아들이기 시작한다. 그때 그들은 있는 그대로의 자신을 사랑하기 시작한다. 그러면 그들은 있는 그

대로의 자신을 소중하게 여기기 시작한다. 그리고 그들은 항상 아름다움 속에 있다. 당신이 싸우지 않을 때, 어떤 곳으로도 가지 않을 때, 자신의 주위를 둘러싸고 있는 천국의 음악을 느낄 수 있다. 당신은 무한의 아름다움을 볼 수 있고, 이것에 대하여 감사함을 느낄 수 있다. 이것은 선물이다. 이것을 훔칠 필요가 없다. 이것은 이미 당신에게 주어져 있다.

그리고 한번 당신이 이것을 이해하기 시작한다면, 세상은 완전히 새로운 색깔로 다가온다. 때때로 고통이 있을 때조차 당신은 이해하게 된다. 때때로 상처받을 때도 이해한다. 모두가 장미가 아니더라도, 그렇게 될 수도 없지만, 이것을 이해한다. 하지만 당신은 이것을 이해하기 시작한다. 사실상 당신은 가시가 장미를 보호하기 위한 것이라는 것을 알기 시작한다. 밤은 낮이 태어나는 것을 돕기 위해 필요하다. 죽음은 삶을 다시 새롭게 하기 위해 필요하다. 한번 당신이 이해하기 시작하면, 당신은 긍정적이 된다. 그러면 무슨 일이 일어나든지, 당신은 늘 그 의미를 더 깊이 들여다볼 수 있다.

본질적인 중심에 도달한 사람은 다른 상황들에서 춤추면서 계속 나아간다. 때로는 뜨겁고 때로는 차갑다. 때로는 기쁘고 때로는 슬프다. 하지만 이제 모든 것은 전체로부터 어떤 메시지를 가져온다. 모든 것은 전령이 된다.

불 8 : 여행

★ ★ ★ ★ ★ ★ ★ ★ ★ ★ ★

삶은 항상 늘 계속되는 하나의 연속이다. 거기에는 향해 갈 마지막 행선지가 없다.
삶은 그 자체로 성지 순례이며 여행일 뿐, 어느 지점이나 목표에 도달하는 것이 아니다.

목적지에 도착하면 당신은 무엇을 할 것인가? 아무도 이것을 묻지 않는다. 모두들 인생에서 어떤 목적지를 가지려고 노력하고 있기 때문이다.

만약 당신이 정말로 삶의 목적지에 도달한다면, 그때 어떠할 것인가? 그때 당신은 매우 당황하게 될 것이다. 가야 할 곳이 없다…… 당신은 최종 목적지에 도달했다. 여행을 하면서 당신은 모든 것을 잃었다. 당신은 모든 것을 잃어야 했다. 그래서 최종 목적지에서는 아무것도 없이 서서, 바보처럼 사방을 두리번거릴 것이다. 이게 뭐란 말인가? 당신은 그동안 그토록 힘들게 서두르고 애쓰며 살아왔다. 그런데 이것이 그 결과이다.

타고르의 한 이야기가 있다. 그 이야기는 노래로 되어 있다. "나는 오랜 세월 신을 찾아 왔다. 때때로 그는 달 주위에 있었다. 하지만 내가 거기에 도착할 즈음이면 그는 다른 별로 옮겨가 버렸다. 나는 그가 다른 별에 있는 것을 보았다. 하지만 내가 거기에 도착할 즈음이면 그는 다시 떠나 버렸다. 이런 일은 계속되고 또 계속되었다. 하지만 그가 있다는 것을 아는 것은 크나큰 기쁨이었다. 어느 날 나는 그를 찾을 것이다. 얼마나 오래 그가 숨을 수 있겠는가? 얼마나 오래 그가 도망칠 수 있겠는가?"

"그러던 어느 날의 일이었다. 나는 어느 집에 도착하게 되었는데, 거기에는 이곳이 신의 집이라는 것을 알리는 팻말이 있었다. 드디어 나의 숙원이 이루어졌기에 나는 크나큰 안도감을 갖게 되었다. 나는 계단을 올라가서 막 문을 두드리려 했다. 바로 그때 다시 한 번 생각해 보게 되었다. 만약 신이 나와서 문을 열어 준다면, 무엇을 할 것인가? 그 다음에는 무엇을 할 것인가? 나의 인생 전체는 하나의 여행, 성지 순례, 찾기, 탐구였다. 나는 수백만 년 동안 달리는 사람으로 훈련받아 왔다. 그러다가 갑자기 신을 만나게 되었는데, 아무것도 할 말이 없다. 나는 뭐라고 말할 것인가?"

이 점에 대해 생각해 본 적이 있는가? 만약 당신이 신을 우연히 만난다면, 당신도 할 말이 없을 것이며, 신도 할 말이 없을 것이다. 당신은 쓸데없이 자기 자신을 소진했고 끝났다. 최종 목적지란 궁극적인 죽음을 의미한다.

이큐 선사(禪師)가 "최종 목적지란 없고, 어떤 가치도 없다."라고 한 말은 옳다. 모든 것은 기쁨이고 춤이고 노래이다. 하지만 가치에 대해서는 묻지 말라. 덕(德)이 무엇이고, 선(善)한 것이 무엇인지 묻지 말라. 모든 것을 기뻐하라. 그리고 삶은 어느 곳에서 끝나는 것이 아니며, 여행은 계속될 것이고, 여행단은 계속될 것이라는 점을 완전히 잘 알고서 다른 여행들을 계속하라. 그 길이 끝나는 곳은 없다.

　　기쁨의 여행이 되게 하라. 삶이 아무 데도 아닌 곳에서 아무 데도 아닌 곳으로 가는 즐거운 여행이 되게 하라. 당신은 아무 데도 아닌 곳에서 나와, 아무 데도 아닌 곳으로 간다. 그 중간에 당신이 존재한다. 당신은 아무것도 없는 곳에서 나왔고, 아무것도 없는 곳으로 사라진다. 그 중간에 있는 존재는 섬광 같은 존재이다. 거기 있는 동안 즐겨라. 축하하라. 어딘가에 도착하려고 이것을 파괴하지 말라. 도달할 곳은 없다. 그리고 더 중요한 것은 도달한 곳에는 아무도 없다는 것이다. 그 여행자는 존재하지 않는다. 여행자는 허구이고, 여행자는 가공의 인물이다. 순례는 진실이지만, 순례자는 거짓이다.

불9 : 소모

★ ★ ★ ★ ★ ★ ★ ★ ★ ★ ★ ★

행복하기 위해서는 아무것도 할 것이 없다. 사실 당신은 불행해지기 위해
너무 많은 것을 했다. 불행하기를 원한다면, 너무 많이 하라. 행복하기를 원한다면,
모든 것을 허용하고, 있는 그대로 내버려두어라.
휴식하고, 편안히 쉬며, 내맡김 속에 있어라.

내맡김은 삶의 비밀이다. 내맡김 속에 있을 때 많은 것들이, 수많은
것들이 일어나기 시작한다. 그들은 이미 일어나고 있었지만, 당신은
전혀 모르고 있었다. 당신은 알 수 없었다. 당신은 다른 데에 정신이
팔려 있었기 때문이다.

새들은 노래하고 있다. 나무는 꽃을 피우고 있다. 강물은 끝없이 흐
르고 있다. 그 모든 것은 계속해서 일어나고 있으며, 모든 것은 매우
황홀하고 다채로운 무한의 축제가 되고 있다. 하지만 당신은 뭔가에
너무 몰두하고, 너무 여념이 없고, 너무 닫혀 있고, 단 하나의 창문도
열려 있지 않아서, 당신 안으로 어떠한 환기도 일어나지 않는다. 어떤

태양 광선도 당신에게 들어올 수 없고, 당신에게 미풍도 불어오지 않고, 당신은 굳어 딱딱하고 매우 닫혀 있어서, 라이프니츠가 소위 단자(單子)라고 부른 것과 같다. 당신은 단세포 생물이다. 단자란 어떤 창문도 없고, 입구도 없고, 열릴 가능성이 완전히 닫혀 있는 어떤 것을 의미한다. 어떻게 당신이 행복할 수 있겠는가? 그렇게 닫혀 있는데, 온 주위의 신비에 어떻게 당신이 참여할 수 있겠는가? 어떻게 당신이 신성에 참여할 수 있겠는가?

당신은 나와야만 한다. 당신은 이 포위망과 감옥을 버려야 한다.

당신은 어디로 가는가? 그리고 당신은 미래의 어딘가에서 성취할 어떤 목표가 있을 거라고 생각하는가? 삶은 이미 여기에 있다. 왜 미래를 기다리는가? 왜 미래로 이것을 연기하는가? 연기는 자살적이다. 삶은 느리다. 그것이 당신이 이것을 느낄 수 없는 이유이다. 이것은 매우 느리고, 당신은 무감각하다. 어쨌든 연기는 오직 독이 될 뿐이다. 당신은 자신을 서서히 죽이고 있다. 당신은 계속 연기한다. 그리고 지금 여기에 있는 삶을 계속 놓치고 있다.

활동적이 되는 것은 매우 쉽고, 나태해지는 것도 매우 쉽다. 활동적인 사람들은 휴식 없이 낮이나 밤이나 계속 활동한다. 그것은 서양에서 일어나고 있는 일이다. 사람들은 극도로 활동적이 되었다. 그들은 단 한 순간도 휴식하기 위해 앉을 수 없다. 아름답고 편안한 의자에 앉아서도 그들은 안절부절못하고 자세를 바꾼다. 그들은 쉴 수가 없다.

그들의 전체 삶은 소란스럽고, 계속 뭔가 할 일을 필요로 한다. 그들은 활동을 통한 광기에 자신을 빼앗긴다.

동양의 사람들은 매우 비활동적이고 게으르다. 그들은 게으름 때문에 죽어 가고, 게으름 때문에 가난하다. 그들은 마치 세상 때문에, 다른 사람 때문에 가난한 것처럼 세상의 모두를 계속 비난하고 있다. 그들은 극도로 게으르기 때문에 가난하다. 그들은 활동이 완전히 사라졌기 때문에 가난하다. 어떻게 그들이 생산할 수 있겠는가? 어떻게 그들이 부유해지겠는가? 그들이 가난한 것은 그들이 착취당했기 때문이 아니다. 인도의 부유한 사람들이 가진 돈을 모두 나누어 준다 해도 빈곤은 사라지지 않을 것이다. 모든 부자들은 가난해지겠지만, 가난한 사람들은 부유해지지 않을 것이다. 나태함 때문에 마음 깊은 곳에는 빈곤이 있다. 그리고 극단적인 둘 중에서 하나를 고르는 것은 쉽다. 행동은 남성이고, 휴식은 여성이다.

사람은 할 일을 가져야 하지만 행위자는 되지 말아야 한다. 사람은 마치 거의 신의 도구로 기능하는 것처럼 하여야 한다. 사람은 이 일을 해야 하지만, 이기심 없이 남아 있어야 한다. 행동하고 응답하라. 하지만 침착하라. 행동이 완성되었을 때, 당신이 충분히 대답했을 때 휴식을 취하러 가라. 일할 필요가 있을 때 일하라. 경기할 필요가 있을 때 경기하라. 쉬어라. 당신이 일하고 경기를 하였다면 해변에 누워 있어라. 태양 아래의 해변에 누워 있을 때는 일을 생각하지 말라. 사무실과 서류철들을 생각하지 말라. 세상에 대해 모두 잊어라.

태양 아래 누워 이것을 즐겨라. 이것은 행동하지 않음을 통해 행동의 비밀을 배울 때만 가능하다. 그리고 나서 사무실에서 필요한 일은 무엇이든 하라. 공장에서 필요한 일은 무엇이든 하라. 하지만 당신이 할 때조차 지켜보는 자로 남아 있어라. 마음 깊은 곳의 완벽한 중심은 깊은 휴식 속에 있고, 주변은 수레바퀴처럼 움직이고 있다. 그 중심은 태풍의 중심이다. 중심에서 움직이는 것은 아무것도 없다.

이러한 사람이 완벽한 사람이다. 그의 영혼은 휴식 중이다. 그의 중심은 절대적으로 조용하고, 주변은 행동 속에 있고 세상의 수많은 일들 속어 있다. 그것이 세상을 떠나지 말고 세상 속에 남아 있으라고 말하는 이유이다. 세상 속에서 행동하라. 필요한 일은 무엇이든 하라. 그리고 초월하고, 따로 떨어져 있고, 얽매이지 않고, 연못 속의 한 송이 연꽃으로 남아 있어라.

불 10 : 억압

★★★★★★★★★★★★

무의식 안으로 당신은 사회에서 거부당한 모든 쓰레기들을 던져 넣는다.
하지만 기억하라. 당신이 거기에 무엇을 던져 넣든지, 그것은 당신의 손안으로, 뼛속으로,
혈액 속으로, 심장 박동 속으로 들어가 더욱더 당신의 일부가 된다.

억압을 통하여 마음은 분열된다. 당신이 받아들이는 부분은 의식이
되고, 부인하는 부분은 무의식이 된다.

이 분열은 자연스러운 것이 아니다. 분열은 억압 때문에 일어난다.
그리고 무의식 안으로 당신은 사회에서 거부당한 모든 쓰레기들을 던
져 넣는다. 하지만 기억하라. 당신이 거기에 무엇을 던져 넣든지, 그것
은 당신의 손안으로, 뼛속으로, 혈액 속으로, 심장 박동 속으로 들어가
더욱더 당신의 일부가 된다.

요즘 심리학자들은 거의 팔십 퍼센트의 질병이 감정을 억압하는 데
서 기인한다고 말한다. 가지각색의 심장 쇠약은 순전히 심장에 엄청나

게 많은 화를 억압해 왔다는 것을 의미하고, 그토록 많은 증오는 심장에 해를 끼치게 된다.

왜 사람들은 그토록 억압하고 건강을 잃는가? 왜냐하면 사회는 당신에게 변형이 아닌 통제를 가르쳐 왔기 때문이다. 변형은 전혀 다른 길이다. 우선 첫째로, 이것은 전혀 억제하는 것이 아니며, 바로 그 반대의 것이다.

통제 속에서 당신은 억압한다. 변형 속에서 당신은 표현한다. 하지만 다른 누군가에게 표현할 필요는 없다. 왜냐하면 '누군가'는 아무런 관련이 없기 때문이다. 다음 번에 당신이 화가 나게 된다면, 집 주위를 달려 일곱 바퀴를 돌고 나무 아래 앉아서 지켜보라. 그 화는 어디로 가 버렸는가? 당신은 이것을 억압하지 않았다. 당신은 이것을 통제하지 않았고, 다른 누군가에게 이것을 던지지도 않았다. 당신이 이것을 누군가에게 던진다면, 다른 사람도 당신만큼 바보스럽고 무의식적이기 때문에 사슬을 만들어 낸다. 만약 당신이 어떤 다른 것에게 혹은 깨달은 사람에게 이것을 던진다면 문제가 없을 것이다. 그는 당신이 이것을 던지고 정화되어 해방되는 것을 도울 것이다. 하지만 당신처럼 무지한 다른 사람에게 화를 낸다면 그는 되받아칠 것이다. 그는 당신에게 더 화를 내거나, 당신처럼 억압한다. 그때 사슬은 만들어진다. 당신은 다른 사람에게 화를 내고, 그 다른 사람은 당신에게 화를 내고, 적이 되어 간다.

이것을 어떤 사람에게도 던지지 말라. 이것은 당신이 구역질이 날 때와 같다. 다른 사람에게 구역질을 하지 말라. 구역질이 올라오면 화장실에 가서 토하라! 이것은 몸 전체를 씻어 준다. 만약 당신이 구역질을 억제한다면 위험해질 것이다. 구역질을 하고 나면 당신은 상쾌함을 느끼고, 훨씬 기분이 나아지고, 가벼워지고, 후련해지고, 건강해질 것이다. 당신이 먹은 음식이 뭔가 잘못되었다면 몸은 이것을 거부한다. 이것을 뱃속에 있도록 계속 강요하지 말라.

화는 바로 마음의 구역질이다. 당신이 취한 것이 무언가가 잘못되었다면, 영혼의 존재는 이것을 밖으로 내던지고 싶어 한다. 이것을 다른 사람에게 던질 필요가 없다. 하지만 사람들은 이것을 다른 사람에게 던지기 때문에 사회는 그들에게 이것을 통제하라고 말한다.

화를 다른 사람에게 낼 필요가 없다. 당신은 당신의 화장실에 갈 수 있고, 당신은 천천히 오래 걸을 수 있다. 이것에서 해방되기 위해서는 어떤 활동이 필요하다는 것을 의미한다. 단지 약간의 조깅을 해도 당신은 해방된 느낌을 가질 것이다. 아니면 당신의 몸에 있는 긴장이 풀어질 때까지 베개를 가져와서 손으로 베개를 때리고 이빨로 물어뜯으면서 베개와 싸워라. 5분의 정화는 당신이 훨씬 가벼워진 느낌을 갖게 할 것이다. 한번 이것을 안다면 당신은 결코 누군가에게 이것을 던지지 않을 것이다. 왜냐하면 그것은 절대적으로 바보스럽기 때문이다.

변형되는 데 있어 우선 중요한 것은 화를 표현하라는 것이고, 이것을 다른 사람에게 해서는 안 된다는 것이다. 당신이 이것을 누군가에게 표현한다면, 당신은 전부를 표현할 수 없을 것이다. 당신은 그 사람을 죽이고 싶을지도 모른다. 하지만 이것은 불가능하다. 당신은 누군가를 물어뜯고 싶을지도 모른다. 하지만 이것은 불가능하다. 하지만 베개에게는 그렇게 할 수 있다. 베개는 "이미 깨달은!" 존재를 의미한다. 베개는 부처처럼 깨어 있다. 베개는 반응하지 않을 것이고 법정에도 가지 않을 것이다. 베개는 당신에게 적개심을 느끼지 않을 것이다. 베개는 어떤 것도 하지 않을 것이다. 그 베개는 행복할 것이다. 베개는 당신에게 웃을 것이다!

두 번째로 기억할 것은 깨어 있어야 한다는 것이다. 통제 속에 있을 때 당신은 깨어 있지 않고 그저 로봇처럼 기계적으로 움직인다. 화가 나면 기계적으로 반응한다. 갑자기 당신의 존재 전체는 좁아지고 닫히게 된다. 만약 당신이 주의 깊게 지켜본다면, 통제는 그렇게 쉽게 일어나지 않을지도 모른다.

사회는 결코 당신에게 지켜보는 법을 가르치지 않는다. 왜냐하면 어떤 사람이 지켜보게 되면, 그는 활짝 열리기 때문이다. 열리는 것이 자각의 일부이다. 만약 당신이 어떤 것을 억압하고 싶어 하면서 동시에 열려 있고 싶어 한다면, 이것은 모순적인 일이다. 그것은 밖으로 나올 것이다. 사회는 당신 자신을 가두고 닫는 법을 가르친다. 어떤 것도 밖으로 나가지 않도록 작은 창문 하나도 허용하지 못하게 한다.

하지만 기억하라. 어떤 것도 나가지 않을 때는 어떤 것도 들어올 수 없다. 화가 밖으로 나갈 수 없을 때 당신은 닫힌다. 당신은 아름다운 바위를 만지지만 어떤 것도 느끼지 못한다. 당신은 꽃을 보지만 아무것도 들어오지 않는다. 당신의 눈은 마비되고 닫힌다. 당신은 한 사람에게 입 맞추고 있지만 아무것도 느끼지 못한다. 왜냐하면 당신은 닫혀 있기 때문이다. 당신은 무감각한 인생을 산다.

감수성은 자각과 함께 자란다. 통제할 때 당신은 무디고 감각이 없어진다. 그것은 기계적 통제의 한 부분이다. 만약 당신이 무디고 무감각하다면, 어떤 것도 당신에게 영향을 줄 수 없을 것이다. 마치 몸이 모든 것을 방어할 수 있는 요새가 되어 버린 것 같다. 모욕도, 사랑도 당신에게 아무런 영향을 줄 수 없다.

하지만 이 통제는 매우 큰 희생이 되고, 불필요한 희생이 된다. 그때 어떻게 당신을 통제할 것인가 하는 것이 삶에서의 전체적 노력이 된다. 그리고 나서 죽는다! 통제하려는 모든 노력은 당신의 에너지를 가져가고, 당신은 그저 죽게 된다. 그리고 삶은 무뎌지고 무감각한 것이 된다. 당신은 어떻게든 이렇게 살아간다.

비난 없는 자각이 필요하다. 그리고 자각을 통해 변형은 동시에 일어난다.

3

물의 원소(컵)

느낌 – 가슴 – 정서

지식은 뇌의 활동이지만, 느낌은 전체적인 것이다. 당신이 느낄 때, 당신은 머리로만 느끼지 않으며, 가슴으로만 느끼지도 않고, 창자로만 느끼지도 않으며, 당신 존재의 모든 기질로서 느낀다. 느낌은 전체적이고, 느낌은 오르가즘적이며, 느낌은 유기적이다.

느낌

느끼는 순간, 당신은 전체로서 기능하고 있다. 생각할 때, 당신은 오직 머리로서 기능한다. 감정적일 때, 당신은 오직 가슴으로서 기능한다. 기억하라, 감정적인 것이나 감상적인 것은 느낌이 아니다. 생각할 때, 당신은 머리이다. 머리는 일부분일 뿐이지만 전체인 척 가장한다. 물론 이것은 거짓이고, 이러한 시각은 잘못된 것이다. 감정적이거나 감상적일 때 당신은 가슴이다. 다시 다른 하나의 부분이 전체인 척 가장하고, 또 다른 하인이 주인인 척 가장한다. 다시금 이것은 거짓이다.

느낌은 몸과 마음, 영혼의 총체적인 것이다. 느낌은 구분이 없다는 것을 알고, 느낌은 분리할 수 없는 것이다. 당신이 느낄 때, 당신은 전체로서 기능한다. 당신이 전체로서 기능할 때, 그 순간 당신은 전체와 조화 속에 기능하고 있는 것이다. 다시 말하면, 당신이 전체적으로 기능할 때, 당신은 전체와의 조화 속에 기능한다. 당신이 부분으로서 기능할 때, 당신은 따로 떨어져 나가게 된다. 당신은 더 이상 전체와의 조화 속에 있지 않다. 당신이 전체와 조화를 이루지 못할 때, 당신이 생각하고 알고 있는 모든 것은 거짓이고 환영이다. 당신이 전체와 조화 속에 있을 때, 당신은 아무것도 모른다는 사실을 알게 된다. 하지만 이러한 '알지 못함'조차 아는 것이다. 이것은 느낌이고, 이것은 전체와의 사랑이다.

가슴

가슴은 부정적인 말을 모른다. 가슴은 결코 묻지 않는다, "아름다움은 무엇인가?" 가슴은 즐기고, 그리고 즐거움 속에 있다. 가슴은 아름다움이 무엇인지 안다. 가슴은 이것을 정의할 수 없고, 그 자체를 설명할 수 없다. 왜냐하면 그 경험은 설명하기 어렵고, 말로 표현할 수 없는 것이기 때문이다. 언어는 적합하지 않다. 상징도 도움이 되지 못한다. 가슴은 사랑이 무엇인지 안다. 하지만 묻지 않는다. 마음은 오직 질문만을 알고, 가슴은 오직 대답만을 안다. 마음은 계속 묻지만, 이것은 답할 수 없는 것이다.

따라서 철학은 대답을 가지고 있지 않다…… 질문과 질문 그리고 계속되는 끝없는 질문. 각각의 질문은 서서히 수많은 질문이 된다. 가슴은 질문이 없다. 이것은 삶의 수수께끼 중의 하나이다. 이것은 모든 대답을 가지고 있다. 하지만 마음은 가슴에 귀 기울이지 않을 것이다. 둘 사이에는 소통이 되지 않는다. 왜냐하면 가슴은 침묵의 언어만을 알기 때문이다. 가슴은 다른 언어를 알지 못한다. 다른 언어는 가슴에게 이해되지 못한다. 그리고 마음은 침묵을 알지 못한다. 마음은 바보가 들려주는 이야기이고, 시끄러운 소리로 가득 찬 거친 소음이며, 뜻하는 바는 아무것도 없는 소음일 뿐이다.

가슴은 무엇이 중요한 것인지 안다. 가슴은 삶의 영광을 알고, 순수한 존재의 거대한 기쁨을 안다. 가슴은 축하할 능력이 있지만 결코 묻지는 않는다. 따라서 마음은 가슴이 눈이 멀었다고 생각한다. 마음은 의심으로 가득 차 있지만, 가슴은 신뢰로 가득 차 있다. 그들은 양극단에 있다.

하지만 긍정적인 것은 부정적인 것과 한 짝이 된다는 것을 기억하라. 이 둘은 같은 현상의 양 측면일 뿐이다.

나는 여기서 가슴으로 가는 길을 가르쳐 줄 수 없다. 그렇다. 나는 가슴을 사용한다. 하지만 가슴을 오직 수단으로만 사용한다. 당신을 마음 밖으로 데리고 나오기 위해 나는 가슴을 탈 것으로 이용한다. 당신을 건너편 기슭으로 데려가기 위해 나는 가슴을 나룻배로 이용한다. 일단 건너편 기슭에 도착하면, 배는 뒤에 남겨 두어야만 한다. 당신은 그 배를 머리에 이고 운반하기를 바라지는 않을 것이다.

목표는 이원성을 넘어가는 것이다. 목표는 '아니오'와 '예'를 둘 다 넘어가는 것이다. 왜냐하면 당신의 '예'는 '아니오'라는 정황에서만 의미를 가질 수 있고, 이것은 '아니오'에서 자유로울 수 없기 때문이다. 만약 '아니오'에서 자유롭다면, 이것이 무슨 의미를 가질 것인가? 당신의 '예'는 '아니오'와 함께일 때만 존재할 수 있다. 기억하라. 그리고 당신의 '아니오'는 '예'와 함께 존재할 수 있다. 그들은 양극단이지만, 그들은 미묘한 방식으로 서로를 돕는다. 공동 모의다! 그들은 분리되어 존재할 수 없기 때문에 서로 손을 잡고 지원하고 있다. '예'는 '아니오' 때문에 의미를 가지고, '아니오'는 오직 '예' 때문에 의미를 가진다. 그리고 당신은 이 공동 모의를 넘어가야만 한다. 당신은 이 이원성을 넘어가야만 한다.

정서

머리와 가슴이 결혼하는 것은 가능한 일인가, 아니면 그 둘은 이혼한 채로 영원히 남을 것인가? 이것은 모두 당신에게 달려 있다. 왜냐하면 둘 다 기계적인 일이기 때문이다. 당신은 머리도 아니고 가슴도 아니다. 당신은 머리를 통해 움직일 수도 있고, 가슴을 통해 움직일 수도 있다. 머리와 가슴의 방향은 전혀 반대이기 때문에 물론 당신은 다른 지점에 다다르게 될 것이다.

머리는 계속해서 끊임없이 생각하고, 생각에 잠기고, 철학적으로 사색할 것이다. 머리는 오직 말, 논리, 논증만을 안다. 하지만 이것은 매우 메마르다. 당신은 머리로부터 진실과 연관된 것은 어떤 것도 얻을 수 없다. 왜냐하면 진실은 논리가 필요하지 않고, 논의가 필요하지 않으며, 철학적 연구도 필요하지 않기 때문이다. 진실은 아주 단순하다. 머리는 이것을 매우 복잡하게 만든다. 오랜 세월에 걸쳐 철학자들은 머리를 통하여 진실을 찾고 탐색해 왔다. 그들 중에 아무도 어떠한 것을 알아내지 못했지만, 그들은 위대한 사고 체계를 만들었다. 나는 모든 그러한 체계를 연구해 보았지만, 결코 어떤 결론에도 이르지 못했다.

가슴도 역시 기계적이다. 머리와 다르지 않다. 당신은 머리를 논리적인 도구라고 부를 수 있고, 가슴을 정서적인 도구라고 부를 수 있다. 모든 철학은 머리로부터 나오고 모든 이론도 머리로부터 창조된다. 모든 종류의 헌신, 기도, 감성은 가슴으로부터 나온다. 하지만 가슴은 또한 감정 주위를 돌고 돈다.

감정이란 말은 좋다. 보아라…… 이것은 동작과 행동으로 구성된다. 가슴은 움직이지만 장님이다. 이것은 기다릴 이유가 없기 때문에 매우 빠르고 급하게 움직인다. 가슴은 생각하지 않기 때문에 아무것에나 뛰어 들어간다. 하지만 진실은 어떤 감정에 의해서 발견되는 것이 아니다. 감정은 논리만큼이나 장애이다.

논리는 당신 안의 남성이고, 가슴은 당신 안의 여성이다. 하지만 진실은 남성과 여성과는 아무 관련이 없다. 진실은 당신의 의식이다. 당신은 머리가 생각하는 것을 지켜볼 수 있고, 가슴이 감정으로 고동치는 것을 지켜볼 수 있다. 그들은 어떤 관계가 있을지도 모른다…….

일반적으로 사회에서는, 머리가 주인이 되어야 하고 가슴은 하인이어야 한다고 정리한다. 왜냐하면 사회는 남자의 마음과 심리학의 창조물이고, 가슴은 여성적이기 때문이다. 남자는 여자를 하인으로 가지고 있는 것처럼, 머리는 가슴을 하인으로 보유하려 한다.

우리는 이 상황을 반대로도 할 수 있다. 가슴이 주인이 되고, 머리가 하인이 될 수도 있다. 만약 우리가 이 둘 중에 하나만을 골라야 하거나 하나만을 고르도록 강요받는다면, 가슴이 주인이 되고 머리가 하인이 되는 것이 낫다.

가슴은 무능력하다고 여겨진다. 사실은 엄밀히 말하면 머리도 그러하다. 머리는 사랑을 할 수 없고, 느낄 수 없고, 무감각하다. 가슴은 이성적이거나 합리적이지 않다. 지난 과거 동안 그들은 충돌하여 왔다. 그 충돌은 바로 남자와 여자 간의 충돌과 싸움을 의미한다.

만약 남자가 아내에게 이야기하고 있다면, 그는 서로 대화를 나누거나 논쟁을 하는 것이 불가능하다는 것을 안다. 아내는 가슴을 통하여 이야기하므로 공정한 판단을 하는 것이 불가능하기 때문이다. 그녀는 둘 사이에 어떤 관계가 있는지 생각해 보지도 않고 이것에서 다른 것으로 뛰어넘는다. 그녀는 주장할 수는 없지만 울 수는 있다. 그녀는 이성적일 수는 없지만 소리를 지를 수는 있다. 그녀는 결론에 이르기 위해 협조적일 수 없다. 가슴은 머리의 언어를 이해할 수 없다.

그 차이는 생리학적으로 볼 때 대단하지 않다. 가슴과 머리는 겨우 서로 몇 인치쯤 떨어져 있다. 하지만 존재적 가치로 본다면, 그들은 양극단이다.

나의 길은 가슴의 그것처럼 서술되어 왔다. 하지만 이것은 사실이 아니다. 가슴은 당신에게 모든 종류의 상상, 환상, 환영, 달콤한 꿈들을 줄 것이다. 하지만 이것은 당신에게 진실을 줄 수 없다. 진실은 둘 뒤에 숨어 있으며, 당신의 머리도 아니고 가슴도 아닌 당신의 의식 안에 있다. 의식은 둘로부터 떨어져 있기 때문에 둘 다 조화롭게 사용할 수 있다. 어떤 분야에서는 머리는 위험하다. 이것은 눈은 있으나 다리는 없기 때문이다. 이것은 불구자이다.

가슴은 일정한 차원에서 기능할 수 있다. 이것은 눈은 없지만, 다리는 가지고 있다. 이것은 눈이 멀었지만, 엄청나게 빠른 속도로 움직일 수 있다. 물론, 어디로 가는지 알지 못한다. 세상의 모든 언어들이 사랑에 눈먼다고 하는 것은 우연의 일치가 아니다. 눈이 먼 것은 사랑이 아니고, 눈이 없는 가슴이다.

당신의 명상이 더욱 깊어질수록, 머리와 가슴과의 동일시가 떨어지기 시작한다. 당신은 당신 자신이 삼각형이 되어 가는 것을 발견한다. 그리고 당신의 실재는 제3의 세력인 의식 안에 있다. 의식은 매우 쉽게 관리할 수 있다. 왜냐하면 가슴과 머리는 둘 다 이것에 속해 있기 때문이다.

의식이 있는 사람은 머리를 하인처럼 사용하고, 가슴을 주인으로 사용한다. 그러나 많은 사람들은 오랜 세월 동안 하인이 주인 노릇을 하도록 했다. 그 주인은 매우 예의바르고 저항하지 않고 자발적으로 굴종을 받아들일 만큼 신사이다. 지구상의 모든 광기는 그 결과이다.

우리는 바로 인간성의 연금술을 바꿔야만 한다. 우리는 사람의 내면의 모든 것을 다시 정리해야 한다. 그리고 인간성의 가장 기본적인 혁명은 가슴이 가치가 있다고 결정할 때 올 것이다. 이것은 전쟁을 하기로 결정할 수 없고, 핵무기를 사용하려고도 하지 않으며, 죽음 지향적일 수 없다. 가슴은 생명력이다. 한번 머리가 가슴의 돌봄 속에 있어 본다면, 가슴이 결정한 일을 하게 된다. 그리고 머리는 어떤 것을 할 수 있는 광대한 능력을 가지게 된다. 단지 올바른 안내자가 필요할 뿐이다. 그렇지 않으면 이것은 광포해지고 미쳐 갈 것이다. 머리에는 가치가 없고 어떤 것도 의미가 없다. 머리에는 사랑이 없고, 아름다움과 우아함도 없다. 오직 이성만이 있다.

하지만 이 둘과의 동일시가 깨어진다면 기적이 가능하다. 생각들을 지켜보라. 당신의 지켜봄 속에서 생각들은 사라져 갈 것이기 때문이다. 그 다음 당신의 정서와 감정을 지켜보라. 지켜봄에 의하여 그들 또한 사라져 갈 것이다. 그러면 당신의 가슴은 어린아이의 그것처럼 순수해지고, 당신의 머리는 아인슈타인, 버트런드 러셀, 아리스토텔레스와 같은 천재처럼 위대해질 것이다.

물의 왕 : 치유

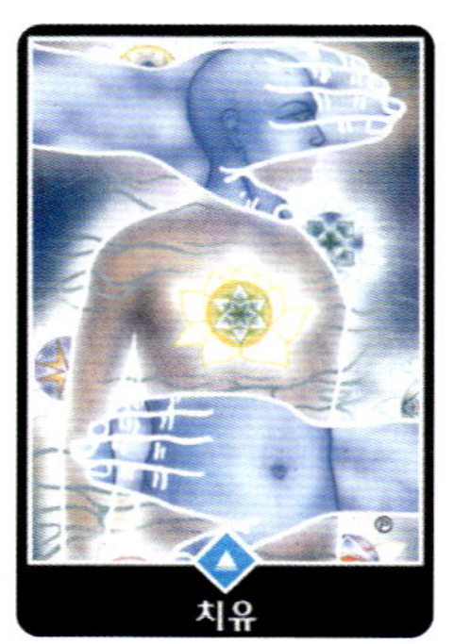

당신의 상처를 알아차려라. 이것이 자라도록 돕지 말고 치유되도록 두어라.
그리고 이것은 당신이 근본으로 들어갈 때만 치유될 것이다.
근본으로 가라. 전체와 함께 하라.

모든 사람은 건강하고 행복하게 태어났다. 모든 사람은 건강과 행복을 추구하지만, 어디에선가 무언가를 잃어버리고, 모든 사람이 불행해진다. 불행은 예외적인 일이어야 하는데, 일반적인 것이 되었다. 행복은 일반적인 것이어야 하는데, 예외적인 것이 되었다. 나는 부처들이 태어나는 세상을 좋아하지만, 그 세상에서는 그들이 일반적이기 때문에 아무도 그들을 기억하지 않는다. 이제는 부처가 기억되고, 예수가 기억되며, 노자도 기억된다. 그들은 예외적이기 때문이다. 그렇지 않다면 그들을 누가 신경 쓰겠는가? 만약 모든 집에 부처가 있다면, 그리고 만약 시장 도처에 부처가 있고, 당신이 노자를 아무 데서나 만날 수 있다면, 누가 그들을 신경 쓰겠는가? 그때 그것은 단순히 평범할 뿐이다. 이것은 아마 그렇게 될 것이다.

노자는 정말로 세상이 도덕적이 된다면, 단 한 사람의 성자가 나오는 것도 불가능하다고 말한다. 세상이 정말로 신성하다면, 종교가 있을 필요가 없다. 사람들이 모두 종교적이라면 종교는 필요 없어진다. 질서와 규율이 자연스럽게 지켜질 때, 질서와 규율이란 말은 존재하지 않을 것이다. 질서라는 개념은 질서가 없을 때 생긴다. 사람들은 계율이 없을 때 계율에 대하여 말하기 시작한다. 그리고 병이 났을 때 치유에 대하여 말하기 시작한다. 사람들은 사랑을 잃었을 때 사랑에 대해 말하기 시작한다. 하지만 기본적으로 치료는 사랑의 기능이다.

결코 환자를 환자로서 보지 말라. 마치 그가 무언가를 배우러 온 제자처럼 그를 보아라. 그를 도와라. 하지만 전문가로서가 아니라 같은 인간으로서 도와라. 그러면 거기에는 많은 치유가 일어날 것이다. 치료는 줄어들고, 치유는 늘어난다. 그렇지 않다면 치료는 해마다 계속될 것이다. 그 효과는 거의 없고, 때때로 그 결과는 해롭기조차 할 것이다.

명상(meditation)과 약(medicine)이란 말은 같은 어원에서 왔다. 약은 육체를 치료하는 수단이고, 명상은 영혼을 치료하는 수단이다. 둘 다 치유의 힘이다.

기억할 다른 것이 있다. 치유(healing)와 전체(whole)라는 말은 같은 어원에서 나왔다. 치유된다는 것은 어떤 것도 빠지지 않은 전체가 된다는 것을 의미한다. 이 말에 함축된 다른 말은 신성(holy)이다. 이것 또한 같은 뿌리에서 왔다. 치유, 전체, 그리고 신성은 뿌리가 다르지 않다.

명상에 의한 치유는 당신을 전체로 만든다. 그리고 전체가 된다는 것은 신성해진다는 것이다. 신성함은 어떤 종교나 어떤 교회에 속하는 것들과는 아무 관련이 없다. 이것은 단순히 당신의 내면에서 당신은 온전하고, 완전하며, 빠진 것이 없고, 충족되어 있음을 의미한다. 당신은 존재가 당신이기를 원했던 것이다. 당신은 당신의 잠재력을 실현하였다.

물의 여왕 : 수용성

★★★★★★★★★★★★★★★★★★★★

사람은 여성스러워야 한다. 또한 공격적이지 않고 수용적이어야 한다.
세상을 정복하는 전략들을 배우는 대신, 편안히 쉬는 기술을 배워야만 한다.

활동하지 않는 상태는 부정적이지만, 수용적인 것은 긍정적이다. 그것들은 매우 비슷해 보인다. 활동하지 않는 것과 수용적인 것 사이의 차이점을 보기 위해서는 매우 통찰력 있는 눈이 필요하다. 수용적인 것은 반갑게 맞이하는 것이고, 하나의 기다림이며, 이것 안에는 하나의 기도가 있다. 수용성은 주인이고, 수용성은 하나의 자궁이다. 활동하지 않는 것은 단지 둔함, 죽음, 절망이다. 거기에는 기다림도 없고, 기대도 없고, 어떤 일도 일어나지 않는다. 이것은 무기력으로 빠져든다. 이것은 하나의 무관심으로 떨어져 내린다. 그리고 무관심과 무기력은 해롭다.

무관심해지는 것과 초연해지는 것은 비슷한 것 같지만 서로 완전히 다른 풍미를 가지고 있다. 무관심은 초연함과 같아 보이지만 그렇지 않다. 무관심은 단지 흥미가 없는 상태이다. 초연함은 흥미가 없는 것이 아니다. 초연함은 절대적인 흥미, 거대한 흥미를 가지지만, 여전히 집착하지 않는다. 이것이 있는 동안에는 그 순간을 즐겨라. 그리고 그 순간이 사라지기 시작할 때는 가게 두어라. 모든 것은 사라지게 되어 있기 때문이다.

무기력은 부정적인 상태이다. 그때 성장의 가능성은 없고, 풍부함이나 흐름도 없으며, 그저 진흙 덩어리처럼 누워 있다. 하지만 그때도 같은 에너지의 연못이 있으며, 하나의 거대한 에너지의 연못이 있다. 어디에도 가지 못하고, 어떤 일도 하지 못하면서, 그 에너지는 쌓이고 쌓여 축적된다.

그리고 과학자들은 양적인 변화가 어떤 지점에 이르면 질적인 변화가 일어난다고 말한다. 100°C의 열은 물을 증발시킨다. 99°C에는 아직 증발하지 않고, 99.9°C에서도 아직 증발하지 않는다. 하지만 단 1°C가 더해지면, 그 물은 획기적인 도약을 가져올 것이다.

긍정적인 여성스러움은 무기력과 같은 것이 아니고 거대한 에너지의 연못 같은 것이다. 그리고 에너지를 모으고 축적함으로써 많은 질적인 변화가 일어난다.

물의 기사 : 신뢰

★★★★★★★★★★★★★★★★★★★

신뢰는 긍정이다. 이 존재는 우리의 어머니라는 것을, 자연은 우리의 근원이라는 것을,
그리고 이것은 우리와 반대될 수 없고, 우리에게 해로울 리 없다는 것을 아는 것이다.
이것을 알고 이해한다면, 신뢰는 솟아오른다.

기억하라. 의심이 있을 때에도 도약하여야만 한다. 만약 의심이 먼저 가라앉기를 기다린다면, 당신이 뛰어내릴 시간은 결코 오지 않을 것이다. 왜냐하면 의심은 스스로 창조하는 과정이기 때문이다. 하나의 의심은 다른 의심을 만든다. 다른 의심은 또 다른 의심을 만들어 낸다. 신뢰에도 같은 일이 일어난다. 하나의 신뢰가 다른 신뢰를 만들고, 또 다른 신뢰를…… 이것은 연쇄적으로 만들어진다. 당신이 시작할 때는 늘 흔들림이 있다. 누구도 그럴 필요가 없기 때문에, 모든 마음을 다하여 시작하지 않는다. 사람은 의심과 함께 출발하여야 하지만, 의심에 너무 주의를 기울이지 말고, 신뢰에 많은 주의를 기울여라. 그러면 에너지가 신뢰로 움직여 가서, 신뢰는 연쇄적으로 만들어진다. 점차로 의심의 에너지는 신뢰의 에너지에 의하여 흡수된다.

당신은 늘 여기에 있어 왔지만, 자주 놓쳐 왔다. 왜인가? 그 이유는 항상 같다. 당신은 신뢰할 수 없고, 당신은 뛰어내림에 반대하는 핑계를 계속해서 찾는다. 그리고 핑계들은 계속 끝없이 다시 발견될 것이다. 왜냐하면 한번 의심에 먹이를 주면, 이것은 불치의 암 덩어리처럼 되기 때문이다. 그때 이것은 스스로 영속되므로 이것을 도울 필요가 없다. 이것은 암이 되고 계속 자란다. 이런 일은 신뢰에서도 똑같이 일어난다.

"의심이 없을 때, 그때 나는 신뢰할 것이다."라는 것은 결코 불가능하다는 것을 기억하라. 그런 시간은 절대로 오지 않을 것이다. 당신은 의심이 있는 동안 신뢰해야만 한다.

이것의 아름다움을 보라! 인간의 마음은 무르고 약하며 분열되어 있다. 당신은 의심이 있을 때 신뢰하여야 한다. 만약 당신이 의심이 있는데도 불구하고 신뢰할 수 있다면, 당신이 의심에 기울이는 주의는 줄어들고, 더욱 신뢰함에 주의를 기울인다는 것을 의미한다. 당신은 의심에는 무관심하고, 신뢰에 모든 주의를 기울인다. 그러면 의심이 사라지는 날이 온다. 왜냐하면 당신이 주의를 기울이지 않고, 음식도 주지 않았기 때문이다. 주의는 음식이다. 만약 당신이 주의를 기울여 주지 않는다면, 의심은 그것의 사슬을 유지할 수 없다.

물의 시종 : 이해

★ ★ ★ ★ ★ ★ ★ ★ ★ ★ ★ ★ ★ ★ ★ ★

당신은 진정한 이해 속에서 자유이다.

　당신은 자신이 경험한 만큼 이해할 수 있다. 이해는 당신의 경험을 결코 넘어설 수 없다. 당신이 축적할 수 있는 단어들로 당신은 위대한 학자가 될 수 있다. 그러면 새로운 종류의 환영이 있을 것이고, 그 환영은 정보에 의해 창조된 것이다. 당신이 더 많은 정보를 가질수록 당신은 안다고 느끼기 시작한다.

　정보는 아는 것과 같은 뜻으로 생각되겠지만 그렇지 않다. 아는 것은 완전히 다른 일이다. 안다는 것은 경험이다. 정보는 오직 기억 체계의 축적일 뿐이다. 컴퓨터도 이것을 할 수 있고, 거기에는 특별한 것이 없다. 거기에는 특별히 인간적인 것이 없다.

큰 쥐 두 마리가 어느 날 영화관에 들어갔고, 곧장 영사실로 향했다. 한번은 안에서 그들이 필름을 통째로 먹어 버렸다. 다 먹은 후에 한 마리 쥐가 다른 쥐를 보고 물었다. "그 영화가 좋았니?"

그러자 다른 쥐가 대답했다. "아니, 나는 책이 더 좋아."

그 쥐들과 같은 것이 학자들이다! 그들은 계속해서 말들을 먹어 대고, 그것을 축적해 간다. 그들은 말들의 산을 가지게 되고, 그 말들에 대해서도 매우 또렷하게 발음할 수 있게 된다. 그들은 다른 사람을 속일 수 있다. 그것은 이미 속고 있는 사람만을 속일 수 있기 때문에 그다지 나쁘지는 않다. 당신은 그들에게 더 많은 해를 입힐 수는 없다. 하지만 다른 사람을 속이면서, 그들은 천천히 자신도 속이기 시작한다. 그것이 가장 큰 문제이다.

머리가 이해할 때, 머리는 묻는다. "어떻게? 네, 옳습니다. 그럼 어떻게 하면 그렇게 할 수 있죠?" 이 차이점을 기억하라. 머리에서는 지식과 행동은 다른 두 가지이다. 가슴에서는 지식은 행동이다.

소크라테스는 지식은 미덕이라고 말한다. 그리고 그는 옛날부터 지금까지 이해되지 못하고 있다. 그의 제자인 플라톤과 아리스토텔레스조차 그를 올바로 이해하지 못한다. 그가 지식은 미덕이라고 말할 때 그 의미는 당신이 어떤 것을 이해하는 순간 당신은 그것과 다르게 행동할 수 없다는 것을 말하며, 이것은 듣고 이해함의 방법을 의미한다. 이것이 문이라는 것을 알았을 때, 당신은 벽을 통하여 밖으로 나가려

180

고 노력하지 않고, 문을 통하여 나오려고 할 것이다. 통찰은 행동을 의미하고, 통찰은 행동을 가져온다.

하지만 나는 말한다. "이것은 문입니다. 나가고 싶을 때는 언제라도 이 문을 통하여 나가시오. 벽을 통하여 나가려고 시도하느라 당신의 머리는 충분히 상처를 입어 왔기 때문입니다." 그러면 당신은 말한다. "예, 선생님, 말씀을 충분히 이해했습니다만, 어떻게 그 문을 통과하여 나가야 합니까?" 당신의 질문은 가슴으로 듣지 않았고 오직 머리로만 들었음을 보여 준다. 머리는 늘 "어떻게?"라고 묻는다.

머리는 늘 표면상으로는 매우 딱 들어맞는 것 같은 질문을 한다. 하지만 그것은 절대적으로 어리석다. 가슴은 절대 묻지 않는다. 이것은 듣고 행동한다. 듣기와 행동은 가슴에서는 하나이다. 사랑을 알면 행동은 그에 상응한다. 이것은 결코 "어떻게?"라고 묻지 않는다. 가슴은 그 자체의 지성을 지닌다. 머리는 지능적이고, 가슴은 지성적이다.

조금의 이해라도 있다면 당신의 삶에 거대한 혁명을 가져올 수 있다. 모든 씨앗들은 작다. 나무는 거의 별들에 닿을 만큼 크게 자랄 것이지만 씨앗은 아주 작다. 이것은 바로 당신의 가슴 안으로 떨어져 내린 씨앗이다. 이제 이것이 자라도록 두어라. 이것에 영양분을 주고, 이것을 지지하고, 이것이 자라는 것을 방해하는 모든 방해물을 제거하라. 지금 이 순간 특별한 것이 아무것도 없는 것 같은 이 작은 씨앗은 수많은 꽃을 피울 것이다.

물 에이스 : 흘러감

신뢰한다는 것은 싸우지 않는다는 것을 의미한다. 복종은 인생을
적이 아니라 친구로 생각한다는 것을 의미한다.
당신이 일단 강물을 신뢰하게 되면, 당신은 즐기기 시작한다.

당신은 물 속에서 헤엄친다. 당신은 강물에서 헤엄친다. 당신은 무엇을 하는가? 당신은 물을 믿는다. 헤엄을 잘 치는 사람은 거의 자신이 강과 하나가 된 것처럼 강물을 매우 신뢰한다. 그는 싸우지 않고, 물을 꽉 움켜잡지도 않고, 경직되지도 않고, 긴장하지도 않는다.

만약 당신이 경직되고 긴장한다면, 당신은 물에 빠질 것이다. 만약 당신이 긴장을 푼다면, 강이 보살펴 줄 것이다. 그것은 누군가가 죽었을 때 그 죽은 시체가 물 위에 뜨는 이유이다. 이것은 기적이다. 경이로움! 살아 있는 사람은 강에 빠져 죽고, 죽은 사람은 간단히 수면으로 떠오른다. 이게 무슨 일인가? 죽은 사람은 살아 있는 사람이 알지 못하는 어떤 강의 비밀을 안다. 살아 있는 사람은 싸운다. 강은 그의 적이다. 그는 두려워한다. 그는 신뢰할 수 없다. 하지만 죽은 사람은 거기에 없으니, 어떻게 싸울 수 있겠는가? 죽은 사람은 아무런 긴장 없이 완전히 이완하고 있다. 갑자기 몸이 떠오른다. 강이 보살펴 준다. 강은 죽은 사람을 익사시킬 수 없다.

신뢰한다는 것은 당신이 싸우지 않는다는 것을 의미한다. 복종이란 인생을 적이 아니라 친구로 여긴다는 의미이다. 일단 강을 신뢰하게 되면, 당신은 즐기기 시작한다. 거대한 기쁨이 솟아난다. 물장구를 치고, 헤엄을 치고, 물에 뜨고, 깊이 잠수하기도 한다. 하지만 당신은 강물과 분리되지 않고, 강물과 동화되며 하나가 된다.

복종이란 수영을 잘하는 사람이 강에서 수영을 하는 것처럼, 그런 방식으로 삶을 살아가는 것을 의미한다. 삶은 하나의 강이다. 당신은 강물에 맞서 싸울 수도 있고, 아니면 강물 위에 떠 있을 수도 있다. 당신은 강물을 밀치며 물살을 거슬러 가려고 애쓸 수도 있고, 아니면 강물이 당신을 어디로 이끌든지 강물 위에 떠서 강물과 함께 흘러갈 수 있다.

물은 공격적이지 않으며 결코 싸우지 않는다. 물은 싸우지 않고 자신의 길을 만든다. 일본 유도의 비밀스런 기술은 물로부터 배운 것이다. 싸움 없이 승리를 거두고, 복종을 통해 정복한다.

물로부터 한 가지를 배워라. 물은 가다가 거대한 돌 벽이나 화강암

벽을 만나면 싸우지 않는다. 이것은 묵묵히 흘러간다. 만약 바위가 너무 크면, 다른 길을 찾는다. 우회한다. 하지만 서서히 돌은 물 속으로 녹아들어 모래가 된다. 바다의 모래에게 어디서 왔는지 물어보라. 그들은 산에서 왔다. 그들은 당신에게 엄청난 비밀을 말해 줄 것이다. "물은 결국 승리한다. 우리는 단단했고, 어떻게 물이 우리를 이길 수 있겠는가 하고 생각했다. 그래서 우리는 매우 만족스러웠다. 우리는 이렇게 보잘것없고, 부드럽고, 무해하고, 상처를 주지 않고, 비폭력적인 물이 이긴다는 것을 믿을 수 없었다…… 어떻게 이것이 우리를 파괴할 수 있겠는가? 하지만 이것은 우리를 파괴했다."

그것은 여성적인 에너지의 아름다움이다. 바위처럼 굴지 말라! 물처럼 부드럽고, 여성적이 되라.

물 2 : 친밀함

★ ★ ★ ★ ★ ★ ★ ★ ★ ★ ★ ★ ★ ★

우정을 만드는 대신, 친밀함을 창조하라.
이것이 당신 존재의 특성이 되게 하라. 이러한 분위기가 당신의 주위를 감싸고,
그래서 당신에게 오는 누구에게나 친밀함을 나눌 수 있도록 하라.

당신은 우정이 무엇인지 아는가? 이것은 사랑의 가장 고귀한 형태이다. 사랑 속에는 어떤 정욕 같은 것이 있어 우리를 구속한다. 우정 속에서는 모든 정욕이 사라진다. 우정 안에는 거친 것은 남아 있지 않다. 으정은 절대적으로 미묘해진다.

우정은 다른 사람을 이용하거나 다른 사람을 필요로 하지 않는다. 우정은 나눈다. 당신은 가진 것이 너무 많아서 나누고 싶다. 그리고 누구든지 당신의 춤과 노래의 기쁨을 함께 나눌 준비가 되어 있고, 당신은 그들에게 감사함을 느끼고 고마워할 것이다. 다른 사람이 당신에게 감사하는 것이 아니다. 그가 당신에게 감사함을 느끼는 것은 당신이

그에게 많은 것을 주었기 때문이 아니다. 친구는 결코 그런 식으로 생각하지 않는다. 친구는 그들을 사랑하고 자신이 가진 것을 줄 수 있도록 허락해 준 사람들에게 감사함을 느낀다.

사랑은 탐욕이다. 영어의 사랑(love)이란 말은 산스크리트어 로브(lobh)에서 왔는데, 로브(lobh)라는 말의 뜻이 탐욕(greed)이라는 것을 알면 놀랄 것이다. 어떻게 로브(lobh)가 러브(love)가 되었는지 이상하다. 산스크리트어로 이것은 탐욕이고, 그 말의 어원도 탐욕을 의미한다. 그리고 우리가 알듯이 사랑은 정말로 사랑을 가장한 탐욕에 지나지 않는다. 이것은 숨겨진 탐욕이다.

사람을 이용하려고 우정을 만드는 것은 바로 시작부터 잘못하는 것이다. 우정은 나누어야만 한다. 당신이 나눌 것을 가지고 있다면 나누어라. 그리고 당신과 나눌 준비가 된 사람은 누구라도 친구이다. 이것은 필요의 문제가 아니다. 이것은 당신이 위험할 때 친구가 당신을 돕기 위해 와야만 하는 문제가 아니다. 그것과는 상관이 없다. 그는 올 수도 있고 오지 않을 수도 있다. 만약 그가 오지 않더라도 당신은 어떤 불평도 하지 않는다. 만약 그가 온다면 당신은 감사할 것이지만, 만약 그가 오지 않더라도 그것은 완벽히 괜찮다. 오거나 오지 않는 것은 그의 결정 사항이다. 당신은 그를 조종하기를 원치 않는다. 당신은 그에게 죄의식을 느끼게 만드는 것을 원치 않는다. 어떤 원한도 가지지 않을 것이다. 당신은 이렇게 말하지 않을 것이다. "내가 어려움에 처해 있을 때 너는 외면하지 않겠지. 너는 어떤 종류의 친구니?"

우정은 시장에서 살 수 있는 그런 것이 아니다. 우정은 상점에 있는 것이 아니라 사원에 있는 귀한 것 중의 하나이다. 하지만 만약 당신이 그런 종류의 우정을 알지 못한다면, 당신은 이것을 배워야만 할 것이다.

우정은 위대한 것이다.

우정은 어떤 특별한 사람하고만 나눌 필요는 없다. 그것은 잘못된 생각이다. 당신은 어떤 사람과도 친구가 될 수 있어야 한다. 단지 다정하라. 우정을 만드는 대신, 친밀함을 창조하라.

이것이 당신 존재의 특성이 되게 하라. 이러한 분위기가 당신의 주위를 감싸고, 그래서 당신에게 오는 누구에게나 친밀함을 나눌 수 있도록 하라.

존재 그 자체와 친구가 되어야 한다! 존재와 친구가 될 수 있다면, 존재는 당신에게 천 배의 좋은 친구가 되어 줄 것이다. 같은 성질의 친밀함으로 당신에게 돌아오겠지만, 그 풍부함은 몇 배가 되어 올 것이다. 이것은 당신에게 반드시 되돌아온다. 만약 당신이 존재에게 돌을 던지던 더 많은 돌들이 돌아올 것이며, 만약 꽃을 던진다면 꽃들이 돌아올 것이다.

삶은 하나의 거울이며, 이것은 당신의 얼굴을 반사한다. 친밀하라. 그러면 삶 전체가 친밀함을 반사할 것이다.

당신은 많은 사람들과 질투 없이 정답게 지낼 수 있다. 당신이 다섯 명과 친하건 열 명과 친하건 만 명과 친하건, 그런 것은 문제가 아니다. 당신이 매우 많은 사람들을 사랑해서 그들의 몫이 점점 줄어들어

빈곤감을 느낄 사람은 아무도 없다. 반대로, 당신이 더 많은 사람을 사랑할수록 사랑의 능력은 더욱 거대해진다. 그래서 당신이 누구를 사랑하든 많은 사람과 사랑을 나눈다면 더 많은 사랑을 얻게 된다. 사랑을 나누는 것에 인색해진다면 이것은 시들지만, 광대한 지역으로 펼친다면 더욱 생생해진다. 이것은 더 큰 지역으로 더 깊이 뿌리내리게 된다.

의식은 변형의 모든 것을 준다. 당신의 사랑은 더 이상 어떤 특별한 사람에게 전념하는 것이 아니다. 이것은 사랑하고 있는 것을 멈추라는 의미가 아니다. 이것은 단순히 당신이 사랑이 되고, 당신이 사랑이고, 당신의 존재가 사랑임을 의미한다. 당신의 호흡도 사랑이며, 심장 고동도 사랑이다. 깨어 있는 당신은 사랑이고, 잠자고 있는 당신도 사랑이다.

그리고 그와 같은 모든 다른 것들, 즉 당신의 이해와 당신의 지성에 대하여도 진실이고, 모든 것들은 같은 변화를 거친다. 당신은 존재 전체의 중심이 되고 태풍의 중심이 되어, 모든 것은 당신으로부터 뿜어져 나와 이것을 받을 수 있는 누구에게라도 도달될 것이다.

이것은 어떤 특별한 이유가 있는 사람을 사랑하는 것이 아니다. 이것은 단지 풍요로움에서 나온 사랑이다. 당신은 너무 많이 가져서 이것을 나누어야만 하고, 당신은 이것을 발산해야 한다. 그리고 이것을 누군가가 받고, 당신은 그 사람에게 감사함을 느낀다.

물 3 : 축제
★★★★★★★★★★★★★

축제는 감사함이다. 이것은 감사의 기도이다.
이것은 우리에게 주어져 왔던 선물을 알아보는 것이다……

우리가 살아 있다는 것은 굉장한 선물이지만, 사람들은 감사할 줄 모른다. 그들은 감사하는 법을 잊었다. 그들은 실존의 경외감을 느끼지 않으며, 너무 감사해서 지구에 엎드려 절하고 싶은 느낌을 결코 갖지 않는다. 그들은 완전히 냉정하고 무감각하고 맹목적이다. 이러한 사람들이 대부분이기에 인생 모두가 추해졌다. 이 때문에 사람들은 삶에서의 즐거움과 기쁨을 잃어버렸다.

기억하라. 동물은 놀 수 있지만, 오직 인간만이 축하할 수 있다. 이것은 인간의 특권이고 혜택이다. 어떤 다른 동물도 축제를 할 수 없다. 그렇다. 그들은 놀 수 있지만, 노는 것과 축제는 완전히 별개의 것이다. 축제는 감사함이며 감사의 기도이다. 이것은 우리에게 주어져 왔던 선물을 알아보는 것이다…… 이것은 이해하는 것이다. 우리에게 그렇게 많은 것을 해 준 존재에 대한 흘러넘치는 사랑이다. 단지 살아 있다는 것만으로도 매우 축하할 일이다. 비를 느끼고, 해를 보고, 해변에 서 있는 단 한 순간, 별을 보는 단 한 순간으로도 사람이 신성해지는 데 충분하다.

축제를 연기할 필요는 없다. 즉시, 바로 지금 이 순간, 당신은 축제를 할 수 있다. 다른 것은 아무것도 필요하지 않다. 축제를 위해서는 삶만이 필요하며, 그 삶은 당신이 이미 가지고 있다. 축제를 위해서는 존재함이 필요하고, 당신은 이미 존재하고 있다. 축제를 하기 위해서는 나무와 새, 별들이 필요하고, 그들은 거기에 있다. 그 외에 무엇이 필요한가? 만약 당신이 왕관을 쓰고 금으로 만든 궁전에 갇히게 된다면, 그때 축제를 할 것인가? 사실 그때는 더욱 불가능해질 것이다. 황제가 거리에서 웃고 춤추는 것을 본 적이 있는가? 아니다. 그는 풍습과 예법의 감옥에 갇히게 된다.

버트런드 러셀은 깊은 골짜기에서 원래부터 살아오던 원시 부족을 방문했을 때, 처음으로 매우 심한 질투를 느꼈다고 어디엔가 썼다. 그는 그들이 춤출 때 마치 모든 사람들이 황제 같다고 느꼈다. 그들에게 왕관은 없었지만, 나뭇잎과 꽃으로 만든 왕관을 쓰고 있었다. 모든 부인들은 여왕이었다. 그들은 아주 값비싼 보석을 가지고 있지 않았지만, 그 밖의 모든 것들을 다 가지고 있었고, 그것으로 충분했다. 밤새도록 춤을 추었고, 그리고 나서 춤추던 곳에서 잠이 들었다. 그 다음날 아침에는 다시 일하러 돌아갔다. 그들은 하루 종일 일하고, 저녁에는 다시 축제를 열고 춤을 출 준비를 하였다. 러셀은 말했다. "그날, 나는 정말로 질투가 났다. 나는 그렇게 할 수 없었다."

무언가 잘못되었다. 무언가 당신 안에서 좌절하고 있다. 당신은 춤을 출 수 없고, 당신은 노래할 수 없고, 무언가가 하지 못하게 말린다. 당신은 절름발이 인생을 산다. 당신은 결코 그러한 인생을 살려고 의도되지 않았지만, 당신은 불구의 삶을 살고 앉은뱅이의 인생을 산다. 그리그 당신은 평범할 뿐인데 어떻게 축하할 수 있느냐고 계속 생각한다. 당신에게는 특별한 것이 없다고 생각한다.

하지만 특별한 것이 있어야만 축제를 할 수 있다고, 누가 말하였는가? 사실, 당신이 더 특별해지면 특별해질수록 춤을 추는 것은 더욱더 어려워질 것이다.

평범해져라. 평범함에는 잘못이 없다. 왜냐하면 당신의 바로 그 평범함 속에 비범함이 있기 때문이다. 축제를 할 수 있는 여건에 대해서 걱정하지 말라. 만약 당신이 어떤 여건들이 갖추어지기를 기다리고 있다면, 그때는 축제를 할 것이라고 생각하는가? 당신은 결코 축제를 하지 않을 것이다. 당신은 거지로 죽을 것이다. 왜 지금 바로 하지 않는가? 무엇이 부족한가?

이것은 내가 관찰한 바다. 만약 당신이 지금 바로 시작할 수 있다면, 갑자기 에너지가 흐르기 시작한다. 그리고 많이 춤출수록 이것은 더 많이 흐르게 되고, 당신의 능력은 더욱 커질 것이다. 자아는 여건이 충족되기를 바라지만, 인생은 아니다. 새들은 노래하고 춤출 수 있고, 평범한 새들도 또한 그렇다. 어떤 비범한 새들이 노래하고 춤추는 것을 본 적이 있는가? 그들이 처음부터 라비 샹카르나 예후디 메뉴인이었는지 그들에게 물어보라. 처음부터 그들은 위대한 가수가 되기 위하여 대학에 가서 음악을 배우고, 그러고 나서 노래를 했는가? 그들은 단지 춤추고 노래한다. 훈련은 필요하지 않다.

사람은 축제를 할 능력을 가지고 태어난다. 새들조차 축제를 할 수 있는데, 당신은 왜 못하는가? 당신은 불필요한 장애들을 만들고, 장애물 경기를 만들어 낸다. 거기에 장애들은 없다. 당신은 그것들을 거기에 놓고 말한다. "우리가 그것들을 횡단하고 그것들을 뛰어넘지 않고, 어떻게 춤출 수 있겠는가?" 당신은 당신 스스로를 분리하며 거부한다.

세상의 모든 설교자들은 평범한 당신이 감히 어떻게 축제를 할 수 있겠느냐고 계속해서 말한다. 당신은 먼저 부처가 되고, 예수가 되고, 모하메드가 될 때까지 기다려야 한다고 한다. 하지만 실상은 그 반대이다. 만약 당신이 춤출 수 있다면, 당신은 이미 부처이다. 당신이 축제를 할 수 있다면, 당신은 이미 모하메드이다. 당신이 더없이 행복하다면, 당신은 이미 예수이다. 이와 반대되는 것은 진실이 아니다. 그 반대는 잘못된 논리이다. 먼저 부처가 되면, 그때 축제를 할 수 있다고 말한다. 하지만 축제 없이 어떻게 부처가 될 수 있겠는가?

축제를 하라. 모든 성인들은 잊어라. 바로 그 축제 속에서 당신은 부처가 된 자신을 발견할 것이다. 내가 축하한다고 말할 때, 그것은 모든 것에 더욱더 민감해지는 것을 의미하는 것이다. 삶에서 춤은 단지 한 부분이 아니다. 삶 전체가 춤이 되어야 한다. 삶이 하나의 춤이어야 한다. 당신은 산책하고 춤출 수 있다……

삶이 당신 안으로 들어오도록 허락하라. 더욱 열리고 상처받기 쉬워질수록, 더 많이 느끼고 더 많이 감지한다. 경이로 가득 찬 작은 것들이 주위에 온통 널려 있다. 작은 어린아이를 보라. 그를 정원에 두고 지켜보라. 너무나 멋지고 경이로 가득한 그 길은 또한 당신의 것이어야 한다. 나비를 잡으러 달려가고, 꽃을 꺾으러 달리고, 진흙을 가지고 놀고, 모래 위를 뒹군다. 모든 곳으로부터의 신성이 그 어린아이에게 닿는다.

만약 당신이 경이로움 속에 살 수 있다면, 당신은 축제를 할 능력을 가지게 될 것이다. 지식으로 살지 말고, 경이로움으로 살아라. 당신은 아무것도 모른다. 삶은 놀라운 것이다. 모든 곳에서의 놀라움의 연속이다. 삶을 놀라움으로, 예측할 수 없는 현상으로 살아라. 매 순간이 새롭다. 그냥 시도하라. 한번 해 보라! 당신이 한번 해 본다고 잃을 것은 아무것도 없다. 당신은 모든 것을 얻을지도 모른다.

물 4 : 내면으로의 전환

명상은 경험의 통일적 전체를 변형시키는 완전한 기술이다.
바깥으로 향하던 의식은 내면으로 전환하기 시작한다.
그리고 그때 수많은 선물을 알아차린다. 그때 작은 것들,
매우 사소하고 평범한 것들은 엄청난 의미를 가지게 된다.

명상은 백팔십도로 바뀌는 것을 뜻한다. 우리는 보통 바깥에 초점을 맞추지만, 명상할 때는 그 초점을 바꾼다. 우리는 우리 자신에게 초점을 맞춘다. 명상은 자신의 내적 본성의 경험을 의미하고, 이것은 내면으로의 여행이다.

한번 당신이 그 명상의 달콤함을 조금이라도 경험한다면, 그때 불행과 고통 같은 인생의 모든 문제들은 사라져 버릴 것이다. 이제 당신은 가야 할 올바른 방향을 안다. 이제 당신은 두드려야 할 올바른 문을 안다……

예수는 말하였다. "두드려라, 그러면 열릴 것이다." 하지만 문제는

어떤 문을, 어디를 두드려야 하는가이다. 아무 문이나 두드리면 도움이 되지 않을 것이다. 당신의 내면의 문을 두드리기 시작하지 않고는 아무 일도 일어나지 않을 것이다. 예수는 말하였다. "구하라, 그러면 얻을 것이다." 하지만 누구에게 물어보겠는가? 사람들은 구름 너머 어딘가에 있을 하늘에, 천국에, 아버지 하나님께 물어 왔다. 오랜 세월 동안 그들은 물었지만 대답을 얻지 못하였다. 자신의 내면에 있는 중심에 물어야 한다.

예수는 말했다. "찾아라, 그러면 찾을 것이다." 하지만 어디서 찾겠는가? 사람들은 모두 신성한 장소들에서 찾아 왔다. 그들은 예루살렘이나 메카, 카시나 티벳으로 갈 것이다. 그것은 도움이 되지 않는다. 어디를 가든지 당신은 시간을 낭비할 뿐이다. 안으로 가야만 한다. 신의 왕국은 당신 안에 있다.

명상은 경험의 통일적 전체를 변형시키는 완전한 기술이다. 바깥으로 향하던 의식은 내면으로 전환하기 시작한다. 그리고 그때 수많은 선물들을 알아차린다. 그때 작은 것들, 매우 사소하고 평범한 것들은 엄청난 의미를 가진다. 연꽃잎에 있는 한 방울의 이슬이 호수로 굴러 떨어지는 것만으로도 놀라움과 경이로 가득 차게 하는 데 충분하다. 이것은 시이다. 순수한 시! 이것은 음악이고, 이것은 춤이고, 이것은 손가락이 달을 가리키고 있는 것이다.

내면으로 향하는 것은 전혀 방향 전환이 아니다. 내면으로 가는 것

은 전혀 가는 것이 아니다. 내면으로 향한다는 것은 이 욕망 저 욕망을 좇아서 달리고 또 달려 좌절하고 또 좌절하여, 각각의 욕망이 불행을 가져오고, 욕망을 통해서는 결코 만족이 없다는 것을 알게 됨을 의미한다. 어디에도 결코 도달할 수 없고 만족은 불가능하다. 이 사실을 보라. 욕망을 좇아 달리는 것은 아무 곳이 아닌 곳으로 당신을 데려가고, 당신은 멈춘다. 멈추기 위해 당신이 어떤 노력을 해서가 아니다! 만약 멈추기 위해 어떤 노력을 기울인다면, 이것은 다시 미묘한 방식으로 달리는 것이다. 당신은 아직 욕망하고 있다. 아마도 지금 당신이 욕망하는 것은 욕망 없음일 것이다.

만약 당신이 안으로 가려고 애를 쓴다면, 당신은 아직 밖으로 가고 있는 것이다. 어떤 노력도 당신을 바깥으로 데리고 간다. 모든 여행은 바깥으로 가는 여행이고, 안으로 향하는 여행은 없다. 어떻게 내부로 여행을 하겠는가? 당신은 이미 거기에 있고, 가야 할 곳은 없다. 가는 것을 멈출 때, 여행은 사라진다. 욕망으로 당신의 마음이 더 이상 흐려지지 않을 때, 당신은 안에 있다. 이것을 내면으로의 전환이라고 부른다. 하지만 이것은 전혀 방향을 전환하는 것이 아니다. 이것은 단지 바깥으로 나가지 않는 것이다.

하지만 언어로 이러한 것들을 표현하는 것은 항상 문제가 있다.

에너지가 어떤 곳으로도 이동하지 않을 때…… 기억하라. 다시 반복하겠다. 내면으로 방향을 전환한다는 것은 안으로 이동한다는 것이 아니다. 당신은 욕망의 무익함을 알게 되어 어디로 갈 수도 없고 갈 곳도 없어져 버렸다. 그래서 에너지가 전혀 움직이지 않을 때, 어떤 움직임도 없을 때, 모든 것이 고요할 때, 모든 것이 멈출 때, 고요가 온다. 세상이 멈춘다. 이것이 내면으로의 전환이다. 갑자기 당신은 안에 있다. 당신은 항상 거기에 있었지만, 이제야 알게 되었다. 밤은 끝나고 아침이 왔으며, 당신은 깨어났다. 불성이 뜻하는 바가 바로 이것이다. 이미 그러했던 그것을 알아차리고 깨어 있게 된다.

하쿠인 선사(禪師)의 말을 기억하라. 처음부터 모든 존재는 부처들이다. 처음부터 끝까지, 처음에, 중간에, 끝에 모두가 부처들이다. 단 한 순간도 어떤 다른 사람인 적이 없었다.

물 5 : 과거에 대한 집착

★ ★

과거 때문에 괴로워하거나 미래를 걱정하지 않고, 현재에 사는 사람은 새롭고 젊다.
그는 어린아이도 아니고, 늙은 노인도 아니다.
그리고 그 사람은 마지막 숨을 거두는 순간까지 젊은이로 남을 수 있다.

한 가지 기억해야 할 것이 있는데, 그것은 과거는 더 이상 존재하지 않으며 과거에 집착하는 것은 죽음에 집착하는 것이라는 점이다. 이것은 현재에 사는 것을 방해하며, 미래를 위해 살게 하기 때문에 매우 위험하다. 사람은 늘 죽은 과거로부터 자신을 해방시켜 나가야 한다. 이것은 매 순간 당신을 계속 새롭게 하기 위한, 그리고 과거를 죽이고 새롭게 태어나기 위한 삶의 기본 중의 하나이다. 그것은 가고 또 간다. 뒤를 돌아보지 말라. 뒤를 돌아보는 것은 좋은 징조가 아니다.

어린아이는 결코 뒤돌아보지 않는다. 그들은 항상 앞을 본다. 그들은 뒤돌아볼 어떠한 과거도 가지고 있지 않다. 그들에게는 과거가 없

고, 오직 미래만이 있을 뿐이다. 노인은 미래를 결코 보지 않는다. 왜
냐하면 미래에는 오직 죽음만이 있기 때문이다. 그들은 이것을 피하고
싶어 하며, 이것에 대해 이야기하는 것을 원치 않는다. 그들은 항상 회
고한다. 그들은 그들의 기억을 장식하고, 자신이 보기에 매우 아름답
게 만든다. 기억의 모음이 그들이 가진 모든 것이고, 그러한 기억들을
계속 개선해 간다. 그들이 실제로 과거에 살았을 때는 그것들을 즐기
지 않았다. 하지만 지금 미래는 어둠이다. 뭔가 위안거리가 필요하다.
그들은 오직 과거에서 위안을 찾을 수 있다.

과거 때문에 괴로워하거나 미래를 걱정하지 않고, 현재에 사는 사람
은 새롭고 젊다. 그는 어린아이도 아니고, 늙은 노인도 아니다.

그리고 그 사람은 마지막 숨을 거두는 순간까지 젊은이로 남을 수
있다. 육체는 늙었을지 모르나, 의식은 여전히 이른 아침 햇살 속의 시
원하고 상큼한 미풍처럼 새롭고 향기롭다.

모든 문제는 우리가 과거에 붙잡혀 있다는 데 있다. 과거는 우리를
옭아머고 있으며, 우리가 뿌리치고 나아가는 것을 허락하지 않는다.
그리고 우리가 계속하여 과거에 매어 있다면, 우리의 전체 삶은 매우
지루허질 것이다. 왜냐하면 우리는 같은 과거, 같은 일상을 계속 되풀
이하고 또 되풀이할 것이기 때문이다.

시간은 정지해 있고, 그처럼 공간도 정지해 있다. 이것은 어디로도
가지 않고, 어디에서 오지도 않는다. 시간이 흘러간다고 말하는 것은

우리의 언어상일 뿐이다. 사실, 시간은 정지해 멈추어 있고, 우리가 지나간다. 시간은 정지해 있고, 오직 마음이 이동하고 있는 것이다.

과거, 현재, 미래라는 이러한 시제는 시간의 시제가 아니다. 그것은 마음의 시제이다. 마음 앞에 더 이상 존재하지 않게 된 것은 과거이고, 마음 앞에 있는 것은 현재이며, 마음 앞에 나타날 것은 미래이다.

과거는 당신 앞에 더 이상 없다. 미래는 당신 앞에 아직 오지 않았다. 현재는 당신 앞에 있고 당신의 시야를 미끄러져 가고 있다. 곧 이것은 과거가 될 것이다.

가 버린 것은 영원히 가 버린 것이다!

현재도 또한 가고 있으며, 곧 과거가 될 것이다. 그러니 그것에 매달리지 말라. 미래, 즉 희망들, 상상들, 내일을 위한 계획들에 집착하지 말라. 내일은 오늘이 되고, 어제가 되어 갈 것이기 때문이다. 모든 것은 어제가 될 것이다.

모든 것은 당신의 손안에서 빠져나갈 것이다. 집착은 오직 불행을 만들 뿐이다.

당신은 가도록 두어야만 한다. 당신의 시야에서 사라져 가는 과정을 막을 수 없다. 그래서 그냥 지켜보는 것이 더 낫다. 과거에 있든 현재에 있든 미래에 있든 그냥 놓아두고 지켜보는 것이 낫다. 모든 것은 과거 속으로 멀어져 갈 것이다. 그러니 방해하지 말라.

오직 한 가지만이 당신에게 남을 것이다. 그것은 당신의 지켜봄, 당신의 주의 깊음이다. 이 주의 깊음이 명상이다.

마음은 집착하는 것이다. 마음은 집착하고, 저장하고, 소유한다. 마음은 기억이라는 이름으로 모든 과거를 모은다. 미래의 계획이라는 이름으로 희망과 욕망 그리고 야망에 매달린다. 이것은 고통이다. 마음은 늘 긴장 속에 있고, 고통의 연속이며, 늘 혼란스럽다.

부처는 당신이 고요함으로 지켜볼 수 있다면 모든 불행과 모든 걱정, 모든 긴장이 사라질 것이라고 말하였다. 그리고 거기에는 당신이 전에 생각조차 하지 못하였던 침묵과 분명함이 있게 될 것이다.

물 6 : 꿈

★ ★ ★ ★ ★ ★ ★ ★ ★ ★

마음 깊은 곳에는 꿈들과 꿈, 또 다른 꿈들이 있다. 저변에 흐르고 있는 꿈들은 계속되고,
그 저변에 흐르고 있는 꿈들은 우리의 시각을 오염시킨다.

오직 꿈꾸는 마음이 멈추었을 때 진실이 있다. 왜일까? 왜냐하면 꿈 꾸는 마음은 어떠한 것을 계속 투사하고 왜곡하기 때문이다. 만약 당신이 욕망과 함께 어떤 것을 본다면, 당신은 결코 그것을 있는 그대로 볼 수 없다. 당신의 욕망이 당신과 게임을 시작한다.

한 여인, 아름다운 여인 혹은 한 남자, 멋진 남자가 지나간다. 갑자기 그녀를, 그 남자를 가지고 싶은 욕망이 일어난다. 그때 당신은 실재를 볼 수 없다. 그때 당신의 바로 그 욕망이 그 대상 주위에 꿈을 만들어 낸다. 그때부터 당신은 보고 싶은 대로 보기 시작한다. 그때 투사하기 시작한다. 다른 사람은 영사막이 되고, 당신의 깊은 욕망들이 투사

된다. 당신은 그 대상에 색칠을 하기 시작하고, 그러면 당신은 있는 그대로의 그들을 볼 수 없다. 당신은 상상하기 시작하고, 환상의 세계로 이동하기 시작한다.

물론, 그 환상은 흩어지지 않을 수 없다. 갑자기 진실을 알게 되었을 때, 꿈꾸는 당신의 마음은 산산이 부서질 것이다. 이런 일은 여러 번 일어난다. 당신이 어떤 여인과 사랑에 빠지고, 그리고 어느 날 갑자기 그 꿈이 사라져 버린다. 그 여인은 그전처럼 그렇게 아름다워 보이지 않는다. 당신은 그녀와 함께 하는 동안, 어떻게 속아 넘어갈 수 있었는지 믿을 수가 없다. 당신은 그 여인의 결점을 찾기 시작한다. 당신은 정당한 이유를 찾기 시작한다. 마치 그녀가 속임수를 쓰고, 마치 그녀가 기만하고, 마치 그녀가 아름다운 척 거짓으로 꾸민 것이라고 생각한다.

누구도 당신을 속일 수 없다. 자신의 욕망과 꿈꾸는 마음을 제외하고는 누구도 당신을 속일 수 없다. 당신은 환영을 창조한다. 당신은 결코 그 여인의 실재를 본 적이 없다. 조만간 진실은 결국 드러날 것이다.

그래서 많은 연애가 파경을 맞이한다. 연인들은 점점 더 진실을 보는 것을 두려워하게 되고 그것을 피한다. 아내는 남편을 피하고, 남편은 아내를 피한다. 서로를 직접 보지 않는다. 그들은 두렵다. 그들은 그 꿈이 사라져 버렸다는 것을 이미 알고 있다. 하지만 평온한 상태를 어지럽히지 않기 위해 이제 서로를 피하게 된다.

남편들은 예전처럼 그들의 아내를 보지 않는다. 아내들도 예전처럼 남편을 보지 않는다. 이게 무슨 일인가? 실재는 여전히 변함이 없는데, 다만 사실에 반대되는 환상이 영원히 이어질 수는 없기 때문이다. 조만간 그 환상은 깨어지고, 모든 사실이 드러난다.

사람은 계속 권력과 명성과 존경받는 것을 꿈꾼다. 그리고 그는 이것을 얻을 때마다 낙담한다. 가장 행복한 사람은 욕망을 달성하지 못한 사람이다. 가장 불행한 사람은 그들이 원하는 것을 달성하고 허탈감을 느끼고 있는 사람들이다.

욕망의 본질은 꿈꾸는 것이며, 당신은 그것들이 없을 때만 꿈꿀 수 있다. 당신은 이웃집 아내를 꿈꿀 수 있다. 어떻게 당신의 아내를 꿈꾸겠는가? 당신의 아내를 꿈꾸어 본 적이 있는가? 당신은 다른 사람의 아내를 꿈꿀 수 있다. 다른 사람은 당신의 아내를 꿈꾸고 있는지도 모른다……

멀리 있는 것은 무엇이나 아름답게 보인다. 가까이 가면 그것은 변하기 시작한다. 진실은 흩어져 버린다.

자각하게 된다는 것은 꿈꾸지 않는다는 것이고, 자각하게 된다는 것은 우리가 평범한 삶 속의 무의식적인 잠을 버린다는 것이다. 우리는 한밤중에 걸어 다니는 몽유병 환자이다. 우리는 계속 살아가지만, 그 삶은 피상적이다. 내면 깊숙한 곳에는 꿈들과 꿈, 또 다른 꿈들이 있다. 저변에 흐르고 있는 꿈들은 계속되고, 그 흐름은 우리의 시각을 오염시킨다. 그 저변에 흐르는 꿈들은 우리의 시야에 구름을 드리우고, 그 저변에 흐르는 꿈들은 우리의 머리를 뒤죽박죽으로 만든다.

잠든 상태로 살고 있는 사람은 결코 총명할 수 없다. 자각은 가장 순수한 지성의 불꽃이다. 잠든 상태로 살고 있는 사람은 점점 더 어리석어진다. 만약 당신이 무감각하게 산다면, 어리석어지고 우둔해질 것이다.

이 우둔함은 없어져야 한다. 그리고 이것은 오직 좀 더 자각하는 것을 통해서만 없앨 수 있을 것이다.

❈

이런 식으로 생각해 보라. 만약 당신이 거리를 걷고 있다면, 지나가고 있는 사람들이 모두 꿈이라고 생각해 보라. 상점들과 상점 주인들, 그리고 손님들과 오고 가는 사람들이 모두 꿈이다. 집과 버스, 기차, 비행기, 모두 다 꿈이다.

당신은 자신 안에서 일어나고 있는 대단히 중요한 무언가에 즉시 놀라게 될 것이다. 그 순간 당신은 생각한다. "모든 것은 꿈이다." 갑자기 섬광처럼 하나의 통찰이 온다. "나도 또한 꿈이다." 눈에 보이는 것이 꿈이라면 이 '나'라는 것은 누구인가? 만약 그 대상이 꿈이라면, 그 주체도 또한 꿈이다. 만약 그 대상이 거짓이라면, 어떻게 주체가 진실이 될 수 있겠는가? 불가능하다.

당신이 모든 것을 꿈으로 지켜본다면, 갑자기 당신은 당신 존재에서 어떠한 것이 사라져 가는 것을 발견할 것이다. 이것은 자아라는 개념이다. 이것이 자아를 버리는 유일한 길이고 가장 쉬운 길이다. 이것을 한번 해 보라. 이런 식으로 명상하라. 이러한 식으로 명상하기를 반복하면, 어느 날 기적이 일어날 것이다. 당신은 안을 보고 있게 되고, 자아는 거기에 없다.

자아는 부산물이다. 당신이 보고 있는 모든 것이 사실이라는 환영의 부산물이다. 당신이 그 대상들을 사실이라고 생각할 때, 그때 자아는 존재할 수 있다. 이것은 부산물이다. 당신이 대상들을 꿈이라고 생각한다면, 자아는 사라질 것이다. 당신이 지속적으로 모든 것을 꿈이라고 생각한다면, 어느 날 밤 꿈 속에서 당신은 놀라게 될 것이다. 갑자기 꿈 속에서 이것도 역시 꿈이라는 것을 기억하게 될 것이다! 그리고 즉시 기억이 되살아나, 그 꿈은 사라질 것이다. 처음으로 당신은 깊이 잠들어 아직도 깨어나지 않고 있었음을 경험할 것이다. 이것은 매우 모순적이지만, 아주 좋은 경험이다.

당신이 한번 꿈이란 것을 깨달아 그 꿈이 사라지는 것을 보았다면, 당신의 의식 수준은 새로운 차원을 갖게 될 것이다. 다음 날 아침 당신은 예전과 전혀 다른 사람으로 깨어날 것이다. 당신은 처음으로 깨어날 것이다. 이제 당신은 모든 다른 아침들은 거짓이었다는 것을 깨달을 것이다. 당신은 진정으로 깨어난 적이 없었고, 꿈들이 계속되어 왔다. 오직 다른 점은 밤에는 눈을 감고 꿈을 꾸고, 낮에는 눈을 뜨고 꿈을 꾼다는 것이다.

하지만 만약 꿈이라는 것을 알아차리고 그 꿈이 사라졌다면, 갑자기 당신은 꿈 속에서 깨어나게 된다…… 그리고 깨어남과 꿈꾸는 것은 함께 존재할 수 없다는 것을 기억하라. 깨어나게 되면, 꿈은 사라지게 된다. 당신이 잠에서 깨어나게 되면, 다음 날 아침은 유례없이 중요한 뭔가가 될 것이다. 이와 같은 일은 전에는 일어나지 않았었다. 당신의 눈은 매우 맑고 투명하며, 모든 것은 황홀하고, 매우 다채롭고, 매우 생생하다. 바위조차 호흡하고 맥박이 뛰는 것으로 느껴질 것이고, 바위조차 심장 박동을 가지게 될 것이다. 당신이 깨어날 때, 모든 존재의 가치는 변할 것이다.

우리는 꿈 속에서 산다. 우리가 깨어 있다고 생각할 때조차 우리는 잠들어 있다.

물 7 : 투사

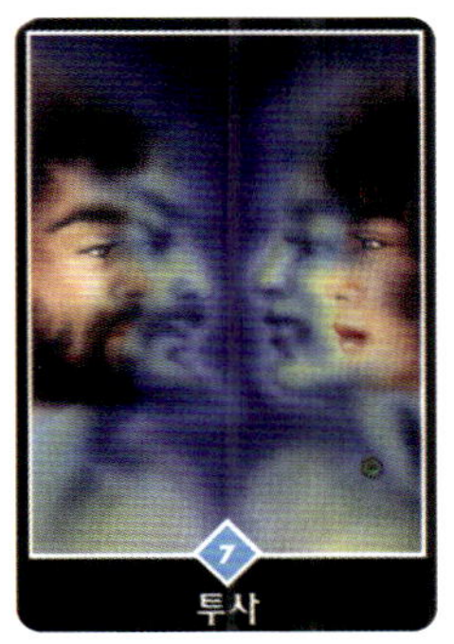

당신은 있는 그대로의 그것들을 본 적이 없다. 당신은 그것들을 당신의 환영과 섞는다.
그리고 당신은 마음 속 깊은 어딘가에서 무의식적으로, 당신이 보는 그들이 실재와
다르다는 것을 알기 때문에 그들을 직시하는 것을 매우 두려워한다.

당신은 만약 어떤 것의 실체를 본다면 그것은 감당하기 어렵고 너무 힘겨울 것이라고 생각한다. 이것을 견뎌 내지 못할지도 모른다. 그래서 당신은 이것을 좀 더 달콤하게 만들기 위해 꿈과 섞는다. 그 맛이 쓸 것이라고 생각하여 겉을 설탕으로 덮는다. 당신은 꿈 속에서 그 사람을 치장하고, 그 사람이 달콤해졌다고 느끼는가? 아니다. 당신은 다른 사람이 아닌, 당신 자신을 속이고 있을 뿐이다. 따라서 그토록 불행하다. 그 불행들은 당신의 꿈에서 나온다. 그리고 이러한 현상을 알아차려야만 한다. 책임을 다른 사람에게 전가하지 말라. 그렇지 않으면 당신은 다른 꿈들을 만들 것이다. 투사하고 있는 자는 당신임을 알아

라. 하지만 이것을 보는 것은 어렵다.

극장에서 당신은 영사막을 보고, 그 극장의 뒤편을 결코 보지 않는다. 영사기는 뒤에 있다. 필름은 사실 영사막 위에 있지 않다. 영사막 위에는 빛과 그림자의 투사만이 있을 뿐이다. 필름은 바로 그 뒤편에 존재하지만, 당신은 결코 그것을 보지 않는다. 영사기는 거기에 있다.

당신의 마음은 많은 것들의 뒤편에 있고, 마음은 영사기이다. 하지만 당신은 늘 다른 사람을 보는데, 그것은 다른 사람이 영사막이기 때문이다. 당신이 사랑할 때 그 사람은 비교할 수 없을 정도로 아름다운 것 같다. 당신이 증오할 때는 같은 사람이지만 가장 추하게 보인다. 그리고 당신은 어떻게 같은 사람이 가장 추하게도 가장 아름답게도 보일 수 있는지 전혀 알지 못한다.

당신이 사랑할 때, 그 사람은 한 송이 꽃, 한 송이 장미꽃이며, 가시도 없는 장미 정원이다. 당신이 미워하고 증오할 때는 그 꽃들이 사라진다. 그곳에는 오직 가시만 남고 더 이상 정원은 없으며, 당신이 보고 싶지 않을 정도로 가장 추하고 더러워진다. 그리고 당신은 자신이 무엇을 하고 있는지 전혀 알지 못한다. 어떻게 장미가 그렇게 금방 일 분도 안 되어 사라질 수 있는가? 단 일 분의 간격도 필요하지 않다! 이 순간 당신은 사랑하고, 다음 순간 당신은 증오한다. 같은 사람, 같은 영사막인데 모든 이야기가 달라진다.

그저 지켜보라. 그러면 이 사람은 문제가 아니라는 것을 알 수 있을 것이다. 당신이 무엇인가를 투사하고 있다. 당신이 사랑을 투사할 때 그 사람은 사랑스럽게 보이고, 증오를 투사할 때 그 사람은 추하게 보인다. 그 사람은 존재하지 않는다. 당신은 그 사람의 실재를 전혀 보지 않는다.

당신은 마음의 눈을 통하여서는 실재를 볼 수 없다. 만약 당신이 무엇이 진실인지 진정으로 알고 싶다면, 경전은 도움이 되지 않을 것이다. 히말라야에 가는 것도 도움이 되지 않는다. 오직 한 가지 마음 없이 보기 시작하는 것만이 도움이 될 수 있다. 꽃을 보아라. 마음이 어떤 것을 말하게 하지 말라. 그저 그것을 보아라. 이렇게 하는 것은 해석하는 오랜 습관 때문에 어렵다.

물라 나스루딘이 이혼하기 위해 법정을 찾았다. 그는 재판관에게 말하였다. "저는 이제 더 이상 견딜 수 없습니다. 매일 저는 집으로 돌아와, 아내가 옷장에 어떤 남자나 다른 사람을 숨겨 놓은 것을 발견합니다."

재판관조차 충격을 받았고, 그는 물었다, "매일이라구요?"

나스루딘은 말하였다. "매일이요! 게다가 같은 사람도 아닙니다. 매일 새로운 사람입니다."

단지 나스루딘을 위로하기 위해 재판관은 말했다. "그러면 당신은 매우 상처를 받았겠군요. 당신이 피곤에 지쳐 집에 돌아오면, 아내가 사랑하는 마음으로 기쁘게 맞이할 거라고 생각했겠군요. 그런데 당신은 집에 돌아와, 매일 옷장 안에 숨어 있는 새로운 남자를 발견한단 말이지요!"

나스루딘은 말하였다. "네, 저는 매우 마음이 아픕니다. 제 옷을 걸어 둘 공간이 없어서요."

당신이 이것을 어떻게 해석하는가는 당신 마음에 달렸다.

그래서 진실에 이르는 유일한 길은 마음의 도움 없이 즉각적으로 통찰하는 법을 배우는 것이다…… 마음의 중개가 문제다. 왜냐하면 마음은 오직 꿈들만을 만들어 낼 수 있기 때문이다. 그래서 무엇을 할 것인가?

아주 작은 것에도 마음을 들여오지 않도록 노력하라. 당신은 꽃을 본다. 당신은 그저 본다. 당신은 "아름답다! 추하다!"라고 말하지 않는다. 당신은 아무 말도 하지 않는다. 말들을 가져오지 말라. 말로 표현하지 말고, 그저 보아라. 마음은 불편하고 어색하게 느끼고 무언가 말하고 싶을 것이다. 당신은 단지 마음에게 말한다. "조용히 해! 좀 볼 수 있도록. 나는 그저 보고 싶어."

처음에는 이것이 어렵겠지만, 너무 복잡하지 않은 것부터 시작하라. 아무 말도 하지 않고 당신의 아내를 바라보기는 어려울 것이다. 당신은 너무 많이 뒤얽혀 있고 감정적으로 너무 많이 집착해 있다. 화를 내건 사랑을 하건, 너무 많이 열중하지 말라.

중립적인 것들을 보아라. 바위, 꽃, 나무, 떠오르는 태양, 날아가는 새, 하늘에 떠다니는 구름. 너무 많이 뒤얽히지 말고, 그것으로부터 분리되어 있고, 중립으로 남아 있어라. 중립적인 것부터 시작하고, 그런 후에 감정이 실린 상태로 이동하라.

점점 더 익숙해질 것이다. 이것은 수영하는 것과 꼭 같다. 처음 시작할 때는 두려움을 느끼며, 당신이 살아남을지도 믿을 수가 없다. 당신은 마음과 함께 아주 오랫동안 함께 해 왔다. 그래서 마음 없이는 한순간도 존재할 수 없을 것처럼 생각된다. 하지만 시도하라!

그리고 당신이 마음을 비워 놓을수록, 더 많은 빛이 당신에게 온다. 왜냐하면 꿈들이 없을 때, 문이 열리고, 창문이 열리고, 하늘이 당신에게 닿고, 태양이 떠올라 가슴으로 다가오고, 그 빛이 당신에게 이르기 때문이다. 당신은 점점 꿈들이 줄고, 점점 더 진실로 가득해질 것이다.

물 8 : 내맡김

★ ★ ★ ★ ★ ★ ★ ★ ★ ★ ★ ★ ★ ★ ★ ★

바다가 당신을 부를 때, 그것을 신뢰하라.
그것 속으로 뛰어들고 그것 안으로 사라져라.

믿음이나 신뢰의 정수는 내맡김이다. 두려움이 많은 사람은 결코 내맡길 수 없다. 그는 항상 방어하고 있고, 자신을 보호하고 있다. 그는 항상 싸우며, 항상 적대적이다. 그의 기도나 명상조차 자신을 보호하고자 하는 전략에 지나지 않는다.

믿음이 있는 사람은 어떻게 내맡겨야 할지를 알고, 믿음이 있는 사람은 어떻게 복종하는지를 안다. 믿음이 있는 사람은 강의 흐름을 어떻게 따라가야 할지를 알며, 이것을 서두르지 않는다. 어디로 이끌든지 그 흐름을 따라간다. 그는 흐름을 따라갈 수 있는 용기와 자신감을 가지고 있다.

두려움이 많은 사람은 복종할 수 없다. 비록 그는 자신이 매우 강해서 복종할 수 없기 때문이라고 생각하겠지만 말이다. 누구도 약하다고 느끼고 싶어 하지 않는다. 특별히 약한 사람은 정말로 이것을 싫어한다. 그들이 약하고 겁쟁이라는 것을 실감하는 것을 원하지 않는다. 그들은 자신이 매우 강하다고 생각한다. 그들은 복종할 수 없다.

내가 살펴본 바로는 쉽게 복종하는 사람이 더 강한 사람이다. 오직 강한 사람만이 복종할 수 있다. 왜냐하면 그 자신을 신뢰하고, 확신하며, 내맡길 수 있음을 알기 때문이다. 그는 두려워하지 않고 미지를 탐험할 준비가 되어 있다. 그는 지도에도 없는 곳으로 갈 준비가 되어 있다. 그는 미지의 세계로의 여행에 흥분된다. 그는 이것을 체험해 보기를 원하고, 어떤 비용이 들든 어떤 위험이든 감수한다. 그는 위험 속에서 살기를 원한다.

믿음이 있는 사람은 늘 위험 속에서 산다. 위험은 그의 피난처이고, 불안은 그의 안전이다. 그리고 거대한 그의 추구는 오직 사랑뿐이다. 그는 탐험하기를 원하고, 존재의 절정이나 존재의 심연, 또는 존재의 극치에 가기를 바란다. 그는 이것이 무엇인지 알기 원한다. "나를 둘러싼 이것은 무엇인가? 내가 계속 '나'라고 부르는 이것은 무엇인가? 나는 누구인가?"

강한 사람은 복종할 준비가 되어 있다. 그는 두려워할 필요가 없음을 안다. "나는 존재에 속해 있다. 나는 여기에서 이방인이 아니다. 존재는 어머니처럼 나를 보살핀다. 존재는 나를 해롭게 할 리 없다. 존재는 나를 여기에 데려왔고, 나는 존재의 산물이다. 존재는 나를 통하여 실현할 어떤 운명을 가지고 있다."

강한 사람은 늘 운명이 거기 있음을 느낀다. "나는 존재에게 필요한 무엇인가를 하러 여기에 있다. 나를 제외한 그 누구도 이것을 할 수 없다. 아니면 왜 나를 창조하였겠는가?" 그래서 그는 늘 찾고 구하기 위해 미지 속으로 갈 준비가 되어 있다.

노력으로 얻을 수 있는 것이 있고, 노력으로 결코 얻을 수 없는 것이 있다. 노력으로 얻을 수 있는 것들은 늘 세속적인 것으로 돈, 권력, 명성과 같은 것이고, 노력으로 얻을 수 없는 것은 늘 숭고한 것들로 사랑, 기도, 명상, 신성, 진실과 같은 것이다.

진실로 의미 있는 모든 것들은 늘 은총으로서 온다. 당신은 오직 이것을 받을 수 있을 뿐이다. 당신은 이것을 성취할 수 없고, 오직 받을 수만 있다. 당신은 이것을 향하여 어떠한 도움 되는 노력도 할 수 없다. 우리의 손은 매우 작고, 우리가 손을 뻗을 수 있는 곳도 그리 넓지 않다. 하지만 우리는 기다릴 수 있다. 우리는 비록 예상하지 못하더라도 엄청난 기대를 가지고 기다릴 수 있다. 우리는 굉장한 흥분 속에서 기다릴 수 있다. 그 기다림이 저 너머를 뚫고 가고, 영원이 시간을 뚫고 가며, 하늘이 땅으로 내려온다.

우리는 기다리는 법을 배워야 한다. 우리는 노력하지 않는 법을 배워야 한다. 우리는 복종의 상태에 있는 법을 배워야 한다. 우리는 내맡기는 법을 배워야 한다. 삶에 있어 위대한 비밀은 내맡김, 복종, 존재를 신뢰함이다.

위대한 모든 것은 늘 선물로서 온다. 이것을 위해 애쓰지 말라. 그렇지 않으면 당신은 놓칠 것이다.

물 9 : 게으름

★★★★★★★★★★★★★★★★

사람은 에너지로 넘쳐흘러야 한다. 편안하게 있되, 게으르지는 않아야 한다.
긴장을 풀고 있어야 하지만, 게으르지는 않아야 한다.

마음은 게으른 경향이 있다. 모든 게으름은 마음 속에 있다. 마음은
어떤 노력도 하지 않기를 원한다. 마음은 새로운 차원으로 이동하는
것을 원하지 않기 때문이다. 마음은 오래되고 친숙한 것에 매달리는
데, 그것은 그 상태가 매우 능률적이기 때문이다. 마음은 확실히 숙달
된 기술을 가지고 있다. 이제 당신이 한번 안주한다면, 마음을 바꾸는
것을 원하지 않게 된다.

많은 사람은 한 여자 혹은 한 남자와 함께 살아간다. 그것은 그들이
그 남자 혹은 여자를 사랑하기 때문이 아니라, 단지 친숙하기 때문이
다. 지금 다른 여인을 사랑한다는 것은 다시 문제가 될 것이며, 처음부

터 다시 시작해야 할 것이다. 그들은 단지 게으를 뿐이다.

사람들은 그들이 살던 방식으로 살아간다. 설사 이것이 불행하더라도, 고통 이외엔 아무것도 오지 않는다 하더라도, 계속해서 그렇게 산다. 적어도 이것은 알고 있는 것이고 친숙하기 때문이다. 그들은 이것에 익숙해지고, 계속 안주할 수 있다.

마음은 게으르다. 이 게으름은 장애들 중의 하나이다.

게으름은 부정적인 상태이다. 사람은 에너지로 넘쳐흘러야 한다. 편안하게 있되, 게으르지는 않아야 한다. 긴장을 풀고 있어야 하지만, 게으르지는 않아야 한다.

게으름과 편안함은 매우 비슷해서 쉽게 구분하기 어렵다. 하지만 게으름은 늘 "나는 하지 않아야 할 일을 하고 있다."거나 "나는 내 몫을 다하고 있지 않다."라는 그런 죄의식을 느끼게 한다. 게으름은 삼라만상의 활기에서 떨어져 나와 있음을 의미한다. 당신은 만천하가 날이면 날마다 창조하고 있는 동안 한쪽에 따로 비껴 서 있다.

모든 것에 완전히 긴장을 풀고, 편안한 마음을 가져라. 어떤 일을 하거나 하지 않는 것은 중요한 것이 아니다. 당신은 아무것도 하지 않을 때조차 에너지로 흘러넘치고 있음에 틀림없다. 나무들은 아무것도 하고 있지 않지만, 에너지로 흘러넘치고 있다. 당신은 그것을 꽃들 속에서, 그들의 색깔, 푸르름, 싱그러움 속에서, 햇빛 아래 그대로의 꾸밈 없는 아름다움 속에서, 어두운 밤 아래 별들 속에서 볼 수 있다.

216

　삶에서 인간의 마음 속을 제외하고는 어디에도 긴장은 없다. 어떤 긴장도, 서두름도 없이 편안함으로 삶을 살아라. 그것은 게으름이 아니라 편안함이다.

물 10 : 조화

★★★★★★★★★★★★★★

당신은 죽음과 삶 중간에 있다. 당신은 둘 다 아니다.
그러므로 삶에 집착하지도 말고, 죽음을 두려워하지도 말라.

헤라클레이토스는 말한다. "숨겨진 조화가 명백한 것보다 낫다."

당신은 강을 지켜보았는가? 때로는 왼쪽으로 흐르고, 때로는 오른쪽으로 흐르며, 때로는 남쪽으로, 때로는 북쪽으로 흐른다. 당신은 이 강이 매우 일관성이 없게 보일 것이다. 하지만 숨겨진 조화가 있다. 이것은 바다에 이른다. 어디로 가고 있든지 바다가 목표이다. 때때로 남쪽으로 경사가 지면 남쪽을 향해 간다. 때때로 이것은 전혀 반대 방향인 북쪽으로 간다. 북쪽으로 경사가 졌기 때문이다. 하지만 모든 방향은 같은 목표를 가진다. 강은 바다를 향해 가며, 강은 그곳에 다다른다.

강처럼 일관되게 생각하라. 그들은 말한다. "나는 항상 남쪽으로 갈 것이다. 어떻게 내가 북쪽으로 갈 수 있겠는가? 사람들은 내가 일관성이 없다고 말할 것이다." 이 강은 결코 바다에 이르지 못할 것이다. 아리스토텔레스의 강은 결코 바다에 이를 수 없다. 그들은 너무 고정되어 있고 너무 피상적이다. 그리고 그들은 숨겨진 조화를 알지 못한다. 반대되는 것을 통해서도 같은 목표를 구할 수 있다. 같은 목표는 반대편을 통해서도 구할 수 있다. 그 가능성을 그들은 완전히 알 수 없다.

그러한 가능성은 항상 있다. 헤라클레이토스는 말한다. "숨겨진 조화가 명백한 것보다 낫다." 하지만 이것은 어렵고, 계속되는 어려움 속에 있을 것이다. 사람들은 일관된 것을 기대하지만, 숨겨진 조화는 사회의 일부분이 아니다. 이것은 우주의 일부분이지 사회의 일부분은 아니다. 사회는 인공적으로 만들어진 것이다. 그리고 사회는 마치 모든 것이 고정된 것으로 여기고 모든 계획을 산정한다. 사회는 모든 것이 움직이지 않는 것으로 여기며, 도덕과 법전을 만들었다. 그래서 도덕들은 수백 년에 걸쳐 그대로 유지된다. 모든 것은 변하였지만, 모든 죽은 법칙은 계속된다. 모든 것은 변하고 있는데, 소위 도덕주의자들은 늘 같은 부적절한 것들을 설교한다. 하지만 그들은 과거와 일관성이 있다. 절대적으로 부적절한 것들이 계속된다……

도덕주의자들은 피상적으로 사는 사람이다. 그는 규칙을 위해 살지만, 규칙은 그를 위하여 만들어진 것이 아니다. 그는 경전을 위해 살지만, 경전은 그를 위해 있지 않다. 그는 규칙을 따르지만, 자각을 따르지는 않는다. 만약 당신이 자각하고 지켜본다면, 숨겨진 조화를 얻을 것이다. 그때 당신은 반대되는 것을 꺼리지 않으며, 그것을 이용할 수 있다. 당신이 한번 그 반대를 사용할 수 있다면, 당신은 비밀의 열쇠를 가진 것이다.

당신은 증오를 통해서 사랑을 더욱 아름답게 할 수 있다. 증오는 사랑의 적이 아니다. 이것은 사랑을 아름답게 하기 위한 소금과 같은 것이고, 이것은 배경이 되는 것이다. 당신은 분노를 통하여 연민을 더 강하게 만들 수 있다. 그때 이것은 반대되는 것이 아니다. 이 말은 예수가 한 말과 같다. "너의 원수를 사랑하라." 이것은 원수는 원수가 아니기 때문에 원수를 사랑하라는 의미이다. 그들은 친구들이고, 그들을 이용할 수 있다. 숨겨진 조화 속에서 그들은 싸우고, 하나가 된다.

분노는 적이다. 이것을 이용하고, 이것을 친구로 만들어라! 증오는 적이다. 이것을 이용하고, 이것을 친구로 만들어라! 당신의 사랑이 증오를 통해 깊어지게 하고, 이것을 토양으로 삼아라. 이것은 생육지가 된다.

이것이 숨겨진 조화이다. 사랑은 적이다. 그 반대를 이용하라. 그 반대는 반대가 아니고, 그것은 단지 배경일 뿐이다.

죽음과 삶은 둘이 아니다. 죽음은 정말로 그 반대가 될 수 없다. 만약 삶이 현악기의 활이라고 한다면, 죽음은 현악기의 현일 것이다. 그리고 둘 사이에서 삶은 가장 멋진 조화를 이룬다.

당신은 삶과 죽음 사이에 있다. 당신은 둘 다 아니다. 그러므로 삶에 집착하지도 말고, 죽음을 두려워하지도 말라. 헤라클레이토스는 말한다. "당신은 현과 활 사이의 음악이다. 당신은 부딪치고 만나고 합쳐지고 조화를 이루고, 그리고 이것은 그것에서 탄생한 최고의 것이다."

선택하지 말라! 당신이 만약 선택한다면, 당신은 잘못될 것이다. 당신이 만약 선택한다면, 어떤 것에 집착하고, 어떤 것과 동일시하게 될 것이다. 선택하지 말라! 삶은 활이 되고, 죽음은 현이 되게 하라. 그리고 당신은 조화, 숨겨진 조화 속에 있어라.

4

구름의 원소(겸)

지식 – 생각 – 마음

당신의 모든 생각은 다른 사람들에 의해 주어진 것이다. 보아라. 태어날 때부터 지니고 온, 진정으로 당신의 것이라고 할 수 있는, 단 한 개의 생각을 발견할 수 있는가? 그것들은 모두 빌려 온 것이다. 그 근원이 알려져 있든 그렇지 않든, 그것들은 모두 빌려 온 것이다. 마음은 컴퓨터처럼 기능한다. 하지만 컴퓨터는 당신이 정보를 입력하기 전에는 어떤 답도 줄 수 없다. 마음은 생체 컴퓨터이다.

지식

삶은 그 누구도 이해할 수 없는 그러한 신비이다. 삶을 이해했다고 주장하는 사람은 단순히 무지한 것이다. 그는 자신이 무엇을 말하고 있는지도 모르며, 그의 말이 무의미하다는 것도 알지 못한다. 만약 당신이 지혜로워진다면, 삶은 이해될 수 없다는 것을 처음으로 깨닫게 될 것이다. 이해하는 것은 불가능하다. 단지 그것을 이해하는 것이 불가능하다는 것만큼은 이해할 수 있다.

삶은 수수께끼가 아니다. 수수께끼는 풀 수 있다. 신비는 그것의 본질상 풀 수 없는 것이다. 그것을 풀 방법은 없다. 소크라테스는 말했다. "내가 젊었을 때, 나는 많이 안다고 생각했다. 늙어 가는 지금, 지혜는 무르익어 내가 아무것도 알지 못한다는 것을 이해하게 되었다."

수피 스승 쥬네이드에 대해 전해지는 이야기 중의 하나이다. 그는 한 젊은 남자와 일하고 있었다. 그 젊은이는 쥬네이드가 지닌 내면의 지혜를 알 수 없었다. 쥬네이드는 매우 평범한 삶을 살고 있었기 때문에, 그가 부처와 흡사한 사람이라는 것을 알아보려면 매우 통찰력 있는 눈이 필요했다. 그는 평범한 노동자처럼 일하고 있었으며, 그래서 오직 눈을 가진 자만이 그를 알아볼 수 있었다. 부처를 알아보는 것은 아주 쉽다. 그는 보리수나무 아래 앉아 있기 때문이다. 쥬네이드를 알아보는 것은 매우 어렵다. 그는 노동자처럼 일하고 있고, 보리수나무 아래 앉아 있지 않다. 그는 어디로 보나 정말로 평범했다.

그는 한 젊은이와 함께 일하고 있었는데, 그 젊은이는 계속 그의 지식을 자랑했다. 그래서 쥬네이드가 무엇을 하건, 그는 말하곤 했다. "그렇게 하는 것이 아니에요. 이런 식으로 하는 게 나을 걸요." 그는 모든 것을 알고 있었다. 마침내 쥬네이드가 웃었다. 그리고 말했다. "젊은이여, 나는 그렇게 많은 것을 알 만큼 젊지가 않소."

"나는 그렇게 많이 알 만큼 젊지 않다."고 말한 것은 정말 옳다. 오직 젊은 사람만이 그렇게 바보스럽고 서투르다. 소크라테스가 한 말은 옳다. "젊었을 때 나는 매우 많이 안다고 생각했다. 무르익고 몸소 체험한 후에는 나는 오직 한 가지만을 알게 되었다. 그것은 내가 완전히 무지하다는 것이다."

삶은 신비이다. 이것은 풀리지 않는다는 것을 의미한다. 그리고 이것을 풀기 위한 모든 노력은 헛되다는 것을 알게 되었을 때, 신비는 돌연히 깨달아진다. 그때 문이 열리고 당신은 초대받는다. 지식인으로서는 그 누구도 신성으로 들어갈 수 없다. 어린아이같이 무지하고 전혀 아무것도 모를 때, 신비는 당신을 껴안는다. 아는 것이 많은 마음은 영리하지만 순수하지는 않다. 순수는 문이다.

어느 한 제자가 선사(禪師)에게 와서 물었다. "어떤 마음의 상태로 진실을 구해야 합니까?" 스승은 말했다. "마음이 없으므로 어떤 마음의 상태도 있을 수 없다."

마음은 환영이고 존재하지 않지만, 나타나고 또 너무 많이 나타나서 당신은 자신이 마음이라고 생각한다. 마음은 마야(maya)이고, 마음은 단지 꿈일 뿐이다. 마음은 단지 투사일 뿐이고, 강물 위의 거품과 같은 것이다. 태양이 막 떠오르면 빛이 그 거품을 통과하고 무지개가 만들어지지만, 그 안에는 아무것도 없다. 거품을 만지면, 거품은 터지고 모든 것은 사라져 버린다. 무지개도, 그 아름다움도…… 아무것도 남지 않는다.

오직 텅 빔만이 무한한 텅 빔과 하나가 된다. 거기에 벽이 있다. 거품의 벽. 당신의 마음은 하나의 거품의 벽이다. 이것을 찔러 터트려라. 그러면 마음은 사라질 것이다.

마음

스승은 말했다. "마음이란 것은 없다. 당신은 어떤 상태에 대해 묻는 것인가?" 이것을 이해하기란 쉽지 않다. 사람들은 말한다. "우리는 마음이 고요한 상태로 있고 싶다." 그들은 마음이 고요해질 수 있다고 생각한다. 마음은 결코 고요해질 수 없다. 마음이 곧 소란이고, 불쾌감이고, 질병을 의미하기 때문이다. 마음은 곧 긴장, 괴로워하는 상태를 의미한다. 마음은 고요해질 수 없다. 고요할 때 거기에 마음은 없다. 고요한 상태가 되었을 때 마음은 사라지고, 마음이 일어난다면 고요는 더 이상 있을 수 없다. 그래서 '고요한 마음'이란 있을 수 없다. 이것은 '건강한 질병'이 없는 것과 마찬가지다. 건강한 질병이 가능하겠는가? 건강할 때, 질병은 사라지게 된다.

고요는 내면의 건강이다. 마음은 내면의 질병이고, 내면의 소란이다.

그래서 고요한 마음이란 있을 수 없고, 제자가 "마음을 어떤 형태, 어떤 종류, 어떤 상태로 만들어야 합니까?"라고 물었을 때 스승은 바로 다답했다. "마음이 없는데, 어떤 마음의 상태를 만들 수 있겠는가?" 그러니 제발 그 환영을 버려라. 환영 속에서 어떤 상태에 도달하려고 애쓰지 말라. 이것은 마치 당신이 무지개 위를 여행할 생각으로 묻는 것과 같다. "무지개 위를 여행하려면, 어디로 걸어야만 합니까?" 나는 말한다. "무지개는 없다. 무지개는 하나의 양상일 뿐이다. 그래서 무지개 위를 걸을 순 없다." 무지개는 단지 존재하기 위해 나타난 것에 불과하다. 이것은 실제로 거기에 없다. 이것은 실재가 아니다. 이것을 실재로 받아들이는 것은 잘못된 것이다.

마음은 당신의 실재가 아니다. 이것은 잘못된 해석이다. 당신은 마음이 아니고, 당신은 마음인 적도 없으며, 당신은 마음이 될 수도 없다. 존재하지도 않는 무언가와 당신을 동일시하는 것은 문제이다. 당신은 왕국을 가지고 있다고 믿고 있는 거지와 같다. 그는 그 왕국을 어떻게 관리하고, 어떻게 통치하고, 어떻게 반란을 예방할까 하고 매우 염려한다. 왕국은 실제로 없지만, 그는 걱정한다.

장자는 어느 날 나비가 되는 꿈을 꾸었다. 아침에 깨어났을 때 그는 매우 낙담하였다. 그의 친구가 물었다. "무슨 일이 있는가? 자네가 그렇게 의기소침해 있는 것을 본 적이 없네."

장자는 말했다. "나는 난제에 부딪쳤고 당황스럽네. 이해할 수 없어. 밤에 잠을 자는 동안 나는 꿈 속에서 나비가 되었네."

그러자 친구가 웃었다. "어느 누구도 꿈 때문에 혼란스러워하지는 않는다네. 잠에서 깨어났을 때, 꿈은 사라졌지 않나, 자네는 도대체 뭘 그렇게 산란해 하는가?"

장자는 말했다. "그것은 중요한 게 아니라네. 나는 지금 당황스럽네. 만약 장자가 꿈 속에서 나비가 될 수 있다면, 이제 나비가 잠이 들어 꿈 속에서 장자가 되는 것도 가능하다네."

만약 장자가 꿈 속에서 나비가 될 수 있다면, 그 반대는 왜 될 수 없겠는가? 나비는 꿈 속에서 장자가 될 수 있다. 그럼 무엇이 진짜인가? 장자가 꿈 속에서 나비가 되는 것이 진짜인가, 아니면 나비가 꿈 속에서 장자가 되는 것이 진짜인가? 무엇이 진실인가? 무지개는 거기에 있고, 당신은 꿈 속에서 나비가 될 수 있다. 당신은 인생이라고 부르는 더 큰 꿈 속에서 마음을 가지게 된다.

당신이 꿈 속에서 깨어날 때, 깨어난 마음의 상태를 가질 수는 없다. 당신은 마음 없는 상태에 이르게 되고, 당신은 무심(無心)의 경지에 도달한다.

생각

무심(無心)이란 무슨 의미인가? 이것을 따르기는 어렵지만, 때때로 무심결에 이렇게 된다. 당신은 이것을 알아차리지 못할지도 모른다. 때때로 아무것도 하지 않고 평소처럼 앉아 있을 때 마음 안에는 생각이 없다. 왜냐하면 마음은 단지 생각의 진행이기 때문이다. 이것은 본질적인 것이 아니고, 단지 지나가는 과정일 뿐이다. 당신은 군중이 모였다고 말할 수 있다. 하지만 거기에 정말 군중 같은 그런 것이 있는가? 군중이 실체인가, 아니면 오직 집단의 일원으로서의 개인들이 실체인가? 점점 개인들이 가 버리고 나면, 그때 뒤에 군중이 남을 것인가? 개인들이 가 버리고 나면, 거기에는 군중도 없다.

마음은 군중과 같은 것이고, 생각은 그 개인들이다. 그리고 생각들은 계속되기 때문에, 당신은 그 과정들이 본질적인 것이라고 생각한다. 각각의 개별적인 생각을 버리면, 결국에는 아무것도 남지 않는다. 그러한 마음이란 것은 존재하지 않고, 오직 생각만이 있을 뿐이다.

생각들은 매우 빨리 움직여서, 당신은 생각과 생각 사이의 간격을 볼 수 없다. 하지만 그 간격은 항상 있다. 그 간격이 당신이다. 그 간격 안에서 당신은 장자도 나비도 아니다. 나비도 마음의 일종이고, 장자도 또한 생각의 하나일 뿐이다. 나비는 하나의 생각의 모음이고, 장자도 또 다른 하나의 모음이다. 하지만 둘 다 마음들이다. 마음이 없을 때, 당신은 누구인가? 장자인가, 나비인가? 둘 다 아니다. 그리고 무슨 상태인가? 당신은 깨달은 마음의 상태에 있는가? 만약 당신이 깨달은 마음 상태에 있다고 생각한다면, 이것은 다시 한 생각이 되고, 거기에 당신은 없고 생각이 있게 된다. 당신이 부처가 된 것처럼 느껴진다면, 이것은 생각이다. 마음이 들어와 이제 그 과정이 진행되고, 다시 하늘은 구름으로 뒤덮이고, 그 푸르름은 사라진다. 그 무한의 푸르름을 더 이상 볼 수 없다.

두 개의 생각 사이에서, 정신을 바짝 차리려고 노력하라. 그 사이의 간격, 즉 둘 사이의 공간을 들여다보아라. 당신은 무심(無心)을 보게 될 것이다. 그것이 당신의 본성이다. 생각은 오고 가는 일시적인 것이지만, 그 내면의 공간은 항상 존재한다. 구름은 모였다 흩어져 사라지는 일시적인 것이지만, 하늘은 여전히 거기에 있다.

당신은 그 하늘이다.

구름의 왕 : 통제

당신 자신을 통제한다면, 살아 있는 존재로서의 모든 중요한 것을 놓치게 된다.
왜냐하면 당신은 축제를 놓치게 되기 때문이다.
당신이 너무 자제한다면, 어떻게 축제 기분에 젖을 수 있겠는가?

인내, 사랑, 비폭력, 평화든 다른 무엇이든 그 어떤 것도 되려고 노력하지 말라. 애쓰지 말라. 당신이 노력한다면, 당신은 자신에게 강요하게 되고 위선자가 될 것이다. 그것이 모든 종교가 위선이 되는 이유이다. 당신은 겉과 속이 다르다. 당신은 미소 짓고 있지만, 속으로는 죽여 버리고 싶어 한다. 당신은 안으로 온갖 쓰레기들을 간직하고 있지만, 겉으로는 향수를 뿌리고 있다. 당신은 안으로는 악취를 풍기지만, 겉으로는 마치 한 송이 장미인 양 보이게 만든다.

절대 억누르지 말라. 억압은 사람들에게 일어난 가장 커다란 재앙이다. 이것은 매우 아름다운 이유를 위해 일어났다. 당신은 그토록 고요하고 평온한 부처를 본다. 탐욕이 솟아오른다. 당신은 부처와 같은 사람이 되고 싶다. 어떻게 할 것인가? 당신은 돌로 만든 상처럼 되려고 노력하기 시작한다. 어떤 상황이 와서 당신이 괴로워진다면, 당신은 자신을 억제한다. 당신은 당신 자신을 통제한다.

내가 자유라고 말할 때, 나는 방종을 의미하는 것이 아니다. 내가 자유라고 말할 때, 당신은 방종으로 이해할지도 모른다. 왜냐하면 마음이 그렇게 해석하기 때문이다. 통제하는 마음은 자유라는 말을 들을 때마다 즉각적으로 이것을 방종이라고 이해한다. 방종은 통제와는 극단적으로 반대되는 것이다. 자유는 바로 그 사이에 있는데, 정확히 그 중간에 있으며, 거기에는 통제도 방종도 없다.

자유는 스스로의 규율을 가지고 있지만, 어떤 권위에 의해서도 강요받지 않는다. 이것은 당신의 자각과 확실성에서 나온다. 자유는 방종으로 이해되어서는 결코 안 된다. 그렇지 않으면 당신은 다시 놓치게 된다.

자각은 자유를 가져온다. 자유 안에서는 통제할 필요가 없다. 왜냐하면 거기에 방종의 가능성은 없기 때문이다. 당신이 통제하도록 강요받는 것은 방종 때문이다. 그리고 당신이 방탕하게 생활한다면, 사회는 당신에게 제재를 가할 것이다.

경찰이 존재하고, 재판관과 정치가와 법원이 있고, 그들이 당신에게 자신을 통제하도록 강요하는 것은 당신의 방탕함 때문이다. 당신 자신을 통제한다면, 살아 있는 존재로서의 모든 중요한 것을 놓치게 된다. 왜냐하면 당신은 축제를 놓치게 되기 때문이다. 당신이 너무 자제한다면, 어떻게 축제 기분에 젖을 수 있겠는가?

당신은 통제와 방종 중에서 선택해야 한다. 당신은 말할 수 있다. "내가 통제하지 않는다면 나는 방자해질 것이고, 내가 방자해지지 않으려면 통제해야만 한다." 하지만 나는 당신에게 말한다. 만약 당신이 자각하게 된다면 통제와 방종은 둘 다 서서히 사라져 버릴 것이다. 그들은 한 동전의 양면과 같고, 자각 속에 있을 때 그들은 필요가 없다.

구름의 여왕 : 도덕

사랑보다 높은 법은 없다. 그래서 사랑은 법전이나
율법이 아닌 도덕에 기초한 진실이다.

정의롭고 도덕적이고 청교도적인 사람들은 비난하고, 점점 더 많은 사람들을 지옥에 보내고, 사람들을 십자가에 못 박아 죽이고 파괴할 준비가 항상 되어 있다. 도덕주의자들은 기꺼이 고통받으며, 기꺼이 가학적이 된다. 그는 다른 사람들보다 우월하고 다른 사람들보다 성스러우며, "당신들은 모두 죄인이고, 나는 성스러운 사람이다."라는 느낌을 즐기기 위해 모든 종류의 바보스러운 금욕 생활을 할 준비가 되어 있다.

진정한 성인은 완전히 다른 것이다. 그는 선악에 대해 엄격하지 않다. 그는 용서할 줄 안다. 왜냐하면 그 자신도 매우 많은 것을 용서받았다는 것을 알기 때문이다. 그는 인간의 한계로 인해 자신이 고통받았기 때문에 인간의 한계를 안다. 그는 용서할 수 있고 이해할 수 있다.

도덕주의자는 절대 이해하지 않고 결코 용서하지 않는다. 그는 자신에게 그토록 빈틈없이 해 왔기 때문에 용서할 수 없다. 그는 다른 사람보다 성스러운 존재라는 단 하나의 즐거움, 오직 그 기쁨을 위하여 그러한 어려움을 이겨 왔다. 어떻게 그가 용서할 수 있겠는가? 만약 그가 용서한다면, 그는 이제껏 계속해 온 자기 본위의 여행을 즐길 수 없게 된다.

도덕은 사회적 현상이다. 사회는 수많은 사람들로 이루어지므로 도덕을 필요로 한다. 이것은 확실한 질서와 확실한 기강을 유지시키고 있으며, 그렇게 하지 않는다면 사회는 혼란에 빠질 것이다. 도덕은 질서를 유지한다. 도덕은 당신 안에 양심을 만든다. 양심은 당신이 법과 규칙과 전통에 위배되는 어떤 일도 하지 못하도록 하는 내면의 경찰관으로서 기능한다. 사회는 당신의 가슴에 어떤 이념을 심어 주고, 이제 당신은 그 이념들의 지배를 받는다. 당신은 이러한 이념에 저항할 때조차 고뇌하게 되고, 그것들은 밤의 악몽이 된다. 당신이 만약 그것들을 따른다면, 그렇게 많은 고통을 느끼지는 않을 것이다.

그래서 부도덕한 사람은 두 가지의 어려움에 처한다. 하나는 바깥으로부터 오는 것으로, 다른 사람들의 존경을 잃기 시작하는 것이다. 이러한 세상의 존경은 사람들의 눈으로 볼 때 가장 가치 있는 것인데, 이것이 자아에 자양분을 주기 때문이다. 당신이 존경을 잃어 가는 순간, 자아는 죽어 가기 시작하고, 당신의 자아는 다치고, 당신의 자아는 상처받는다. 둘째로, 당신 안에서 양심이 내면의 고통을 만들기 시작한다. 그 양심은 또한 같은 사회에 의해서 만들어진 것이다.

따라서 사회는 안과 바깥의 양쪽에서 압력을 가한다. 당신은 이러한 두 개의 바위 사이에 눌려 부서진다. 그래서 겁쟁이는 부도덕한 사람이 될 수 없다. 겁쟁이는 늘 도덕적인 사람이다. 사실상 그들은 도덕적이지 않으며 겁이 많을 뿐이다! 왜냐하면 그들은 겁이 나서, 매우 위험하고 너무나 위태로운 부도덕적인 상태가 될 수 없기 때문이다.

그리고 도덕적인 사람, 소위 도덕적이라고 일컬어지는 사람들은 피상적인 삶을 산다. 그들은 피상적인 삶에 갇혀 산다. 왜냐하면 그들의 양심은 자신들의 것이 아니기 때문이다. 그들 스스로 그밖에 무엇을 할 수 있겠는가? 그들이 스스로의 양심을 가지고 있지 않은데, 그밖에 무엇을 가질 수 있겠는가? 그들은 이 세상에서 가장 불쌍한 사람들이다.

그리고 그들은 도덕적인 존재의 아름다움을 이해하기 때문에 도덕적인 것이 아니라, 단지 부도덕적일 만큼 충분한 용기가 없기 때문에 도덕적이다. 그들은 사회를 답습할 뿐이고, 양심은 단지 두려움에서 나온다. 거기에는 법에 대한 두려움과 지옥에 대한 두려움이 있다. 경찰에 대한 두려움이 있고, 신에 대한 두려움이 있다. 그들은 늘 떨고 있고, 그들의 삶은 계속해서 떠는 것에 지나지 않는다. 그들의 기도는 그러한 떨림에 기인한 것이고, 자연히 그들의 기도는 거짓이다. 그들은 공포 지향적이다. 그들의 신에 대한 개념조차 두려움의 투사에 지나지 않는다.

그것은 독실한 사람들이 곧 ‘신을 두려워하는’ 사람이라고 불리는 이유이다. 그들은 신을 사랑하는 사람들이 아니다. 그리고 신을 두려워하는 사람은 신을 사랑할 수 없다는 것을 기억하라. 신을 사랑하는 사람은 신을 결코 두려워할 필요가 없다. 두려움과 사랑은 함께 존재할 수 없다. 이것은 불가능하다. 그들의 공존은 본질적으로 있을 수 없다.

하지만 사회는 당신이 충분히 도덕적이 될 만큼 보상하고, 자아가 원하는 만큼을 준다. 여기에서만이 아니라 내세에서도 준다. 천국 안에 당신을 위해 준비한 특별한 공간이 있다. 죄인은 여기서 고통받고, 지옥에서 역시 고통받을 것이다. 그리고 소위 성인이라 일컬어지는 사람들은 여기서 존경받고, 역시 다른 세상에서도 존경받을 것이다.

이것은 전략이다. 이것은 당신을 이용하려는 사회의 매우 음흉한 심리학적 전략이다. 하지만 이 전략 때문에 당신은 진정한 도덕의 선로를 완전히 이탈하였다. 진정한 도덕은 두려움에 의해 지배받지 않으며, 비겁함에서 나오지 않으며, 두려움에 바탕을 두지 않는다.

도덕에 대한 완전히 다른 시각은 모든 세대에 걸쳐 깨달은 사람과 부처에 의해 제시되었다. 그들의 시각은 진정한 도덕은 양심에서 나오는 것이 아니라 의식에서 나온다는 것이다. 더욱 자각하게 된다면, 당신의 존재 안의 의식의 에너지가 더욱 방출되어 의식 속으로 폭발하기 시작한다. 그러면 그때 당신은 존재와 절대적으로 조화를 이루며 살아가고 있는 삶을 보게 될 것이다. 삶은 때때로 사회와 조화를 이룰 수도 있고, 사회와 조화를 이루지 못할 수도 있다. 왜냐하면 사회 자체가 존재와 늘 조화를 이루는 것이 아니기 때문이다. 사회가 존재와 조화를 이룰 때마다, 당신은 사회와 조화를 이룰 것이다. 사회가 존재와 조화를 이루지 못할 때, 당신은 사회와 조화를 이루지 못할 것이다. 그러나 진정으로 도덕적인 사람은 결코 상관하지 않으며, 심지어 목숨까지 내놓을 준비가 되어 있다. 소크라테스도 그렇게 했고, 예수도 그렇게 했다. 부처도 계속 위험 속에서 살았다. 그들이 자기 자신의 빛에 따라 살고 있다는 단순한 이유 때문에 언제나 그러했다.

만약 이것이 사회에 적합하다면, 좋다. 만약 이것이 사회와 맞지 않는다면, 사회에게는 좋지 않겠지만 당신과는 아무 상관이 없다. 사회는 스스로 변화해야만 한다. 소크라테스는 사회에 따라 자신을 바꾸지 않을 것이다. 예수는 사회에 따라 자신을 바꾸지 않을 것이다. 부처는 대중과 같은 삶을 살지 않을 것이다. 대중은 자신이 누군지도 모르고 깊이 잠든 극도로 무의식적인 사람들이며 눈이 먼 사람들로 구성되어 있다. 그들을 따르는 것은 이 세상에서 사람이 할 수 있는 일 중에 가장 바보스러운 짓이다. 당신은 자신의 의식을 깨울 만큼 충분히 총명해져야만 한다.

진정한 종교는 양심이 아니라 의식으로 구성된다. 종교는 진실로 다른 종류의 도덕을 창조하기 위한 것이다. 그것은 이른바 평범한 도덕이 아니라, 자연스러운 도덕, 의무적이 아닌 저절로 일어난 도덕, 당신 자신의 지성의 결과인 도덕이다.

구름의 기사 : 싸움

★★★★★★★★★★★★★★★★★★

싸움 속에서 당신은 자아라는 개념을 만들 수 있다. 도전 속에서, 저항 속에서
당신은 자아라는 개념을 만들어 낼 수 있다. 만약 싸움을 멈추고
그 흐름에 맞추어 흘러간다면, 점점 당신은 전체로부터
따로 떨어져 존재하는 것이 아니라는 것을 알게 될 것이다.

모든 사람은 강과 싸우며 상류로 거슬러 올라가려고 노력한다. 왜일까? 당신은 싸움 속에서 자아라는 개념을 만들어 낼 수 있기 때문이다. 도전 속에서, 저항 속에서 당신은 자아라는 개념을 만들어 낼 수 있다. 단약 싸움을 멈추고 그 흐름에 맞추어 흘러간다면, 점점 당신은 전체로부터 따로 떨어져 존재하는 것이 아니라는 것을 알게 될 것이다. 그것은 사람들이 도전을 사랑하는 이유이고, 사람들이 위험을 사랑하고 싸우기를 원하는 이유이다. 만약 싸울 사람이 아무도 없다면, 어떤 것이나 싸울 다른 것을 만들어 낼 것이다. 왜냐하면 싸움 속에서만 그들은 자아를 유지할 수 있기 때문이다. 그리고 이것은 계속 유지

될 것이다. 이것은 자전거와 같다. 당신이 페달을 밟기 시작하면 계속 밟아야 하고, 그렇지 않으면 넘어질 것이다. 당신은 계속 페달을 밟아야만 한다.

자아는 계속 자전거처럼 페달을 밟는 것이 필요하다. 매 순간 당신은 어떤 것 아니면 다른 것과 계속 싸워야만 한다. 당신이 싸우기를 멈춘다면 갑자기 자전거는 넘어질 것이다. 자아는 싸움 없이 존재할 수 없다.

결코 누구에게도 억지로 무언가를 하도록 강요하지 말라. 그리고 당신 자신에게도 결코 억지로 무엇을 하도록 강요하지 말라. 그저 일이 일어나도록 두어라. 그러면 존재는 당신을 통하여 그것들을 하게 될 것이다. 일을 하는 방식은 두 가지가 있다. 하나는 당신이 하는 것이고, 다른 하나는 존재가 당신을 통하여 하는 것이다. 만약 당신이 그것들을 한다면 걱정, 고통, 불행이 만들어진다. 왜냐하면 그때 당신은 결과 지향적이 되기 때문이다. 당신은 생각한다. "나는 성공할 것인가, 아니면 실패할 것인가?" 당신은 과정보다 마지막 결과에 더 관심을 가지게 된다. 그리고 그때 당신은 계속 걱정하고, 무슨 일이 일어나든지 당신은 실망하게 될 것이다.

당신은 성공하게 되더라도 실망하게 될 것이다. 왜냐하면 이것은 성공이 가져올 것이라고 기대했던 것을 가져다주지 않기 때문이다. 만약 당신이 실패한다면 물론 당신은 불행할 것이다.

실패한 사람들은 불행 속에 있고, 성공한 사람들도 불행 속에 있다. 사실 성공한 사람들은 실패한 사람들보다 더 불행하다. 왜냐하면 실패한 사람들은 아직 희망은 있기 때문이다. 정말로 성공한 사람은 희망할 수 없다. 그는 완전히 절망적이 된다. 이제 그는 가야 할 곳도 없다. 그는 이미 성공했다. 매우 부자인 사람들에게 왜 그들이 그토록 불행한지 물어보라. 가난한 사람의 경우는 우리가 이해할 수 있지만, 부자인 사람들은 왜 그토록 불행한가? 그들은 성공한 지금, 이제 성공 속에서 그것이 쓸모없고, 성공은 어떤 것도 가져다주지 않는다는 것을 알게 된다. 이것은 단지 그들의 모든 인생의 낭비였을 뿐이다.

실패는 실패이고, 성공도 실패이다. 거기엔 오직 하나의 가능성만 있다. 그것은 당신이 존재를 아는 것이다. 오직 그것만이 만족할 수 있고, 오직 그것만이 결코 실패하지 않는다. 하지만 그것은 '되는 것'이 아니다. 그것은 시간과 아무 관련이 없다. 지금 바로 이 순간, 그것을 할 수 있다. 이것은 이미 절대적인 영광 속에 있다. 왕은 당신의 내면에 있는 왕좌에 앉아 있지만, 당신은 결코 거기를 보지 않는다. 당신은 돈, 지식, 명성, 권력을 찾아 밖으로 나간다. 바깥으로 나가는 모든 사람들에게 나는 말한다. 안으로 들어오라!

배우는 것을 그만두고, 배운 것을 잊는 것을 배워라. 안으로 들어와라! 행위자를 버려라. 행함 없이 행하는 법을 배워라. 이것은 모든 것의 가장 큰 비밀이며, 누군가에게 일어날 수 있는 가장 위대한 기적이다. 당신은 단지 통로이고 하나의 매개물이며, 속이 텅 빈 플루트이다. 그리고 노래는 당신을 통하여 흐르기 시작한다.

당신과 당신 자신 사이에 오지 말라. 제발 당신 자신은 옆으로 비켜서게 하고, 방해하게 하지 말라. 옆으로 비껴서는 그 한 가지만 배울 수 있다면, 그렇다면 당신은 모든 것을 배운 것이다. 그러면 그때 당신은 모든 것은 저절로 된다는 것을 알게 된다. 전체가 일하고 있다. 부분은 일할 필요가 없으며, 단지 참여가 필요할 뿐이다. 부분은 단지 문제와 충돌만 만들어 내지 않으면 된다. 부분은 오직 전체와 함께 하기만 하면 된다.

구름의 시종 : 마음

★★★★★★★★★★★★★★★★★★★★★★★

교활함을 버리고 계산하지 말라. 영리해지려고 노력하지 말라.
당신이 더욱 영리해질수록, 당신은 더욱 비참해질 것이다.
존재와는 오직 순수함, 어린아이 같은 순수함이 있을 때 연결된다.

당신의 모든 영리함은 당신을 거짓, 새로운 거짓으로 이끌고 또 이 끌어 갈 것이다. 사람은 영리함을 버려야만 한다. 예수의 말은 그것을 의미한다. "어린아이처럼 되지 않으면, 당신은 천국으로 들어올 수 없을 것이다." 그는 당신의 영리함을 버리라고 말하고 있다. 교활함을 버리고 계산하지 말라. 영리해지려고 노력하지 말라. 당신이 더욱 영리해질수록, 당신은 더욱 비참해질 것이다. 존재와는 오직 순수함, 어린아이 같은 순수함이 있을 때 연결된다. 당신의 지식은 도움이 되지 않고, 오직 순수만이 도움이 된다.

아는 것이 없는 상태로 활동하라. 결코 아는 것이 많은 상태로 활동하지 말라.

지식이 있는 사람은 폐쇄적인 사람이 되고, 지식이 될 수 있는 모든 것을 가진다. 당신은 책들과 경전을 읽고, 교회와 학교, 전문대학, 종합대학에서 배운다. 당신은 많은 지식들을 축적해 왔다. 이제 당신은 축적한, 당신 안에 뿌리가 없는, 모두 빌려 온 이러한 지식들로 활동한다. 이것은 모두 쓸데없는 것이다. 하지만 당신은 이것의 꼭대기에 계속 앉아 있다. 이것은 분명히 당신에게 자만을 준다. 당신이 가진 지식의 더미가 더 커질수록 당신이 앉아 있는 봉우리도 높아진다. 당신은 당신의 학위를 계속 과시하고, 당신의 지식을 모든 주위에 계속 뽐낸다. 당신은 계속 다른 사람들이 당신만큼 알지 못한다고 느끼게 만든다.

아는 것이 적을수록 그들은 더욱더 완고해진다. 어리석은 사람은 빌려 온 것에 대해서 매우 완고해진 사람이다. 그의 기독교 신앙에 대해서 매우 완고하고, 그의 힌두교 신앙에 대해서 매우 완고하고, 이것과 저것에 대해 매우 완고하다. 아는 것이 적은 사람일수록 그들이 아는 것에 대해 완고하다. 완고함은 어리석은 사람의 표시이다. 그는 닫혀 있다. 그는 위대한 석학, 위대한 학자일지 모르나 어떤 차이도 없다. 그는 닫혀 있다. 그는 존재가 들어갈 작은 틈조차 남기지 않고 그의 지식에 둘러싸여 있다. 그의 가슴은 사용될 수 없다. 그는 벽으로 둘러싸여 산다. 그는 밖에 있는 사람들과 벽을 쌓는다. 그 벽은 거의 볼 수 없는 매우 미묘한 벽돌인 지식으로 만들어져 있다.

당신이 더 많이 이해할수록, 당신이 안다고 생각되는 것은 줄어드는 것을 알 수 있다. 이해가 자람에 따라 같은 비율로 지식은 사라지기 시

244

작한다. 더 많이 이해하게 된다면, 당신은 아는 것이 적어진다. 그리고 궁극적인 앎은 절대적인 무지, 순수, 어린아이 같은 깨끗함이다.

그렇다. 소크라테스가 말한 것은 옳다. "나는 한 가지만을 안다. 그것은 내가 아는 것이 전혀 없다는 것이다." 이것을 기억하라. 영적인 인식은 모든 신조를 버렸을 때만 열린다. 이것이 선(禪)이 전달하고자 하는 가장 중요한 것이다. 신조들을 제거하라. 아무리 현명하게 보일지라도 어떤 철학이나 어림짐작으로 제한하지 말라. 하나만을 기억하라. 당신이 경험한 것이 아닌 것은 가질 가치가 없는 것이다. 그것을 버려라.

쓸티없는 것을 쌓아 두지 말고, 불필요한 짐을 모으지 말라. 이것은 수많은 사람을 지켜본 나의 소견이다. 나는 그들이 아무런 이유도 없이 그렇게 엄청난 정신적인 짐들을 지고 가고 있는 것을 보았다. 그들은 마주치는 것들을 계속 모아 간다. 그들은 신문을 읽고 이것으로부터 어떤 헛소리 같은 것들을 모은다. 그것을 사람들에게 떠벌리고, 그들은 쓸데없는 것들을 모은다. 그들은 계속 모은다…… 그리고 그것들이 악취를 풍기기 시작한다면…… 놀랄 게 없다!

당신의 마음 안에 어떤 종류의 생각들이 일어나는지 그저 지켜보라. 어느 날 그저 앉아서 문을 닫고, 마음 속에 무엇이 지나가는지 30분 동안 써 보라. 그러면 당신은 내 말의 의미를 알게 될 것이다…… 그저 30분 동안 써 보라. 그러면 당신의 마음 속에서 일어나는 것 때문에 놀라게 될 것이다. 이것은 잠재의식 속에서 계속되고 있다. 이것은 구름처럼 당신을 둘러싼다. 구름에 가려 당신은 실재를 볼 수 없다. 당신은 영적 인식을 얻을 수 없다.

　　이 구름은 제거해야만 한다. 그리고 이것은 단지 이것을 버리겠다고
결심할 때 사라질 것이다. 당신은 이것에 집착하고 있다. 그 구름은 당
신에게 흥미가 없음을 기억하라.

구름 에이스 : 의식

세상은 당신을 좀 더 의식적으로 만들기 위한 하나의 거대한 장치라는 것을
이해할 수 있다면, 당신의 적은 친구로, 저주는 축복으로, 불운은 행운으로 바뀔 것이다.
이것은 오직 한 가지, 당신이 자각하는가에 달려 있다.

누군가 당신을 모욕한다면, 그것은 경계할 순간이다. 당신의 아내가
다른 누군가를 바라보고 당신은 상처를 받을 때, 그것은 주의를 기울
일 순간이다. 당신이 슬픔을 느끼고, 우울해지고, 의기소침해지고, 온
세상이 당신을 거부한다고 느낄 때, 그것은 정신을 바짝 차릴 순간이
다. 당신이 어두운 밤으로 둘러싸일 때, 그때는 빛을 밝힐 순간이다.
그리고 이 모든 상황들이 도움을 준다는 것이 입증될 것이다. 그 모든
일들은 도와 주기 위해 의도되었다.

나는 다른 사람들이 명상이라고 부르는 것을 믿지 않는다. 십 분이나 이십 분간 당신은 명상을 하고, 그러고 나서는 24시간 일상적이 된다. 그런 다음 다시 이십 분간 명상한다. 이것은 바보 같다. 이것은 사람들에게 이렇게 말하는 것과 같다. "매일 아침에 이십 분간 숨을 쉬시오. 그런 다음 이것에 대해 모두 잊으시오. 왜냐하면 당신은 많은 다른 일들을 해야만 하기 때문이오. 다음 날 아침 당신은 다시 숨을 쉴 수 있소."

나에게 명상은 정확히 숨을 쉬는 것과 같다. 당신이 무엇을 하든지, 당신이 어디에 있든지 더욱 의식적으로 하라. 예를 들어, 당신은 아무런 의식 없이, 그저 무의식적으로 습관적으로 손을 들어 올릴 수 있다. 하지만 당신은 완전한 자각 속에 당신의 손을 들어 올릴 수도 있다. 그러면 당신은 이 둘 사이에 다른 점을 알 수 있다. 그 행동은 같지만 하나는 기계적이고 다른 하나는 의식으로 가득 차 있다. 이 두 가지는 질적으로 엄청나게 차이가 있다.

이것을 시도하라. 왜냐하면 이것은 맛보고 경험하는 것의 문제이기 때문이다. 걸어라. 단지 몇 분 동안이라도 의식적으로 걷기 위해서 노력하라. 각 걸음마다 주의를 기울인다면 당신은 놀라게 될 것이다. 당신이 걷는 것은 완전히 다른 가치를 가지게 되고, 이것은 휴식이 된다. 긴장이 없는 이완 속의 산책에서 나온 미묘한 즐거움이 있다. 당신이 이 즐거움을 더욱 깨닫게 된다면, 당신은 더욱 자각하고 싶어질 것이다.

먹을 때는 그저 먹기만 하여라. 사람들은 음식을 거의 씹지도 않고 입으르 던져 넣고 그냥 삼켜 버린다. 미국의 수많은 사람들이 과식으로 고통받고 있다. 우리가 살고 있는 곳은 이상한 세상이다. 에티오피아에서는 매일 천 명의 사람들이 먹을 것이 없어서 죽어 간다. 미국에서는 백만 명의 사람들이 너무 많이 먹어서 죽어 간다. 비만과 뚱뚱함으로 고통받는 이러한 사람들은 점점 더 많이 먹는 것을 그만둘 수 없다. 그들이 먹고 있다는 것을 자각하는 것 없이는 그들에게 의사들은 도움이 되지 않는다.

그들이 자각하게 된다면, 몇 가지는 자연히 따라온다. 그들은 천천히 먹게 될 것이다. 음식을 씹지 않고 먹는 것은 몸에 불필요한 부담을 주기 대문에 그들은 씹기 시작할 것이다. 당신의 위에는 치아가 없다. 한입 먹을 때마다 마흔두 번씩 씹어야 한다. 그러면 당신이 먹은 어떤 것도 액체가 된다. 자각 속에 먹는 사람은 오직 마시기만 한다. 왜냐하면 그는 삼키기 전에 고체의 음식을 액체로 바꾸기 때문이다. 그리고 당신이 마흔두 번 씹을 때, 충분히 맛보는 즐거움을 가질 수 있다. 한입 먹을 때 무의식적인 사람은 의식적인 사람보다 마흔두 배나 더 맛보아야 한다. 단순히 산술적으로 그러하다. 무의식적인 사람은 같은 맛을 보려면 꼭 마흔두 번을 더 먹어야 한다. 그러면 그는 뚱뚱해질 것이고, 그리고 여전히 불만족스럽다. 아직도 그는 더 먹어야 한다고 느낀다. 자각하며 먹는 사람은 오직 몸이 필요한 만큼만 먹는다. 그는 즉각적으로 이제 그만 먹어도 된다고 느낀다. 배고픔은 사라졌고, 그는 만족스럽다.

명상은 24시간 동안 항상 전개되어야 한다. 잠잘 때조차 당신에게 어떻게 잠이 오는지 주의하며 남아 있어라. 매우 천천히, 매우 조용히 오지만 당신은 이것의 발자국소리를 들을 수 있다. 어둠이 짙어지고, 당신은 편안해진다. 당신은 잠을 방해하고 있는 근육과 몸의 긴장이 풀어지는 것을 느낄 수 있다. 그리고 곧 온 몸의 긴장이 풀리고 잠드는 것을 알 수 있을 것이다. 천천히, 천천히 하나의 위대한 혁명이 일어난다. 당신은 잠이 들지만, 잠 속에서조차 내면 깊은 곳의 무언가는 여전히 깨어서 남아 있다.

구름 2 : 정신 분열증

★ ★

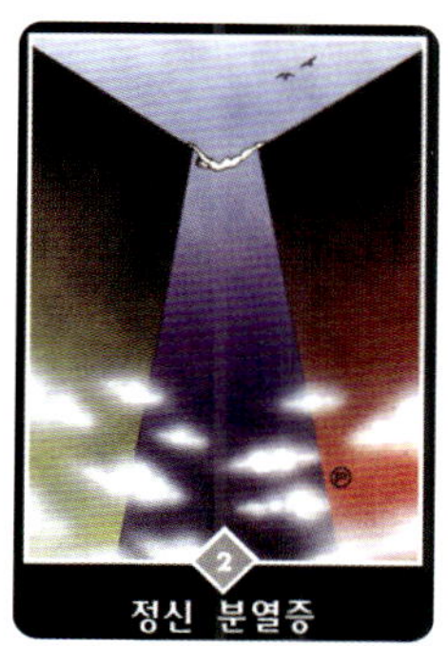

정신 분열은 몇몇 사람에게 일어나는 질병이 아니다.
이것은 인간의 정상적인 상태이다. 모든 사람은 분열되어 있고 나뉘어 있다.

과학자 스키너는 기억될 만한 가치가 있는 실험을 하였다. 흰쥐를 2~3일 정도 굶겨서 매우 배가 고프게 만든다. 그 쥐는 몹시 배가 고파져서 어떤 먹을 만한 것이라도 있다면 즉시 뛰어오를 준비가 된다. 그때 단(壇)을 설치한다. 바로 그 단 밑에 두 개의 비슷한 상자를 놓는다. 이것은 색깔도 같고 크기도 같다. 두 개의 상자에 모두 음식이 들어 있다. 흰쥐는 오른쪽 상자나 왼쪽 상자에 뛰어오를 수 있다.

그 쥐는 잠시 생각할 틈도 없이 즉시 뛰어오른다. 하지만 오른쪽 상자에 뛰어오를 때마다 전기 충격을 받는다. 그리고 거기에는 함정문이 있어서, 그 문을 통하여 다른 상자 안으로 떨어져서 음식에 도달할 수 없다. 왼쪽 상자에 뛰어 들어갈 때는 충격도 없고 문도 없으며 음식이 있는 곳으로 갈 수 있다. 2~3일안에 비결을 터득한다. 그는 왼쪽 상자로 뛰어 들어가고 오른쪽은 피한다.

그때 스키너는 상자의 위치를 바꾸어 변화를 준다. 쥐가 왼쪽 상자로 뛰어 들어가면 전기 충격을 받게 된다. 이제 무엇을 하고 무엇을 하지 말아야 할지 어지럽고 혼란스럽다. 그래서 뛰어들기 전에 떨고 머뭇거리고 의심한다.

이렇게 해서 철학자가 된다. 흰쥐는 떨면서 무엇을 할지 의심한다. 왼쪽이냐 오른쪽이냐, 어떤 것을 선택할 것인가? 누가 알겠는가……? 하지만 이것도 다시 익숙해진다.

그때 스키너는 다시 변화를 준다. 그 쥐는 너무 혼란스러워져서 비록 배가 고프다 하더라도 떨고 기다리며, 이 상자와 저 상자를 보고만 있다. 어떻게 하면 좋지? 그때 그는 결정한다. 두 상자 사이로 뛰어 오른다. 하지만 거기엔 음식이 없고, 이것은 아무 도움이 되지 않는다. 실험 몇 주 후에 그 흰쥐는 미쳐 가고 신경증에 걸리게 된다.

이것은 당신에게도 일어나는 일이다. 당신은 무엇을 해야 할지, 무엇을 하지 말아야 할지 매우 혼란스럽게 된다. 그리고 마음은 오직 한 가지 생각만이 떠오르는데, 이것을 선택하는 것도 어렵고 저것을 선택하기도 힘들다면, 그때는 차라리 바로 그 중간으로 뛰어오르는 절충안이 낫다고 생각한다.

하지만 거기에는 음식이 없다. 물론 전기 충격도 없지만, 또한 음식도 없다.

당신이 중간으로 뛰어오른다면, 인생을 놓치게 된다. 만약 흰쥐가 동시에 두 상자로 뛰어오르는 것이 가능하다면 그렇게 하고 싶을 것이다. 두 마리의 말에 동시에 올라타거나 그 중간으로 뛰어오르는 것, 이두 가지 가능성을 생각해 볼 수 있다.

이 문제를 이해하려면, 매우 통찰력 있고 날카로운 지성이 필요하다. 다른 해답은 없다. 나는 어떤 해답도 줄 수 없다. 단지 그 문제를 이해하는 것이 해답이다. 당신이 그 문제를 이해한다면 문제는 사라진다.

정신 분열증은 몇몇 사람들에게 일어나는 질병이 아니다. 이것은 인간의 정상적인 상태이다. 모든 사람은 분열되어 있고 나뉘어 있다. 당신 자신의 삶에서 이것을 볼 수 있다. 당신이 한 여인이나 한 남자와 함께 하지 않으며 사랑하고 있지 않을 때, 당신은 사랑에 대해 공상한다. 사랑은 목표인 것처럼 생각되고, 삶에서 매우 의미 있는 것처럼 여겨진다. 당신이 한 여인이나 한 남자와 사랑하고 있을 때, 갑자기 당신은 정신적인 관계에 대해 생각하기 시작한다. "이것은 애착이고, 이것은 소유이고, 이것은 정욕이다." 하나의 비난이 솟아오른다.

당신은 홀로 있을 수 없고, 누군가와 함께 있을 수도 없다. 만약 당신이 홀로라면, 다른 사람과 함께 있기를 갈망할 것이다. 당신이 누군가와 함께라면, 홀로 있기를 열망하게 될 것이다. 이것은 이해되어야 할 무엇이다. 왜냐하면 모든 사람은 이러한 문제에 직면해 있기 때문이다. 당신은 정신 분열적인 세상에 태어났다. 당신에게 이중적인 기준이 주어져 왔다. 당신은 유물론적인 가르침을 받았고, 영적인 가르침도 함께 받았다. 모든 사회는 당신에게 모순된 것을 가르치고 있다. 당신은 정신분열적인 세상에 태어났다. 당신의 부모는 정신 분열적이고, 당신의 선생님도 그러하며, 당신의 성직자도, 당신의 정치가도 역시 정신 분열적이다. 그들은 두 개의 완전히 반대되는 목표에 대해서 계속 이야기하고 있고, 그들은 당신의 내면을 계속 분열시키고 있다.

구름 3 : 고립

당신은 자아를 고립시킬 것이 아니라, 녹여 없애야만 한다……
만약 당신이 어떤 것을 단념하고 싶다면 자아를 단념하라.

의존, 독립, 상호 의존, 이 세 가지 단어를 기억해야만 한다. 당신의 현재 상태는 의존이고, 당신이 추구하는 것은 독립이며, 내가 가르치는 것은 상호 의존이다.

당신은 의존하고 있다. 어디에나 한계는 있고, 당신은 모든 곳에서 의존하고 있다고 느끼기 때문이다. 당신이 누군가를 사랑한다면, 당신은 그 혹은 그녀에게 의존하게 된다. 삶은 어디에서나 의존을 가져온다. 그러면 당신은 이 세상에서 절대 독립할 수 없다는 생각이 떠오르고, 그래서 이 세상에서 달아나고자 한다. 당신은 달아나지만 결코 독립할 수 없다. 당신은 오직 자신을 기만할 수 있을 뿐이다. 히말라야에서조차 당신은 독립적일 수 없다. 당신은 여전히 태양에 의존하고 있다. 만약 태양이 떠오르지 않는다면, 당신은 즉시 죽을 것이다. 당신은 산소와 공기에 의존할 것이다. 산소가 사라진다면, 당신은 죽게 될 것이다. 당신은 물에 의존할 것이고, 수많은 것들에 의존할 것이다.

의존은 피해야 할 것이 아니라 이해되어야만 한다. 만약 당신이 의존을 이해한다면, 당신은 뒤에 숨겨진 상호 의존을 즉시 이해하게 될 것이다. 의존은 오해일 뿐이다. 이것을 이해하는 사람은 당신이 태양에 의존할 뿐만 아니라, 태양도 당신에게 의존하고 있다는 것을 알게 된다. 태양 없이 당신이 존재할 수 없는 것처럼, 당신 없이는 태양도 존재할 수 없다. 작은 풀잎 하나조차 존재에서 빠지게 되면, 존재는 절대로 이것 없이는 완성될 수 없다. 거기에는 틈이 생길 것이고, 무언가 빠져 있게 된다.

그러므로 별들은 위대하지만 풀잎은 작고 하찮다고 생각하지 말라. 존재 안에서는 위대한 것도 없고 하찮은 것도 없다. 존재는 하나이기 때문이다.

상호 의존은 생태학적으로 볼 때 이러하다. 그리고 생태학은 지구에 국한된 것이 아니라 전체적인 것이다. 생태학은 영적인 현상이다.

대부분의 사람들은 상호 의존을 의존으로 잘못 이해한다. 그것은 잘못된 개념이고, 그것이 잘못된 개념이기 때문에 어떻게 하면 독립할까 하는 잘못된 욕구가 생긴다. 하나의 잘못이 다른 잘못을 불러일으킨다. 당신은 그렇지 않을지도 모르지만, 누군가가 당신에게 독립을 가르친다. 당신에게 이것을 가르치는 사람들은 순전히 어리석음을 가르치는 것이다. 당신은 한 부분이고 전체와 하나이다. 당신은 바다에 이는 하나의 파도이다. 파도는 독립될 수 없다. 어떻게 파도가 바다로부터 떨어져 나올 수 있겠는가? 바다도 또한 파도로부터 분리될 수 없다. 파도 없는 바다는 또한 사라질 것이다. 파도는 바다 없이 있을 수 없고, 바다는 파도 없이 있을 수 없다. 왜냐하면 파도는 바다의 흔들림에 지나지 않기 때문이다. 언어 때문에 분리가 일어난다. 당신이 파도와 바다를 말할 때 사실 거기에는 파도도 바다도 없다. 이것은 오직 하나, 바다의 파도이다. 파도는 어떤 것이 아니다…… 진행되는 과정이고, 움직임이고, 바다의 호흡이다. 당신과 당신의 호흡은 둘이 아니다. 당신은 호흡이고, 호흡은 당신이다. 당신은 숨 쉬고, 호흡은 당신을 숨 쉰다. 그들은 분리될 수 없다.

삶은 하나이다. 이러한 하나임, 상호 의존은 신의 다른 이름일 뿐이다. 사랑은 또 다른 이름이고, 신이라는 이름보다 낫다. 신은 신학자들에 의해 파괴되었기 때문이다. 사랑은 아직 때 묻지 않았고 순수하다.

나는 고립을 가르치지 않는다. 왜냐하면 나는 당신이 세상이 아니라 자아를 떠나기를 원하기 때문이다. 세상은 문제가 아니다. 세상은 엄청나지 아름답다. 세상은 순수한 기쁨이다. 세상에는 잘못된 것이 없다. 세상이 아니라, 당신 안에서 무언가 잘못되었다. 당신 안의 잘못된 것을 버려라. 세상을 떠나지 말라.

구름 4 : 연기

항상 각 순간이 마지막이라고 생각하고,
마치 전혀 내일이 오지 않을 것처럼 생각하라.
그러면 당신은 무엇을 할 것인가?

더없이 기뻐하라. 행복을 내일로 연기하지 말라. "내일 나는 행복할 것이다."라고 말하지 말라. 이것은 영원히 행복을 놓치는 확실한 방법이다. 지금이 아니면 결코 오지 않는다. 촌음조차 연기할 필요가 없다. 항상 각 순간이 마지막이라고 생각하고, 마치 전혀 내일이 오지 않을 것처럼 생각하라. 그러면 당신은 무엇을 할 것인가?

다른 순간이 오지 않을 거라면, 지금 이 순간 당신은 불행한 채 있겠는가? 불행 속에 끈질기게 남아 있겠는가? 당신은 모든 것을 버릴 것이고 말할 것이다. "내가 춤추고 노래하게 두세요. 나를 이대로 있게 해 줘요." 이 모든 무의미하고 하찮고 쓰레기 같은 것들은 그것으로 충분하다…… 당신은 영원히 살 것이라고 생각했기 때문에 방금 전까지만 해도 그렇게 중요하게 생각했던 모든 사소한 것들을 잊을 것이다.

이것은 어떤 왕에게 일어났던 일이다. 그는 한 재상에게 매우 화가 났고, 분노 속에 그에게 전갈을 보냈다. "오늘은 너의 마지막 날이 될 것이고, 내일 아침 너는 죽을 것이다." 그 재상의 집은 그가 도망가지 못하도록 군사들로 포위되었다. 하지만 왕은 그가 아무 시도도 하지 않았기 때문에 당황하였다. 그는 권력이 있는 사람이었고 어떤 방법을 강구할 수도 있었다. 하지만 그는 도망가는 대신에 오히려 모든 친구들을 초대했다.

왕은 그들이 춤추고 노래하고 먹고 마시는 잔치를 벌인다는 소식을 듣고서 몸소 무슨 일인지 보려고 갔다. 그 사람이 미쳐 가는가? 내일은 그의 마지막 날이 될 것인데, 왕은 재상이 그의 삶에서 그렇게 행복해 하는 것을 본 적이 없었다. 그는 기쁨으로 가슴 떨리고 설레고 빛을 발산하고 있었다. 그는 왕을 보자 매우 기뻐했다. 그는 왕을 안으로 초대하며 말했다. "와서 즐기시옵소서. 오늘은 저의 마지막 날입니다. 저는 결심했습니다. 왜 오늘을 낭비하겠는가? 왜 즐기기 못하겠는가? 그래서 저는 모든 친구들을 불렀습니다. 그리고 당신도 이렇게 오셨고요. 이것은 대단한 축복입니다. 함께 춤추고 노래합시다. 다시는 이렇게 할 수 없을 테니까요. 내일 저는 사라집니다…… 저는 춤과 함께 사라질 것입니다. 우리는 밤새 즐길 겁니다!"

왕은 매우 감명을 받았다. 그는 재상을 껴안고 용서했다. 그리고 말하였다. "당신은 나의 삶에 가장 중요한 교훈 중의 하나를 가르쳐 주었소."

사람은 이러한 방식으로 살아야 한다. 왜냐하면 각 순간은 우리가 아는 한 마지막 순간이기 때문이다. 다음 순간은 확실하지 않다. 그러니 지금 여기에서 더할 나위 없이 기뻐하라. 언제나 기뻐하라. 그리고 이렇게 한번 결심하면 당신의 삶이 변화하기 시작한다. 가치관이 달라진다. 이제까지 중요했던 것은 그 중요성을 잃고, 당신이 늘 "언젠가 나는 그것을 할 것이다."라고 생각했던 것들이 중요해진다. 분노는 별로 중요하지 않고 사랑이 중요해진다. 반목은 무의미해지기 시작하고 화목은 의미를 갖게 된다.

만약 사람이 계속 죽음을 기억하고 살 수 있다면, 사람은 부처처럼 된다. 부처는 제자들을 공동묘지에 보내곤 하였다. 이제 막 입문한 제자들은 거기에 가야만 했고, 거기서 3개월을 살았다. 그래서 그들은 계속 사람이 죽고 불에 타는 것을 볼 수 있었다. 며칠 전 행복하게 길거리를 걷던 수도승은 이제 더 이상 살아 있지 않다는 것을 알게 된다. 날이면 날마다 사람은 실려 오고 불에 탄다…… 인도에서는 죽은 사람을 불태우기 때문이다. 그는 사람들이 불꽃 속으로 사라지는 것을 보곤 했다. 그는 석 달 동안 기다리고 앉아서, 인생이 얼마나 덧없는지, 미래가 얼마나 불확실한지, 죽음이 얼마나 절대적으로 확실한지를 보고 또 보아야 했다. 그리고 그가 3개월이 지난 후 돌아왔을 때는 완전히 다른 사람이 되곤 한다. 그의 가치관은 달라지고 그의 우선순위도 달라진다.

구름 5 : 비교

★★★★★★★★★★★★★★★★

비교할 때 당신은 놓치게 된다. 그때 당신은 늘 다른 사람을 보고 있을 것이다.
그런데 두 사람은 같지 않으며 같을 수도 없다. 모든 개인은 독특하고
모든 개인은 뛰어나다. 하지만 이 뛰어남은 비교되지 않는다.

한번은 제자가 선사(禪師)에게 와서 물었다. "왜 몇 사람은 매우 똑
똑한데, 왜 몇 사람은 그렇게 바보스럽습니까? 왜 몇 사람은 그토록
아름다운데, 몇 사람은 그렇게 추한 것입니까? 왜 이렇게 모순적입니
까? 단약 신이 모든 곳에 있고 그가 창조자라면, 왜 하나는 못생기고
다른 하나는 아름답게 만들었습니까? 저에게 업보라고 말하지 마십시
오. 저는 그러한 모든 터무니없는 말들을 들어 왔습니다. 업보, 전생
때문에 하나는 아름답고 다른 하나는 추하다는 것입니다. 전생은 제가
알 바가 아닙니다. 그럼 어제가 없는 첫날의 차이는 어떻게 된 겁니
까? 왜 하나는 아름답고 다른 하나는 추하게 만들었습니까? 만약 모든

사람이 평등하게 똑같이 아름답고 똑똑하게 만들어졌다면, 어떻게 그들이 다르게 행동하고, 어떻게 그들이 다른 업보를 가질 수가 있겠습니까?"

스승은 말했다. "기다려라! 이것은 아주 비밀스러운 것이니 모든 사람들이 다 가고 나면 그대에게 말해 주겠다." 그래서 그 사람은 앉아서 간절히 기다리고 있었지만 사람들이 계속 오고 가는 바람에 기회가 없었다. 저녁에야 모든 사람이 가게 되었고 제자가 물었다. "이제 말씀해 주시겠습니까?"

스승은 말했다. "나와 함께 나가자." 달이 떠오르고 있었고 스승은 그를 정원으로 데리고 나가 말했다. "보아라, 저 나무는 작고 이 나무는 매우 크다. 나는 이 나무들과 매우 오랫동안 살아왔지만, 그들이 왜 저 나무는 작고 이 나무는 큰지 질문하는 것을 결코 보지 못했다. 나는 이 나무들 아래 앉아서 같은 질문을 하고는 했다. 그 뒤에 나의 마음이 사라지자 그 질문도 사라졌다. 이제 나는 안다. 이 나무는 작고 저 나무는 크지만, 거기에는 아무런 문제가 없다. 보아라! 무슨 문제가 있는가."

마음은 비교한다. 마음이 없다면 어떻게 비교하겠는가? 어떻게 이 나무는 작고 저 나무는 크다고 말할 수 있겠는가? 마음이 사라질 때 비교도 사라지고, 비교가 없을 때 존재의 아름다움이 보이기 시작한다. 이것이 하나의 시작이 되어 존재의 아름다움이 화산처럼 폭발한다. 그러면 당신은 작은 것이 큰 것이고, 큰 것이 작은 것이라는 것을 알게 된다. 그러면 모든 대립은 사라지고, 내면의 대립 없음이 보인다.

‎❋

　자신을 다른 사람과 비교하여 그들이 당신보다 우월해 보일 때, 자신이 열등하다고 느껴질 때, 당신은 어떻게 할 것인가? 자아는 상처받는다. 당신은 열등하기 때문이다. 당신은 이것을 받아들일 수가 없다. 그래서 당신은 자기 자신과 다른 사람을 속여야만 한다.

　다른 유형의 우월함이 있다. 그 우월함은 열등함의 반대가 아니라, 열등함이 없는 것이다. 그저 비교하지 말라. 당신이 비교하지 않으면, 어떻게 당신이 열등할 수 있겠는가?

　보아라. 당신이 이 지구상의 유일한 사람이고 다른 누구도 없다면, 당신은 열등할 수 있는가? 누구와 당신 자신을 비교하겠는가? 무엇과 비교할 수 있겠는가? 당신이 혼자라면 당신은 열등한가, 우월한가? 둘 다 아니다. 당신 위에 아무도 없기 때문에 열등할 수 없다. 당신 아래에 아무도 없기 때문에 우월하다고 할 수도 없다. 당신은 우월하지도 열등하지도 않다.

　그리고 나는 당신에게 이것은 영적인 우월성이라고 말한다. 이것은 결코 비교될 수 없다. 비교한다면 열등감이 솟아오를 것이고, 비교하지 않는다면 당신은 유일한 사람이 될 것이다.

　야망을 갖지 말고 당신의 고유한 우수성을 가져라. 이것은 본래 내재해 있다. 이것은 증명해 보이거나 성취할 수 없지만, 당신은 이미 그것을 가지고 있고 이미 거기에 있다. 이것은 항상 당신과 함께 있고, 이것은 늘 당신에게 있을 것이다. 당신의 존재는 우수하지만 당신은 그러한 존재가 거기에 있다는 것을 알지 못한다. 당신은 자신이 누구인지 알지 못한다. 따라서 당신은 자신의 정체성을 찾고자 탐구하고 다른 사람들보다 우월하다는 것을 증명하기 위해서 매우 많은 노력을 한다. 당신은 자신이 누구인지 알지 못한다.

자신이 누구인지 알게 된다면, 이제 문제될 것이 없다. 그리고 탁월한 것은 당신만이 아니다. 모든 존재가 다 탁월하다. 어떤 것도 열등하지 않고 모든 존재는 우월하다. 왜냐하면 존재는 하나이기 때문이다. 열등한 것도 우월한 것도 존재할 수 없다. 야망 없는 마음은 이것을 알게 된다.

사실, 모든 사람은 매우 독특해서 모든 비교는 잘못이다, 완전히 잘못이다. 하지만 당신은 자신의 유일함을 알지 못한다. 당신은 자기 자신의 존재에게 결코 다가간 적이 없고, 결코 자기 자신과 마주친 적도 없다. 당신은 전혀 그 방향으로 들여다본 적이 없다. 당신은 열등의식에 사로잡혀 있다. 역사상 가장 위대한 사람들, 즉 당신이 매우 위대하다고 칭하는 사람들조차 이런 방식 아니면 다른 방식으로 열등감을 느낀다. 하지만 누구도 진정으로 우월감을 느끼지 못한다. 그는 무언가 부족한 것이 있을 것이다. 그는 다른 사람처럼 매우 아름답지 못할 수도 있고, 그는 다른 사람처럼 아주 건강하지 못할 수도 있고, 다른 사람처럼 훌륭한 음악가가 아닐 수도 있다. 그는 한 나라의 대통령일지 모르나 노래하는 거지가 그에게 열등감을 느끼게 할지도 모른다. 그는 한나라의 대통령이지만 그렇게 부자가 아닐 수도 있다. 그보다 훨씬 부자인 사람들이 수천 명이 넘을 것이다.

삶은 수많은 것으로 구성되어 있고, 당신이 계속 비교한다면…… 그렇게 하도록 당신은 길들여져 왔다. 당신은 계속 비교하는 그러한 방식으로 양육되었고 교육받았다. 누군가는 당신보다 더 키가 크고, 누군가는 당신보다 더 아름다워 보이고, 누군가는 당신보다 더 박식해 보이고, 누군가는 당신보다 더 덕망 있어 보이고, 더 양심적으로 보이고, 더 명상적으로 보인다. 그러면 당신은 항상 열등의식 속에서 고통스러워한다.

당신 자신의 내면을 보아라. 그러면 당신은 대단한 독특함을 경험할 것이다. 당신에 의해, 잘못된 교육에 의해, 미묘하고 전략적인 비교에 의해 생긴 모든 열등감은 사라지고 소멸될 것이다. 한번 당신이 유일한 존재라는 것을 알게 되면, 당신은 기쁨이 되고 다른 사람을 따라 할 필요가 없게 된다. 모든 사람으로부터 배워라. 총명한 사람조차 바보로부터 배워야만 하는데, 그들에게서만 배울 수 있는 몇 가지가 있기 때문이다. 그들은 바보스런 행동에 대해서만큼은 전문가들이다. 그저 그들을 바라보고 관찰하는 것으로도 당신은 삶 속에서 몇 가지를 피할 수 있다.

당신은 모든 사람에게서 배울 수 있다. 사람들뿐만 아니라 동물들과 나무들, 구름들과 강물로부터도 배울 수 있다. 하지만 이것은 모방의 문제가 아니다. 당신은 강이 될 수는 없지만, 흘러감, 내맡김과 같은 강의 자질들을 배울 수 있다. 당신은 장미로부터 무언가를 배울 수 있다. 당신은 장미가 될 수 없고 그럴 필요도 없지만, 장미로부터 무언가를 배울 수 있다. 당신은 장미가 바람 속에서, 빗속에서, 태양 아래서 매우 가냘프지만 또한 아주 강함을 본다. 저녁이면 사라져 버릴 것이지만 장미는 아랑곳하지 않고 그 순간을 만끽한다. 당신은 장미로부터 이 순간을 어떻게 살아야 하는지를 배울 수 있다. 지금 바로 그 장미는 바람 속에서, 빗속에서 두려움 없이, 미래를 염려하지 않고 춤추고 있다. 저녁이면 그 꽃잎들은 시들어 버릴 것이지만, 누가 저녁을 염려하겠는가? 이 순간이 전부이고, 이 춤이 거기 있는 전부이다.

장미로부터 무언가를 배워라. 새들로부터 무한으로 날아오르는 용기를 배워라. 모든 것들로부터 배우지만 모방하지는 말라. 당신이 자기 자신을 잘 알고 그에 따라 무언가를 시작하기에 적절한 곳을 찾았을 때에만 가능성이 있을 것이다.

구름 6 : 짐

★ ★ ★ ★ ★ ★ ★ ★ ★ ★ ★ ★ ★

삶은 계속되는 부활이다. 매 순간 삶은 죽고, 매 순간 삶은 새롭게 태어난다.
하지만 당신은 낡은 마음을 계속 실어 나른다. 당신은 어디에도 결코 맞지 않을 것이다.

삶은 변화하는 것이고 끊임없이 흘러가는 것이다. 각각의 순간은 새롭다. 하지만 마음은? 마음은 결코 새롭지 않다. 마음은 늘 뒤쳐진다. 마음의 본성 자체가 그러해서 삶과 하나가 될 수 없다. 삶은 계속 흘러가고, 마음은 뒤쳐진다. 삶과 마음은 늘 일치하지 못한다. 이것은 그럴 수밖에 없다.

당신은 꽃을 본다. 당신이 꽃을 보았다는 것을 알아차리는 순간, 꽃은 더 이상 같은 꽃이 아니다. 삶은 나아갔다. 당신은 강물을 보지만, 같은 강물은 다시 볼 수 없다. 당신은 그렇게 할 수 없다. 늙은 헤라클레이토스는 말한다. "당신은 같은 강물에 두 번 들어갈 수 없다." 그리고 나는 당신에게 같은 강물에 한 번도 들어갈 수 없다고 말한다. 왜냐하면 강물은 계속 흘러가고 있기 때문이다.

마음이 어떤 것을 알아차리는 순간, 그것은 이미 같은 것이 아니다. 마음은 죽은 발자국들을 계속 모으고 있다. 삶은 한 번 거기에 존재하고, 더 이상 머무르지 않는다.

우리는 마음으로 살도록 길들여졌고, 그것은 비참하다. 당신은 삶을 계속 놓친다. 그리고 당신이 마음을 버리지 않는 한, 마음 없는 상태로 살기 시작하지 않는 한, 계속 이것을 놓치게 될 것이다. 그렇게 하지 않는다면 당신은 삶과 하나가 된다. 그때 당신과 마음 사이의 불일치가 사라진다. 그때는 더 이상 어떤 생각에 따라 살지 않는다. 생각은 마음에 의한 것이기 때문이다. 당신은 어떤 사상, 종교, 경전, 전통에 따라 살지 않는다. 당신은 단지 당신 존재의 텅 빔에서 나온 삶을 산다.

처음에는 어떻게 텅 빔으로부터 나온 삶을 살 수 있는지를 생각하는 것조차 어렵다. 하지만 모든 나무는 텅 빔에서 나와 자라나고, 별들도 텅 빔에서 나와 이동하고, 그리고 모든 존재들은 텅 빔에서 나와 존재한다. 여기에 아무 문제도 없다. 오직 사람만이 마음 없이 존재하기는 어려울 것이라는 불합리한 생각을 갖고 있다. 사실은 마음과 함께 존재하는 것이 어렵다. 존재와 마음은 분리되어 있기 때문이다. 이것은 분리되어 있을 뿐만 아니라 상반되는 특질의 것이다. 당신이 마음과 일치하기를 원한다면 삶과 일치를 이룰 수 없을 것이다.

이런 일이 있었다. 물라 나스루딘이 법정에 서게 되었고, 재판관이 물었다. "나스루딘, 나이는 몇이오?"

그러자 그는 대답했다. "물론, 재판관님도 알고 모두가 알다시피, 저는 마흔 살입니다."

재판관은 놀라서 물었다. "5년 전에 법정에서 물었을 때도 당신은 마흔 살이라고 대답했소. 그게 가당키나 한 말이오? 5년이 지난 후에도 당신이 여전히 마흔 살이라니?"

나스루딘은 말했다. "저는 일관성이 있는 사람입니다, 재판관님. 제가 한번 마흔 살이라고 했으면, 저는 영원히 마흔 살일 겁니다. 저를 믿으셔도 좋을 것입니다."

당신이 마음과 일치한다면, 당신은 그러한 믿을 만한 사람이 될 것이다. 당신은 일관성을 갖게 될 것이지만 절대적으로 일치하지 못할 것이다. 인생은 흘러가기 때문이다. 이것은 절대 고정되어 있지 않다. 단 일 초도 인생은 어딘가에서 머무르지 않는다. 삶은 휴식이란 걸 알지 못한다. 삶은 전통을 따르지도 않고, 사상을 흉내 내지도 않으며, 과거의 양식에 고정되지도 않는다. 삶은 늘 미지의 세계에 열려 있다.

마음은 늘 이미 겪었던 경험에 갇혀 있지만, 삶은 전에 결코 겪어 보지 못한 경험을 향해 늘 열려 있다. 어떻게 그들이 만날 수 있겠는가? 그들이 만날 가능성이 어디에 있겠는가? 그때 마음은 점점 더 스스로를 완전히 가두게 된다. 그뿐만 아니라 마음은 삶이 무엇인지 보는 것조차 두려워하게 된다.

만약 당신이 삶을 돌이켜본다면, 그것이 잘못되었다는 것이 입증될 것이다. 마음은 이것을 알기 때문에 두려워한다. 그래서 눈을 감은 채 삶을 자세히 보려고 하지 않는다. 자기 해석에 따라 연출된 삶은 항상 마음을 따른다. 삶에 귀 기울이지 말라! 그래서 당신은 귀머거리가 된다.

삶은 계속되는 부활이다. 삶은 매 순간 죽으며, 삶은 매 순간 새롭게 태어난다. 하지만 당신은 낡은 마음을 계속 실어 나른다. 당신은 어디에도 결코 맞지 않을 것이다. 그리고 당신은 이것을 안다! 당신은 어디에도 맞지 않고, 당신은 누구와도 어울리지 못한다. 당신이 어디에 있든지 어떤 문제가 있다. 무언가 늘 빠져 있고 부족하다. 당신은 관계에서 결코 조화를 이룰 수 없다. 조화는 당신이 변화하고 움직이고 새로운 것에 동화되어 흘러갈 때만 가능하기 때문이다.

만약 당신이 형상 없는 의식의 강이 된다면, 그때 모든 것은 들어맞게 된다. 그때 당신은 삶과 잘 어울리고, 삶은 당신과 잘 어울린다. 갑자기 모든 것이 절대적으로 조화롭다.

구름 7 : 술수

★ ★ ★ ★ ★ ★ ★ ★ ★ ★ ★ ★ ★ ★ ★ ★

문화와 교육, 종교들은 모두 우리에게 교묘한 방식으로 위선자가
되라고 가르친다. 깊이 탐구하여 들어가지 않는다면,
당신은 자신이 무슨 일을 해 오고 있는지를 결코 알 수 없을 것이다.

당신이 자람에 따라, 사회는 당신에게 이러한 방식으로 살고 이러한
방식으로 행동하라고 계속 가르친다. 당신은 위선자가 되어 가기 시작
하고, 위선적인 당신을 자기 자신이라고 받아들인다.

"정직은 최선의 방책."이라는 격언을 처음으로 만든 사람은 매우 교
활한 사람임에 틀림없을 것이다. 정직은 방책이 아니다. 만약 이것이
방책이라면, 그것은 정직한 것이 아니다. 보상이 주어지기 때문에 정
직하다면, 보상이 주어진 후에는 더 이상 정직하지 않을 것이다. 만약
보상이 주어진다면 정직은 최선의 방책이 되지만, 어떤 보상이 주어지
지 않는다면 정직하지 않은 것이 물론 최선의 방책이 된다. 문제는 어

느 쪽이 보상이 주어질 것인가에 달려 있게 된다.

서로 깊이 연결된 세 개의 단어가 있다. 방책(policy), 공손함(politeness), 술수(politics)이다. 공손함이란 무엇인가? 이것은 술수의 하나이다. 두 단어는 같은 어원에서 나왔다. 방책, 공손함, 술수 이 세 단어는 모두 같은 뿌리를 가지고 있고, 모두 같은 것을 의미한다. 하지만 공손함은 좋은 가치를 지닌다고 생각될 것이다. 당신은 이것을 술수라는 말과 관련지어 결코 생각해 보지 않았을 것이지만, 이것은 책략이다. 공손하다는 것은 하나의 방어 수단이다.

유럽에서는 악수를 한다. 왜 오른손으로 악수를 하는가? 왜 왼손은 안 되는가? 이것이 진정 술수의 한 부분이다. 손을 잡고 흔드는 것은 친밀함의 표현이 아니다. 이것은 단지 다음을 입증하는 동작에 불과하다. "내 오른손은 비었으니, 걱정하지 말라. 그리고 당신의 오른손도 칼이나 어떤 것을 쥐고 있지 않다는 것을 보여 달라." 그리고 당신은 오른손으로 악수를 하면서 칼을 뽑을 수는 없다. 왜냐하면 왼손으로는…… 왼손잡이가 아니라면 그렇게 할 수 없다! 이것은 단지 당신이 다른 사람을 해치지 않을 것이라는 확신을 주기 위한 방법이고, 또한 그도 당신을 해치지 않을 것이라는 확신을 주기 위한 방법에 지나지 않는다. 서서히 이것은 인사의 몸짓이 되었다.

인도에서는 다른 사람과 인사할 때 양손으로 한다. 하지만 이것도 역시 양손이 비었음을 보여 주기 위한 것이다. 이것이 악수하는 것보다 훨씬 낫다. 왜냐하면 왼손을 누가 알겠는가? 때때로 오른손조차 왼손에 대해 알지 못한다. 그래서 양손이 모두 비었음을 보여 주는 것이 더 낫다. 그것이 훨씬 낫고, 또한 훨씬 공손하다. 당신은 말하고 있다.

"나는 완전히 무방비요. 당신은 조심하거나 걱정할 필요가 없소. 안심하시으." 이것들은 사람들이 알고 있는 상징적인 것이다.

문화와 교육, 종교들은 모두 우리에게 교묘한 방식으로 위선자가 되라고 가르친다. 깊이 탐구하여 들어가지 않는다면, 당신은 결코 자신이 무슨 일을 해 오고 있는지 알 수 없을 것이다.

당신은 친구를 만났을 때 왜 미소를 띠는가? 무엇 때문인가? 당신이 웃고 싶지 않을 때에도 왜 미소를 띠는가? 당신은 그렇게 해야만 한다. 이것은 보상을 바라는 책략이다. 왜냐하면 어느 날 당신은 이 사람의 도움이 필요할지도 모르기 때문이다. 당신이 늘 그에게 미소를 건넸다면, 그는 거절할 수 없다. 만약 당신이 그에게 전혀 미소를 보낸 적이 없고 전에 결코 "안녕."이라고 인사해 본 적이 없다면, 그에게 다가가는 것조차 허락되지 않을 것이다. 그는 당신을 "지옥에나 가라!"는 말과 함께 집 밖으로 내던질 것이다.

이 모든 겹겹이 쌓인 층들을 이해해야 하며, 그것들 모두에서 스스로 벗어나야 한다.

당신이 어떤 꿈과 동일시가 되지 않도록 잘 지켜보라.

자신의 권력을 남용하지 않는 것은 어려운 일이다. 매우 어려운 일이다. 왜냐하면 처음부터 사람들은 단지 권력을 남용하기 위해서 추구하기 때문이다.

당신은 "권력은 부패한다."라는 유명한 액튼 경의 금언을 들어 본

적이 있을 것이다. 이것은 사실이 아니다. 그의 소견은 어떤 면에서는 옳지만 이것은 사실이 아니다. 권력은 결코 누군가를 타락시키지 않지만, 여전히 액튼 경은 옳다. 왜냐하면 우리는 항상 권력에 의해 타락하고 있는 사람을 보기 때문이다. 어떻게 권력이 사람을 타락시킬 수 있겠는가? 사실은 타락한 사람이 권력을 추구하는 것이다. 물론, 그들이 권력을 갖지 못했을 때는 그들의 타락함을 드러낼 수가 없다. 그들이 권력을 갖게 되었을 때, 그제야 그들은 자유롭다. 그때 그들은 권력을 가지고 행동할 수 있기 때문에 걱정하지 않아도 된다. 그때 그들의 본성이 드러나며, 그때 그들의 진정한 얼굴을 보여 준다.

권력은 결코 누군가를 타락시키지 않지만, 타락한 사람은 권력에 매혹된다. 그리고 그들이 권력을 가지게 되었을 때, 물론 그때 그들은 모든 욕망과 열망을 위해 이것을 사용한다.

이런 일이 일어난다. 매우 겸손해 보이는 사람이 있다. 관직에 뜻을 두고 있을 때는 그는 매우 겸손한 것 같다. 그리고 당신은 그를 알고 있고, 그가 전 생애 동안 매우 소탈하고 겸손한 사람이라고 알고 있을 수도 있다. 그래서 당신은 그에게 투표한다. 그가 권력을 갖는 순간 현저한 변화가 일어난다. 그는 더 이상 그 전과 같은 사람이 아니다. 사람들은 놀라게 된다. 어떻게 권력이 사람을 저렇게 타락시킬 수 있단 말인가?

사실 그 겸손은 거짓이었고 가짜였다. 그는 약했기 때문에 겸손했던 것이었다. 그는 힘이 없었기 때문에 겸손했다. 그는 힘 있는 사람들이 그를 깔아뭉갤까 봐 두려웠다. 그의 겸손은 그의 방책이고 그의 술수였다. 이제 그는 두려워할 필요가 없고, 이제 누구도 그를 깔아뭉갤 수

274

가 없다. 이제 그는 자신의 실체를 드러낼 수 있다. 이제 그는 타락한 것처럼 보인다.

당신은 만나는 모든 사람과의 관계에서 이런 일이 일어나고 있음을 알게 될 것이다. 사람들은 그들의 권력을 사방에 과시한다. 약자를 괴롭히는 사람이 되거나, 다른 사람에 의해 괴롭힘을 당하는 사람이 된다. 만약 누군가 당신을 괴롭힌다면, 당신은 즉시 보복할 더 약한 사람을 찾을 것이다.

당신의 상사가 사무실에서 당신을 괴롭힌다면, 당신은 집으로 돌아와 아내를 괴롭힐 것이다. 그리고 그녀가 여성해방론자가 아니라면, 학교에서 돌아올 아이를 기다렸다가 그 아이를 괴롭힐 것이다. 아이가 만약 미국인이 아니고 낡은 전통을 따르는 아이라면, 그 아이는 그의 방으로 가서 인형을 눌러 부술 것이다. 그 인형은 그가 괴롭힐 수 있는 유일한 것이기 때문이다. 그는 그의 힘을 인형에게 보여 줄 것이다. 하지만 이러한 일은 계속해서 이어진다. 이것은 총체적인 게임이다. 이 것이 진정으로 술수가 무엇인가를 보여 주는 것이다.

그래서 당신이 어떤 권력을 가질 때마다…… 그리고 모든 사람은 어떤 권력이라도 가진다. 어떤 권력도 가지고 있을 것 같지 않은 가장 하찮아 보이는 사람조차도 약간의 권력이라는 것을 가지고 있다. 그는 발로 찰 수 있는 개라도 가지고 있을 것이다. 모든 사람은 무엇이라도 권력을 가지고 있다. 그래서 모든 사람은 술수 속에 산다. 당신은 어떤 정당의 일원이 아닐지 모르나, 그것이 당신이 정치적이지 않다는 의미는 아니다. 만약 당신의 권력을 남용한다면, 당신은 정치적인 것이다. 만약 당신이 당신의 권력을 남용하지 않는다면, 당신은 비정치적인 것이다.

당신의 권력을 남용하지 않도록 좀 더 깨어 있어라. 이것은 어떻게 당신이 직분을 다할 수 있는지에 대한 새로운 인식을 가져다줄 것이고, 당신을 평온하고 중심 잡히게 해 줄 것이다. 이것은 당신에게 고요함과 평온함을 가져다줄 것이다.

구름 8 : 죄의식

★ ★ ★ ★ ★ ★ ★ ★ ★ ★ ★ ★ ★ ★ ★ ★ ★

죄의식이란 말은 결코 사용해서는 안 된다. 그 말은 바로 잘못된 관념들을 만들고,
한번 당신이 이것을 사용하면 그것에 붙잡히게 된다.

죄라는 개념은 사람들에게 죄의식을 심어 주기 위한 수법이다.

죄와 죄의식의 전체적인 계략을 이해해야만 할 것이다. 당신은 죄의식을 느끼게 하지 않고는 그를 심리적인 노예로 만들 수 없다. 어떤 특정한 관념 안에, 어떤 특정한 믿음의 체계 안에 그를 가두는 것은 불가능할 것이다. 하지만 한번 그의 마음 속에 죄의식이 생기게 한다면, 그에게서 모든 용감함을 빼앗아 가져갈 수 있을 것이다. 당신은 그의 안에 있는 모든 모험심을 파괴했다. 당신은 그가 지닌 본래의 개인적인 권리를 모두 제압했다. 죄의식이라는 개념을 가지고, 당신은 그의 안에 잠재된 가능성을 거의 죽여 버렸다. 그는 절대 독립할 수 없다. 죄의식은 그가 구세주에게, 종교적인 가르침에, 신에게, 천국과 지옥의 개념에, 그 모든 것에 의존하도록 강요할 것이다.

죄의식을 심어 주기 위하여 필요한 것은 아주 간단하다. 잘못이나 실수를 '죄'라고 부르기 시작하는 것이다. 그들은 인간으로서 단순히 실수한 것이다. 누군가가 수학 시간에 실수를 범한다. 예를 들어 2 더하기 2를 5라고 답했다. 당신은 그가 죄를 범했다고는 말할 수 없다. 그는 똑똑하지 못한 것이고, 그가 하는 일에 주의를 집중하지 않았을 뿐이다. 그는 예습하지 않았거나 숙제를 하지 않은 것이다. 그는 확실히 실수를 저질렀지만, 실수는 죄가 아니다. 이것은 시정될 수 있다. 실수는 그에게 죄의식을 느끼게 하지 않는다. 기껏해야 그가 바보 같다고 느끼게 한다.

죄의식은 당신에 의해 받아들여진 개념이다. 당신은 이것을 거절할 수도 있고, 이것은 존재의 일부가 아니기 때문에 받아들여지지 않을 수 있다.

죄의식은 자연적인 현상이 아니며, 성직자에 의해 만들어진 것이다. 죄의식을 통하여 그들은 인간을 착취한다. 거짓 종교의 모든 역사는 '죄의식'이라는 단어 안에 포함된다. 이것은 가장 해로운 말이다. 이것을 알아차리고, 결코 이것을 사용하지 말라. 왜냐하면 당신의 무의식적인 마음 속에 이것은 또한 깊이 뿌리박혀 있기 때문이다. 당신은 어떤 동물에게서도 죄의식을 발견할 수가 없다. 동물은 단순하다. 이들은 이상도 갖지 않고, 예술도 갖지 않은 채 존재한다. 그저 존재할 뿐이다. 이들은 도달해야 할 완성된 전형을 가지고 있지 않다. 따라서 동물은 아름답고 순수하다.

이상은 타락시킨다. 한번 성취해야 할 목표가 생기면, 결코 마음을 놓을 수 없게 된다. 당신은 결코 편안하게 쉴 수 없을 것이며, 당신은 결코 간족할 수 없을 것이다. 불만족은 그림자처럼 이상을 뒤따르고, 당신이 자신에게 만족하지 못할수록, 이상에 도달하는 것은 더욱더 불가능해진다. 이것은 악순환이다. 만약 당신이 스스로를 불만족스러워하지 않고 자신을 있는 그대로 받아들일 수 있다면, 이상은 즉시 채워질 수 있다. 그리고 나는 '즉시'라는 말을 강조한다. 어떤 시간의 간격도 없이, 바로 이 순간, 지금 여기에서 자신이 완전하다는 것을 깨닫게 된다. 이것은 미래에 달성해야 할 어떤 것이 아니고, 이것은 당신 안에 항상 있어 왔던 무엇이다. 완전은 당신의 본성이다. 당신은 완전한 존재이다.

나는 죄의식에 반대한다. 죄의식은 성직자들에 의해 만들어진 것이다. 하지만 성직자에 의해 만들어지지 않은 다른 형태의 죄의식이 있다. 그 죄의식은 매우 의미심장한 것이다. 그 죄의식은 당신의 삶 속에 무언가 다른 것이 더 있는데 그것을 얻기 위해 열심히 일하지 않는다고 느낄 때 나타난다. 그러면 당신은 죄의식을 느낀다. 그때 당신은 스스로가 자신의 성장에 장애물들을 만들고 있는 것은 아닌가 하고 생각하게 된다. 당신은 게으르고, 무기력하고, 무의식적이며, 느슨하고, 어떠한 통합도 이루어 내지 못하고 있으며, 자신의 운명을 향해 나아감도 없다. 그때 죄의식 같은 것이 떠오른다. 가능성을 지니고 있는데 그것을 현실 속에서 구현하고 있지 않다고 느낄 때, 그때 죄의식이 솟아오른다. 그 죄의식은 전적으로 다른 것이다.

이것은 진정한 영적인 죄의식이며, 어떤 술수와도, 어떤 성직자와도, 어떤 종교나 교회와도 관련이 없는 것이다. 그런 죄의식의 느낌은 매우 자연적인 것이다. 당신이 무언가를 할 수 있다는 것을 알았을 때 당신이 이것을 하지 않는다면, 당신의 잠재력을 알았지만 당신이 그 잠재력을 실현시키지 않는다면…… 꽃을 피울 수 있는 씨앗처럼 당신이 엄청난 보물을 지니고 있다는 것을 알고 있으면서도 이것과 관련하여 어떤 것도 하지 않고 그저 비참함 속에 남아 있을 때, 그때 당신은 스스로 거대한 책임감을 느낀다. 그리고 당신이 그 책임을 완수하지 않는다면, 당신은 죄의식을 느낀다. 이 죄의식은 엄청나게 중요한 것이다.

구름 9 : 슬픔

★ ★ ★ ★ ★ ★ ★ ★ ★ ★ ★ ★ ★ ★ ★

더없는 기쁨은 슬픔에 반대하여, 외적인 상황에서 발견될 수 없다.
더없는 기쁨은 슬픔 그 자체의 뒤에 숨겨진 깊은 곳에서 발견될 수 있다. 당신은 슬픔의
상태 안으로 깊이 파 들어가야 한다. 그러면 기쁨의 원천을 발견하게 될 것이다.

당신은 슬프다. 어떤 활동이나 어떤 일 속으로 도망가지 말고 오히려 당신의 슬픔 속으로 들어가라. 친구를 만나러 가거나 영화를 보러 가거나 라디오를 틀거나 텔레비전을 보거나 하면서 이것으로부터 도망치려고 하지 말고 차라리 모든 활동을 중지하라. 눈을 감고, 슬픔 속으로 들어가, 그것이 무엇인지, 그것이 왜 있는지 보라. 그것을 비난하지 말고 보라. 만약 당신이 비난한다면, 슬픔의 전체를 보지 못할 것이기 때문이다. 판단 없이 보라. 만약 판단한다면, 당신은 그것의 전체를 보지 못할 것이다. 판단 없이, 비난 없이, 평가 없이, 그저 슬픔을 지켜보라. 슬픔이 무엇인지 지켜보라. 그것을 마치 꽃인 양, 슬픈 꽃인 양,

어두운 구름인 양 지켜보라. 하지만 이것의 모든 면들을 볼 수 있도록 판단 없이 보라.

그러면 당신은 놀라게 될 것이다. 슬픔 속으로 더 깊이 들어갈수록, 슬픔은 더욱 흩어지기 시작한다. 슬픔 속으로 깊이 들어갈 수 있다면, 모든 슬픔이 증발해 버리는 것을 발견하게 될 것이다. 그러한 슬픔의 증발 속에 기쁨, 무한한 기쁨이 있다.

두 가지 형태의 슬픔이 있다. 하나는 원인에 의한 것이다. 당신이 친구를 잃는다면 슬픔에 잠길 것이고, 누군가가 죽으면 당신은 슬픔에 빠진다. 하지만 시간은 그것을 치유할 것이다. 이것은 원인을 가지고 있고, 어떤 원인도 영원할 수 없기 때문이다. 당신은 다른 친구를 사귀게 될 것이며, 다른 연인을 가지게 될 것이고, 이 일에 대해 잊게 될 것이다. 오직 이것이 치유되는 데는 시간이 필요할 뿐이다. 하지만 존재의 슬픔은 원인이 없다. 이것은 지속되며, 이것에는 이유가 없다. 이것은 그저 당신이 자라나면서 삶의 일부처럼 함께 한다.

당신은 인생의 무의미함을 알게 되었다. 당신은 계속 뭔가 하고 있지만, 당신은 그것들을 꿰뚫어 볼 수 있는 능력을 가지게 되었다. 당신은 그것이 무의미하다는 것을 알게 되었고, 따라서 슬퍼진다. 당신은 이것이 그래도 괜찮다는 것을 알고 계속 전념하지만, 이것은 그저 괜찮을 뿐이다. 이것은 하나의 전념에 지나지 않을 뿐 별것은 아니다. 당신은 더 이상 깊은 환영 속에 있지 않으며, 따라서 슬픔이 온다.

당신은 환영에서 깨어난다. 당신은 당신이 가졌던 희망들을 간파한다. 이제 당신은 모든 희망들은 기초가 없는 것들이고 아무것도 이루어지지 않을 것이지만 계속 희망을 가지고 살다가 어느 날 죽게 된다는 것을 알게 된다. 그리고 모든 것은 끝난다. 돈도, 사람과의 관계도, 우정도, 조만간 모든 것은 이루지 못한 채 끝이 난다. 모든 것은 죽음을 향해 가며 막다른 골목에 이르러서야 더 이상 어찌할 수 없음을 알게 된다. 어쨌든 계속 가기 위해 억지로라도 뭔가 다른 일을 하기 시작한다. 사람은 뭔가 할 일을 가져야 한다. 그렇지 않다면 인생은 너무 부담스러울 것이다. 그래서 사람들은 몰두한다. 하지만 마음 속으로는 이것이 바보에게서 듣는 이야기처럼 헛되다는 것을 안다.

이런 일이 일어날 때 아름답다. 이것은 변형의 시작이다. 당신은 환영에서 깨어난 존재이고, 오직 환영에서 깨어난 자만이 탐구할 수 있다. 당신에게 세상이 어떤 희망도 아닐 때, 당신은 내면으로 갈 수 있다. 바깥에서 완전히 실패하였을 때…… 나는 '완전히'라고 말하고 있다! 만약 아주 적은 희망이라도 남아 있다면, 당신은 그것을 계속 찾을 것이다. 그러면 약간의 환영이 남는다.

당신이 완전히 환영에서 깨어날 때, 바깥은 더 이상 매력이 없다. 당신은 이것을 보아 왔고, 이것의 결함을 알게 되었고, 이제 당신은 거기엔 아무것도 없다는 것을 알게 되는 순간에 이르렀다. 그때 내면에서 비약적인 도약이 이루어진다.

구름 10 : 다시 태어남

진정한 현자는 다시 어린아이가 된다. 어린아이에서 어린아이로 돌아가는
일주는 완성되었다. 하지만 그 차이는 엄청나다······
첫 번째는 몸의 탄생이고, 두 번째는 의식의 탄생이다.

짜라투스트라는 의식의 단계를 낙타, 사자, 어린아이 등 세 개의 상
징으로 나누었다. 낙타는 짐을 나르는 짐승으로서 기꺼이 노예가 될
준비가 되어 있으며 결코 반역하지 않는다. 그는 "아니오."라고 말해
본 적이 없다. 그는 믿음직스럽고, 충직하며, 성실한 노예이다. 그것은
인간의 의식에서 가장 낮은 단계이다.

사자는 반역적이다. 반역의 초기에는 신성함이란 없다. 낙타의 의식
안에서는 항상 누군가가 "그대는 이것을 할지어다."라고 말하며 이끌
어 주기를 바란다. 그는 모세의 십계명이 필요하다. 자신을 믿지 못하
기 때문에 그에게는 모든 종교와 모든 성직자, 그리고 모든 신성한 경

전들이 필요하다. 그는 순종적이다.

사자는 자유를 갈망하고, 모든 구속을 파괴하기를 열망한다. 사자는 어떤 지도자도 필요하지 않다. 그는 그 자신으로 충분하다. 그는 어느 누구도 그에게 "이것을 할지어다."라고 말하는 것을 허락하지 않는다. 그것은 그의 자긍심에 대한 모욕이다. 그는 오직 "내가 할 것이다."라고 말한다. 사자는 모든 것을 책임지며, 모든 사슬을 끊기 위해서 엄청난 노력을 기울인다.

하지만 사자도 인간 의식의 성장에 있어서 최고 봉우리는 아니다. 최고의 봉우리는 사자가 변형을 통하여 어린아이가 되었을 때이다. 어린아이는 순수하다. 이들은 순종적이지도, 반항적이지도 않다. 이들은 믿지도 않고, 불신하지도 않는다. 이들은 순수하게 신뢰한다. 이들은 존재와 인생, 그리고 이것에 포함된 모든 것을 성스럽게 받아들인다. 어린아이는 순수함과 성실함, 진실성과 감수성의 가장 높은 절정이며, 존재로의 열림이다. 이 상징들은 매우 아름답다.

짜라투스트라는 약한 자, 소위 겸손한 자의 편이 아니다. 그는 예수의 "유순한 자에게 복이 있나니.", "가난한 자는 복이 있나니.", "겸손한 자는 복이 있나니, 신의 천국은 그들의 것이니라."는 말에 동의하지 않는다. 짜라투스트라는 절대적으로 강한 정신을 지지한다. 그는 자아에 반대하지만, 자긍심에 반대하지 않는다. 자긍심은 인간의 존엄이다. 자아는 거짓 존재이며, 그것을 결코 동의어로 생각해서는 안 된다.

자아는 당신의 존엄을 앗아가는, 당신의 자긍심을 앗아가는 그 무엇이다. 자아는 다른 사람들에게, 다른 사람들의 의견에, 사람들이 뭐라고 말하는지에 의존하게 만들기 때문이다. 자아는 매우 부서지기 쉽다. 사람들의 의견은 변할 것이고, 자아는 허공으로 흩어질 것이다.

자아는 공공의 의견의 부산물이다. 그들은 이것을 당신에게 줄 수도 있고, 이것을 가져갈 수도 있다. 자긍심은 완전히 다른 현상이다. 사자는 자긍심을 가지고 있다. 숲 속에 있는 사슴을 보라. 사슴은 자긍심과 존엄함과 기품을 가지고 있다. 춤추는 공작이나 하늘 멀리 날고 있는 독수리는 자아를 가지고 있지 않으며, 당신의 의견에 의존하지도 않는다. 그들은 단순히 그들 자체로서 위엄이 있다. 그들의 존엄은 그들 자신에게서 솟아난다. 이것을 이해해야만 한다. 모든 종교는 사람들이 긍지를 가지지 못하도록 겸손을 가르쳐 왔다. 그들은 세상에 마치 자긍심을 갖는 것이 교만해지는 것과 같은 것으로 생각하게 하는 잘못된 인식을 만들었다.

짜라투스트라는 절대적으로 강인하고 용감하며, 어떤 두려움도 없이 사람의 발이 닿지 않은 미지의 길을 갈 수 있는 모험가의 편이라는 것은 명백하다. 그는 용감한 자의 편이다. 자긍심을 가진 사람, 오직 자긍심을 가진 사람만이 어린아이가 되는 것은 기적이다.

이른바 기독교적 겸양은 그 꼭대기에 서 있는 자아일 뿐이다. 자아는 뒤집혔지만 여전히 거기에 있다. 그리고 당신은 당신의 성인들이 보통 사람들보다 더 강한 자아를 가지고 있는 것을 볼 수 있을 것이다. 그들은 독실함과 엄격함, 그들의 영성과 신성함, 겸허함 때문에 그들의 겸손에도 불구하고 더 자기본위적이다. 그들보다 더 겸허한 사람은 없다. 자아는 미묘하게 뒷문으로 들어온다. 당신이 자아를 앞문으로 내던질지 모르지만, 자아는 뒷문도 있다는 것을 알고 있다.

가장 의식이 낮은 단계로 낙타를 선택한 것은 절대적으로 맞다. 가장 낮은 의식 속에 있는 사람은 스스로 노예가 되기를 원하는 무능력한 사람이다. 책임지는 것을 두려워하기 때문에 자유를 두려워한다. 기꺼이 가능한 한 많은 짐을 지려 하며, 짐이 지워지는 것을 기뻐한다. 그래서 가장 낮은 의식의 사람은 빌려 온 지식으로 짐 지워진다. 존엄한 사람은 그 누구도 빌려 온 지식으로 자신에게 짐이 지워지는 것을 허락하지 않는다. 죽은 자에 의해 산 자에게 전수된 도덕은 짐이 된다. 이것은 산 자에 대한 죽은 자의 지배이다. 존엄한 사람은 죽은 자가 그를 지배하는 것을 허락하지 않는다.

가장 낮은 의식의 사람은 무지하며 무의식적이고, 알아차리지 못하며 쉽게 포기한다. 왜냐하면 그는 믿음, 신앙, 전혀 의심하지 않음, 결코 "아니오."라고 말하지 않는 것이 계속 독이 되기 때문이다. 그리고 "아니오."라고 말할 수 없는 사람은 그의 존엄을 잃은 사람이다. "아니오."라고 말할 수 없는 사람은…… "예."라고 말하는 것도 아무 의미가 없다. 당신은 이 말의 함축된 의미를 아는가? "예."라고 말하는 것은 오직 "아니오."라고 말할 수 있는 능력이 있고서야 의미가 있다. 만약 당신이 "아니오."라고 말할 수 있는 능력이 없다면, 당신의 "예."라는 것도 무력한 것이며 아무 의미가 없다는 것이다.

따라서 낙타는 아름다운 사자로 변화해야만 한다. 차라리 죽을지언정 노예는 되지 않으려 해야 한다. 당신은 사자를 짐 나르는 짐승으로 만들 수 없다. 사자는 다른 동물들이 감히 요구할 수 없는 존엄함을 가지고 있다. 그는 보물을 가지고 있지도 않고, 왕국도 없다. 그의 존엄은 미지에 대한 두려움과 공포를 가지지 않고, 죽음의 위기에서도 "아니오."라고 기꺼이 말할 수 있는 그의 존재 방식에 있을 뿐이다.

　“아니오.”라고 말할 수 있는 이러한 반역은 낙타가 남긴 모든 흔적과 발자국 같은 먼지를 깨끗이 지울 수 있다. 오직 “아니오.”라고 할 수 있는 사자가 된 후에야 어린아이의 신성한 “예.”는 가능하다.

　어린아이는 두렵기 때문에 “예.”라고 말하는 것이 아니다. 그는 좋기 때문에 신뢰하기 때문에 “예.”라고 말하는 것이다. 그는 순수하기 때문에 “예.”라고 말하는 것이다. 그는 기만당할 수 있다는 발상을 할 수가 없다. 그의 “예.”는 거대한 신뢰이다. 이것은 두려움에서 나온 것이 아니라 깊은 순수에서 나온 것이다. 오직 이러한 “예.”만이 내가 말하는 신성인 의식의 궁극적인 봉우리로 이끌어 갈 수 있다.

　어린아이는 의식의 전개에 있어 가장 높은 봉우리이다. 하지만 어린아이는 상징일 뿐이다. 이것은 아이들이 가장 높은 존재의 상태라고 말하는 것이 아니다. 어린아이는 지식을 갖지 않았기 때문에 상징으로 사용한 것이다. 이들은 순수하고, 그리고 순수하기 때문에 경이로 가득 찬다. 그들의 눈은 경이로 가득 차 있기 때문에, 영혼은 신비로운 것을 갈망한다. 어린아이는 운동경기에 초보이듯이, 인생도 늘 처음과 같으며, 늘 즐겁고 항상 웃으며 결코 심각하지 않다.

　신성한 “예.”는 필요하지만, 신성한 “예.”는 오직 신성한 “아니오.”가 있은 후에 올 수 있다. 낙타도 “예.”라고 말하지만 이것은 노예의 “예.”이다. 그는 “아니오.”라고 말할 수 없다. 그의 “예.”는 의미가 없다.

　사자는 “아니오.”라고 말한다! 하지만 그는 “예.”라고 말할 수 없다. 이러한 저항은 그의 본성이다. 이것은 그에게 낙타를 상기시킨다. 어떻게 해서든지 그는 낙타로부터 자유로워지고자 하는데, “예.”라고 말하는 것은 그에게 자연스럽게 다시 낙타의 "예."와 노예근성을 상기시킨다. 낙타와 같은 짐승은 "아니오."라고 말할 수 있는 능력이 없다. 사자 안에는 "아니오."라고 말할 수 있는 능력은 있지만 "예."라고 말할 수 있는 능력은 없다.

어린아이는 낙타의 아무것도 알지 못하고, 사자의 어떤 것도 알지 못한다. 그것이 짜라투스트라가 "어린아이는 순수하고 잘 잊는다……"라고 말한 이유이다. 그의 "예."는 순수하며, "아니오."라고 말할 수 있는 모든 가능성도 지니고 있다. 만약 "아니오."라고 말하지 않았다면, 그것은 그가 두려워하기 때문이 아니라 신뢰하기 때문에 신뢰에서 나온 것이다. 그리고 "예."가 신뢰에서 나올 때, 이것은 위대한 변형, 즉 사람들이 바라는 거대한 변형을 가져온다.

5

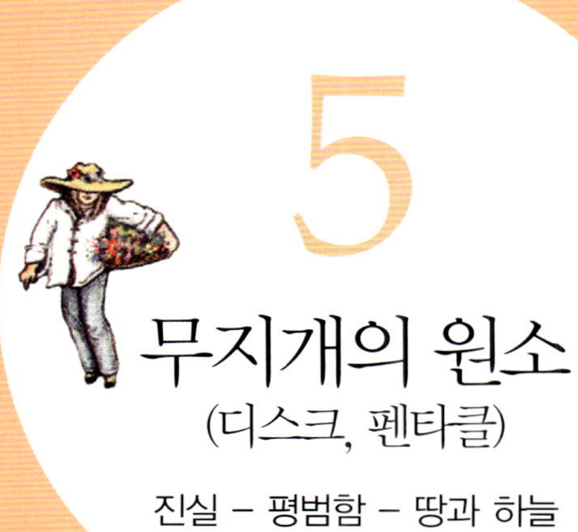

무지개의 원소
(디스크, 펜타클)

진실 – 평범함 – 땅과 하늘

나무는 어떤 신전이나 어떤 교회보다 생생하다. 강은 어떤 이슬람 사원보다 살아 있다. 사원에 있는 돌로 만든 신상(神像)은 죽어 있지만, 나무는 살아 있다. 당신은 미신을 믿을지 모르지만, 나무를 숭배하는 사람은 그렇지 않다. 그는 그가 무엇을 하고 있는지 알아차리지 못할지도 모르지만, 모든 형상 안에 있는 생명에 대한 깊은 존중과 깊은 존경이 있다.

삶이 성장한다고 느낄 때마다 그것을 축하하고 사랑하며 환영하라. 그러면 당신에게 위대한 변형이 일어날 것이다. 만약 모든 형상 안에 있는 생명을 우러러본다면, 당신은 더욱 생생해질 것이다

진실

일반적으로 무엇이든지 우리가 아는 것에 익숙해지는 것은 마음의 장난에 지나지 않는다. 우리는 이미 모든 것을 알고 있다는 듯한 눈으

292

로 토기 때문이다. 우리의 거울은 많은 먼지로 뒤덮여 있고, 그것들은 진실을 반영할 수 없게 되었다. 진실은 멀리 있지 않고, 진실은 당신을 둘러싸고 있다. 당신은 이것의 부분이고, 이것은 당신의 부분이다. 당신은 이것으로부터 분리되어 있지 않다. 당신은 이것으로부터 결코 분리된 적도 없고, 이것으로부터 분리되는 것은 불가능하다. 하지만 여전히 먼지로 뒤덮인 거울은 이것을 반사할 능력이 없다. 그 먼지가 사라질 때, 당신은 구하던 것들은 전혀 찾을 필요가 없었다는 데 놀라게 될 것이다. 당신은 이미 그것을 가지고 있기 때문이다.

영적인 추구는 다른 추구들처럼 착각이다. 추구 자체가 착각이다. 왜냐하면 무언가 한 가지가 빠져 있다는 것을 당연한 것으로 여기기 때문이다. 아무것도 빠져 있지 않다! 무언가 빠져 있다는 것을 당연하게 여기면, 당신은 이것을 찾기 시작한다. 그러면 당신은 이것을 사방팔방으로 찾아 나선다. 그리고 찾으면 찾을수록 당신은 이것을 점점 더 놓치게 될 것이다. 더 많이 구할수록 거울은 더 많은 먼지로 뒤덮이게 될 것이기 때문이다. 더욱 이것을 찾을수록, 이것을 찾아 더욱더 멀리 가게 되고, 더욱더 많이 낙담하게 된다. 조금씩, 조금씩 당신은 이것은 너무나 멀리 있다고 생각하기 시작한다…… "그래서 내가 도달할 수는 없겠구나."

실상은 그와는 정반대이다. 당신은 이미 그곳에 있기 때문에 도착할 수 없다. 이것은 멀리 있지 않고 아주 가까이 있다. '가까이'라고 말하는 것조차 옳지 않다. 가깝다는 것도 일종의 거리를 가지기 때문이다. 이것은 전혀 거리가 없다. 이것은 당신 안에서 숨 쉬고 있다. 이것은 거기어 있는 것이 아니라 여기에 있다. 이것은 그때가 아니라 지금이다. 이것은 늘 당신과 함께 해 왔다. 처음부터 모든 사람은 부처이고, 모든 사람은 반사할 능력이 있는 거울이다.

이것이 선(禪)의 취지이다. 인류에게 전해진 가장 위대한 교훈이고, 지구상에 가져온 가장 위대한 해방의 힘이다. 당신은 전혀 다른 식으로 보아야 할 것이다. 필요한 모든 것은 탐구가 아니라, 사물들을 바라보는 새로운 방식일 뿐이다. 일반적이고 평범하며 일상적인 방식은 버려야 한다.

평범함

선(禪)은 선(禪)일 뿐이다. 이것과 비교할 수 있는 것은 없다. 이것은 유일무이한 것이다. 인간의 의식에 있어서 가장 평범하면서도 가장 비범한 사상이라는 의미에서 유일무이하다. 이것은 지식을 믿지 않고 마음을 믿지 않기 때문에 가장 평범하다. 이것은 철학도 아니고 종교도 아니다. 이것은 평범한 존재를 온 가슴으로, 자신의 전 존재로 받아들이는 것이며, 세속을 초월하고 정신을 초월하는 어떤 다른 세상을 바라지 않는다. 이것은 어떤 비밀스런 헛소리나 형이상학에 전혀 관심이 없다. 이것은 건너편 강기슭을 갈망하지 않는다. 이쪽 강기슭으로도 충분하다. 이쪽 강기슭의 수용은 너무나 대단한 것이기 때문에 바로 이러한 받아들임을 통하여 이쪽 강기슭은 변형된다. 그리고 바로 이 강기슭이 건너편 강기슭이 된다.

이 몸이 바로 부처요,

이 땅이 바로 연꽃 천국이다.

따라서 이것은 평범하다. 이것은 어떤 특별한 종류의 영적인 것이나 어떤 특별한 신성함을 만들기를 원치 않는다. 이것이 요구하는 것은 오직 당신이 삶을 직접적이고 자발적으로 사는 것이다. 그렇게 한다면 세속적인 것은 신성한 것이 된다.

선(禪)의 위대한 기적은 세속을 신성함으로 변형시키는 데 있다. 그리고 이러한 삶의 방식은 전에는 결코 제시된 적이 없고 존중된 적이 없기 때문에, 이러한 삶은 너무나도 뛰어난 것이다.

선(禪)은 부처를 넘어서고 노자를 넘어선다. 이것은 인도의 천재와 중국의 천재를 둘 다 초월하여 완성된다. 인도의 천재는 석가모니라는 가장 높은 봉우리에 도달하였고, 중국의 천재는 노자라는 가장 높은 봉우리에 도달하였다. 그리고 부처의 가르침과 노자의 가르침의 정수는 하나의 흐름으로 너무 깊게 녹아들어 이제 이것을 분리할 수 없다. 부처의 것이 무엇이고 노자의 것이 무엇인지 구별하는 것조차 불가능하다. 그 융합은 그토록 완전한 것이다. 이것은 종합일 뿐만 아니라 통합이다. 이러한 만남에서 선(禪)은 태어났다. 선(禪)은 불교도 아니고 도교도 아닌 둘 다이다.

선(禪)을 '선불교'라고 부르는 것은 옳지 않다. 이것은 그 이상이기 때문이다. 부처는 선(禪)만큼 그렇게 세속적이지 않다. 노자는 엄청나게 세속적이다. 선(禪)은 세속적일 뿐 아니라, 이 시각은 지상을 천국으로 변형시킨다. 노자는 세속적이고 부처는 세속적이지 않지만, 선은 둘 다이다. 이 둘 다가 됨으로써 선(禪)은 가장 비범한 사상이 되었다.

땅과 하늘

인류의 미래는 선(禪)에 더욱더 가까이 접근하게 될 것이다. 왜냐하면 동서양의 만남은 세속적이면서도 세속적이지 않은 무언가를 통해서만 가능하기 때문이다. 서양은 매우 세속적이고, 동양은 매우 세속적이지 않다. 누가 다리가 되겠는가? 부처는 다리가 될 수 없을 것이다. 그는 본질적으로 너무 동양적이다. 매우 동양적인 정취를 가지고 매우 동양의 향기를 가지며 타협적이지 않다. 노자는 다리가 될 수 없을 것이다. 그는 너무 세속적이다. 중국은 항상 매우 세속적이었다. 중국은 동양적이라기보다 서양적인 정신세계를 더 많이 보인다.

중국이 동양에서 처음으로 공산주의자와 유물론자의 나라가 되고, 무신론을 믿으며, 인간은 그저 물질에 지나지 않는다고 믿은 것은 우연이 아니다. 이것은 정말 우연이 아니다. 중국은 거의 오천 년 동안 세속적이었다. 이것은 매우 서구적이다. 따라서 노자도 다리가 될 수 없다. 그는 그리스인 조르바에 더 가깝다. 부처는 너무 세속적이지 않아서, 당신은 그를 이해할 수조차 없다. 그런 그가 어떻게 우리를 연결시켜 줄 수 있겠는가?

내가 전반에 걸쳐 살펴볼 때, 선(禪)만이 우리를 연결시켜 줄 수 있는 가능성을 가지고 있다. 왜냐하면 선(禪) 속에서만 부처와 노자가 하나 될 수 있기 때문이다. 그 만남은 벌써 이루어졌고, 동양과 서양을 하나로 만들 수 있는 그 가능성은 이미 시작되었다. 선(禪)은 그 만나는 지점이 될 것이다. 선(禪)은 위대한 미래를 가지고 있다. 선(禪)은 위대한 과거와 위대한 미래를 가지고 있다.

선(禪)이 경이로운 것은 과거와 미래, 둘 다에 관심을 갖지 않는다는 것이다. 선(禪)은 전적으로 현재에 관심을 보인다. 과거와 미래는 현재에 의해 연결되기 때문에, 그래서 아마도 기적이 가능한 것 같다.

현재는 시간의 일부가 아니다. 이것에 대해 생각해 본 적이 있는가? 현재는 얼마나 오랫동안 지속되는가? 과거는 지속 기간을 가지고, 미래도 지속 기간을 가진다. 그럼 현재의 지속 기간은 얼마인가? 얼마나 지속되는가? 과거와 미래 사이에 있는 현재를 측정할 수 있는가? 이것은 측정 불가능하다. 이것은 거의 가능하지 않다. 이것은 전혀 시간이 아니다. 이것은 영원의 시간을 뚫고 간다.

그리고 선(禪)은 현재를 산다. 모든 가르침은 어떻게 현재를 살 것인가이다. 어떻게 더 이상 존재하지 않는 과거를 벗어 버리고, 어떻게 아직 오지도 않은 미래에 말려들지도 않으면서, 현재에 뿌리를 내리고 흔들리지 않을 것인가를 가르치는 것이다.

선(禪)의 모든 접근은 즉시성이다. 하지만 그것 때문에 선(禪)은 과거와 미래를 연결할 수 있다. 선(禪)은 많은 것을 이어 준다. 선(禪)은 과거와 미래를 있는 다리가 될 수 있고, 동양과 서양을 잇는 다리가 될 수 있다. 선(禪)은 몸과 마음을 연결할 수 있다. 선(禪)은 다리를 놓을 수 없는 세상과 연결할 수 있다. 이 세상과 저 세상, 세속과 신성을 이어 준다.

무지개의 왕 : 풍요

한 가지는 확실하다. 존재는 넘쳐흐르고, 모든 것으로 호화롭다.
존재는 가난한 존재가 아니다. 그렇지 않다. 가난은 사람의 창조물이다.

삶은 어느 면에서 보더라도 풍성하고 풍요롭다. 그저 존재를 바라보라. 존재가 빈곤하다고 생각하는가? 수백만 송이 꽃들을 보고 향기를 맡아 보라. 수많은 별들을 보라. 사람은 그것들을 세어 본 적이 없고, 그것들을 셀 수 있을 거라고 생각되지도 않는다. 맨눈으로 보면 기껏해야 삼천 개의 별들을 볼 수 있다. 그것은 아무것도 아니다. 그리고 이 별들은 확장하고 있다. 꽃들이 그 중심에서 꽃잎을 펼치듯이, 우주는 엄청난 속도로 계속 피어나고 열리며 벌어지고 있다. 별들은 중심에서 멀어져 가고 있다. 우리는 그 중심이 어디인지 정확히 알지 못하지만, 한 가지는 확실하다. 우주 전체는 질주하고 움직이며 살아 있다는 것이다.

대부분의 사람들은 무엇을 위해 사는지 알지 못한다. 그들은 결코 살지 않는다. 그렇다. 그들은 태어났다. 하지만 태어났기 때문에 산다는 것은 충분하지 않다. 그들은 식물처럼 단조로운 생활을 하며, 그들이 살고 있다고 생각한다. 그리고 어느 날 그들은 전혀 살아 보지 못한 채 죽을 것이다. 세계의 도처에서 그런 일이 계속 일어난다는 것은 기적 같은 일이다. 전혀 살지 않은 사람이 죽는다. 있을 수 없는 일이다! 하지만 이것은 매일 일어난다. 그리고 많은 사람이 죽는 순간에 이것을 인정한다. 그리고 이렇게 말한다. "이상하다. 처음으로 내가 인생을 놓쳤다는 것을 깨달았다."

당신이 산다면 무엇을 위해서 사는가? 사랑하기 위해, 즐기기 위해, 황홀함을 위해서 사는가? 그렇지 않다면 왜 기어이 살아야 하는가?

그리고 부유함이란 무엇인가? 이것은 단지 삶을 더욱더 즐겁게, 더욱더 사랑스럽게, 더욱더 편안하게, 더욱더 호화롭게 만드는 것이다.

음악의 위대한 세계를 모르는 사람은 불쌍하다. 그는 삶의 가장 호화로운 사치들 중의 하나를 놓치고 있다. 피카소나 반 고흐를 즐길 줄 모르는 사람은 어떠한 색깔에 대해서도 알지 못한다. 만약 그가 레오나르도 다빈치를 즐길 줄 모르는 사람이라면, 일출이나 일몰의 장관을 어떻게 즐길 수 있겠는가? 수많은 사람들은 계속 살아가지만, 해가 떠오르는 것을 전혀 인식하지 못하고 살며, 하늘에서 사라져 가는 저녁 노을의 색깔들을 보러 결코 일순간도 멈추지 않는다. 수많은 사람들은 결코 눈을 들어 하늘의 장관을 보지 않는다.

살아 있다는 것은 오직 한 가지, 다양한 차원의 삶을 산다는 것을 의미한다. 음악, 시, 그림, 조각품…… 이 모든 것들은 호화롭다.

무지개의 여왕 : 꽃피어남

★★★★★★★★★★★★★★★★★★★★★★★★★★★★★

이 세상은 오직 하나의 경험을 필요로 하는데, 그것은 어떤 다른 존재에 의해서도
더럽혀지지 않으며 물들지 않는 순수함이다. 당신 자신 그대로의 순수한 존재. 이것은
나에게 있어 해방이다. 나에게 있어 그것은 당신의 존재가 궁극적으로 꽃피어나는 것이다.

봄이 오는 순간 모든 나무들은 기뻐하고, 그들은 꽃들과 향기들로
봄을 환영한다. 동양에서는 주황색이 봄의 색깔이다. 이것은 힌디어로
바산티(vasanti)이고, 바산트(vasant), 봄이라는 말로부터 왔다. 이것은
꽃들의 색깔이다. 봄철에는 들꽃들이 만발하고, 숲 전체가 불타는 듯
하다. 갑자기 온 세상은 꽃과 꽃으로 뒤덮이고, 당신은 잎들조차 보기
어렵다.

더없는 기쁨은 내면의 꽃, 의식의 꽃이 피어나게 한다. 그렇게 심각
해 하지 말라. 심각함은 우리가 피해야만 할 질병이다. 당신은 슬퍼하
지 않아도 된다. 인생의 작은 것들에도 행복해 하고 즐거워할 수 있어

야 한다. 이러한 것들이 즐길 만한 가치가 있는지 없는지에 대해 생각할 필요는 없다. 중요한 것은 즐기는 것이다. 당신이 무엇을 즐기고 있는지는 중요하지 않다.

만약 당신이 삶의 평범한 것들을 즐길 수 있다면, 물론 비범한 것들도 즐길 수 있게 될 것이다. 그리고 평범한 것을 즐길 수 없는 사람은 어떠한 것도 즐길 수 없다.

오마르 카이얌은 수피의 스승이다. 그는 수피 언어의 깊은 의미를 이해할 수 없었던 피츠제럴드에 의해 처음으로 영어로 소개되어 많은 오해를 받았다. 피츠제럴드의 번역은 시인으로서 할 수 있는 최상의 것이었고 최고의 노력이었다. '오마르 카이얌의 루바이야트(Rubaiyat of Omar Khayyam)'는 여러 번 번역되었지만, 피츠제럴드를 능가하는 번역은 없었다. 하지만 그는 신비주의자가 아니었고 시인일 뿐이었다. 그래서 그는 언어와 언어의 아름다움만을 이해할 수 있었고, 매우 진지한 번역에도 불구하고 정작 말하고자 하는 요점을 전달할 수 없어 오마르 카이얌에 대해 전 세계 곳곳에 오해를 불러 일으켰다.

사람들은 오마르 카이얌이 술과 노래와 춤에 대해서 말했던 것에 대해 단지 술고래에 지나지 않는다고 생각하기 시작했다. 그는 그저 유물론자에 지나지 않으며, "먹고, 마시고, 즐겨라."는 그의 취지였다. 이것은 매우 커다란 오해이고, 오마르 카이얌에 대해 매우 부당한 것이다.

술, 노래, 그리고 춤은 상징들이다. 그는 먹고 마시는 그런 인생의 작은 것들과 영적인 가치가 없는 아주 사소한 것이라도 즐겨야 한다는 것을 말하기 위한 수단으로 그것들을 사용하였다. 하지만 영적인 가치는 그것들로부터가 아니라 당신의 즐김에서 나온다. 우리는 평범한 음식이라도 그러한 기쁨으로, 그러한 감사로, 그러한 기도로 먹을 수 있으며, 그러면 그것은 명상이 된다. 그것은 성스러운 가치를 갖기 시작한다.

오마르 카이얌은 그의 시 중의 하나에서 말하였다. "나는 소위 성자라고 불리는 사람들에게 경고한다. 만약 그들이 이 삶을 즐기지 않는다면, 그들은 다른 것도 즐길 수 없게 될 것이다." 그리고 이 말은 완벽히 옳다. 왜냐하면 무언가를 즐기는 것은 하나의 기술이고, 삶은 이 기술을 배울 수 있는 하나의 기회이기 때문이다.

만약 당신이 여기의 꽃들을 즐길 수 없다면, 어떻게 천국의 꽃들을 즐길 수 있겠는가?

그 꽃들은 금으로 만들어지고 다이아몬드가 박혀 있으며 영원히 지지 않을지도 모른다. 하지만 만약 그 순간적인 덧없는 것들조차 즐길 수 없다면, 어떻게 영원한 것들을 즐길 수 있겠는가? 그 순간적인 것들은 당신에게 그러한 것을 배울 수 있는 기회를 준다. 그것이 인생의 모든 역할이다.

그래서 당신은 가능한 모든 것을 즐겨야만 한다. 외관상 즐거워 보이지 않는 것들조차 즐길 수 있는 방법을 찾아라. 당신이 탐구한다면 즐겁지 않은 일조차 즐길 수 있는 어떤 방법을 발견할 것이다. 그리고 그것은 내적 변형의 모든 과정이다. 당신이 모든 것을 즐길 수 있는 순간이 온다. 그것은 빛이 내려오는 순간이며, 존재가 당신을 통과하는 순간이다. 당신은 준비되고, 당신의 가슴은 준비된다.

무지개의 기사 : 여유

★☆★☆★☆★☆★☆★☆★☆★☆★☆★☆★☆★☆★

당신이 무슨 일을 하든 그 과정을 천천히 하라. 만약 당신이 걷고 있다면,
천천히 걸어라. 서두를 필요가 없다. 먹고 있다면 천천히 먹고,
말하고 있다면 천천히 말하라. 모든 과정을 천천히 하라. 그러면 당신은
매우 쉽게 고요해질 수 있다는 것을 알게 될 것이다.

조급함은 많은 사람을 죽인다. 사람들은 아무 이유도 없이 서두른다. 갈 곳도 없지만 그들은 서두르고 있다. 그들은 점점 속도가 빨라진다. 아무도 당신이 어디로 가는지, 왜 그렇게 빨리 가는지 걱정하지 않는다. 속도는 아마도 그 자체가 목표인 것 같다. 누군가에게 어떤 생각이 떠오른다면, 그 속도는 점점 증가할 것이고, 사람들은 즉시 이것에 도달하려고 서두른다.

아주 오래된 도교 신자의 이야기가 있다. 한 사람이 우물에서 물을 길어 올리는 기계를 발명하였다. 어느 날 그는 밭에 갔다가 연로한 노인과 그의 어린 아들을 만나게 되었다. 둘은 물을 퍼 올리고 있었고,

매우 힘이 드는지 노인은 땀을 흘리고 있었다.

그 사람은 말했다. "새로 고안한 기계에 대해서 듣지 못했나요? 이제 이럴 필요가 없어요!"

그 노인은 말했다. "조용히 하게! 내 아들이 가고 나면 말을 하게나."

그 소년은 식사를 하러 가고, 노인은 말했다, "여기에서 쓸데없는 소리를 하지 말게나. 만약 그 아이가 기계에 대해 듣는다면, 아직 너무 어려서 아마 그것 때문에 타락하게 될지도 모른다네."

그 사람은 말했다. "뭐라고 하시는 거예요? 제정신이세요? 나는 당신을 힘든 노동에서 구할 수 있다고 말하고 있는 거예요."

하지만 노인은 말했다. "그 일을 하지 않는다면 무엇을 할 건가? 무엇을 위해서? 나는 백 년을 살아왔고, 여전히 나의 일을 모두 해낼 만큼 기운이 있다네. 만일 내가 저 기계 장치에 의존했다면, 나는 지금쯤이면 죽었을 걸세. 저 애는 너무 어리네. 제발 그런 말일랑 그 애 앞에서 하지 말게. 그 말을 들으면 자네와 같은 생각을 하게 되고 거기에 관심을 갖게 될 걸세. 어린아이들은 어리석다네!"

이것은 그저 이야기에 지나지 않는 것이 아니다. 사실 처음에 모든 과학에 기초한 위대한 발명품들은 동양인 인도와 중국에서 만들어졌다. 하지만 인도와 중국은 속도와 효율성은 오직 더 많은 근심을 만들어 내고 사람들을 긴장하게 만든다는 것을 알고서 그것들을 발전시키지 않았다…… 그리고 시간도 절약되지 않았다! 시간을 절약한다 하더라도, 그 시간에 무엇을 할 것인가? 당신은 그 시간에 걱정을 할 것이다.

먼저 당신은 시간을 가지고, 그런 다음 당신은 걱정하고 근심하게 되며, 뭔가 놀 거리를 찾는데, 이제 시간이 있다 한들 소용이 없다. 먼저 당신은 시간을 절약하고, 그런 다음 당신은 그 시간을 어떻게 죽일까 고심한다. 그래서 거기에 더 빨리 능률적으로 일을 해내는 방법에 대해 생각을 파는 사람이 있는가 하면, 여가 시간을 즐기는 방법에 대한 생각을 파는 사람들도 있게 된다. 참으로 어리석다!

그러니 하나만 시도하라. 천천히 하라. 평범한 일상을 천천히 함에 의해 당신이 얼마나 평화로울 수 있는지 알게 될 것이다. 천천히 먹고 쉬어라! 만약 당신이 이십 분간 먹는다면, 사십 분은 왜 안 되는가? 서두를 필요가 없다! 음식을 즐겨라! 그것을 더 씹어라. 더 소화가 잘 될 것이다. 당신의 몸은 더욱 여유 있고 편안함을 느낄 것이다. 그리고 물론 몸이 편안할 때, 마음도 편안해질 것이다.

때따로 아무 할 일이 없을 때는 아무것도 하지 말고 그저 조용히 앉아 있어라. 신문을 읽거나 텔레비전을 볼 필요가 없다. 당신 자신을 그렇게 미친 듯이 바쁘게 활동하게 하지 말라. 그것은 자신으로부터 도피하는 방법이다. 그래서 때때로 아무것도 할 일이 없을 때, 아무 할 일이 없어 약간의 시간을 갖게 되었을 때 행복감을 느낀다. 그때 조용히 앉아서, 별들이나 나무들을 보거나, 눈을 감고 내면을 보아라.

만약 당신이 매일 적어도 한 시간씩 고요히 앉아 있을 수 있다면, 석 달이나 넉 달 안에 당신은 평화가 무엇인지 처음으로 알게 될 것이다. 그리고 평화가 무엇인지 알지 못하고는 인생이 무엇인지 알 수 없다. 오직 평화가 겉으로 드러나고 당신 안에 평화의 봄이 흐르기 시작할 때, 당신은 인생의 의미를 느끼게 된다. 그렇지 않다면 이것은 아무것도 아닌 일로 법석을 떠는 것이다.

무지개의 시종 : 모험

인생은 하나의 모험이다. 끊임없이 모험을 초대하고, 미지의 세계가 부를 때마다
그것에 귀 기울여라. 모든 것을 걸고 미지의 세계로 들어가라. 이것이
인생을 최대한으로 사는 유일한 길이다.

인생은 하나의 위대한 모험이다. 하지만 사람들은 너무 두려워서, 친숙하며 잘 알고 있고 분명하고 논리적인 것에 집착한다. 그들은 마음의 범주를 결코 벗어날 수 없다. 만약 당신이 마음 속에 살고 있다면, 당신은 무덤 안에 살고 있는 것이다. 당신이 마음을 넘어갈 수 있다면, 당신은 진정으로 태어나고 무덤에서 나오게 된다.

우리는 그런 강렬함과 그런 모험심으로 매 순간을 살 수 있다. 그러면 매 순간은 아주 많은 즐거움과 황홀함을 가져오므로 위대한 선물이 된다. 하지만 기꺼이 과거를 계속 버려야만 한다. 과거가 축적되도록 두어서는 안 된다. 그것은 당신 주위에 감옥의 벽이 된다. 각 순간은 과거르부터 죽고, 새롭게 유지되며, 당신의 삶은 위대한 모험이 될 것이다. 그리고 모험적인 사람만이 진실이 무엇인지 안다. 모험을 하지 않는 삶은 안락한 거짓 속에 사는 것이다.

능숙함 속에는 안전이라는 것은 있지만 모험이라는 것은 빠지게 된다. 그래서 모든 안전한 삶은 모험적일 수 없을 것이며, 모든 모험적인 삶은 안전할 수가 없을 것이다.

만약 당신이 매일 새로운 친구를 사귈 수 없는 상황이라면, 오래된 우정의 아름다움을 최대한 이용하라. 만약 당신이 매일 친구를 바꿀 수 있는 경우라면, 그것은 매우 좋다. 당신은 새로운 친구와 새로운 우정을 가질 수 있는 기회를 가지게 된다. 그리고 새로운 우정은 그 자체가 아름다움을 가진다. 삶은 더욱 활기 넘치고 더욱 모험적이 된다. 낯선 사람과 친해진다는 것은 더욱 모험적인 일이고, 낯선 사람을 믿는다는 것은 더욱 대담하고 위험한 일이다. 사랑하고 친밀해질 새로운 사람을 계속 발견하는 것은 당신을 더욱 충만하게 해 줄 것이다. 그러나 시간이 지나 새로운 것들이 안정되고, 그것들이 안전하다고 당신이 느끼게 되면, 그것들은 갈 것이다. 그들은 계속하여 가 버릴 것이다. 하지만 그래도 좋다!

일반적으로 우리는 모든 안전과 동시에 모든 기쁨을 갖기를 원한다. 그런 일은 일어나지 않는다. 그것은 삶의 방식이 아니고, 어떻게 해볼 도리도 없다. 그러나 우리는 이것을 원하고, 우리는 불가능한 것을 원한다. 우리는 안전하고 위험이 없으며 조절할 수 있는 것을 원하며, 그리고 우리는 기쁨과 축하와 커다란 모험을 원한다. 그러나 이 상반된 둘은 함께 일어날 수 없고, 당신은 둘 다를 가질 수 없다. 그들은 한 꾸

러미로 오지 않는다.

　인생은 하나의 모험이다. 끊임없이 모험을 초대하고, 미지의 세계가 부를 때마다 그것에 귀 기울여라. 모든 것을 걸고 미지의 세계로 들어가라. 이것이 인생을 최대한으로 사는 유일한 길이다.

무지개 에이스 : 성숙

★★★★★★★★★★★★★★★★★★★★★

성숙은 당신의 삶의 경험과는 아무런 관계가 없다.
이것은 당신의 내적 경험, 즉 내면으로 향한 여행과 관련이 있다.

자기 자신에게 더 깊이 들어갈수록 그는 더욱 성숙해진다. 그의 존재의 중심에 도달하였을 때 그는 완전히 성숙된다. 하지만 그 순간 그 사람은 사라지고, 오직 현존만이 남는다…… 자아는 사라지고, 오직 침묵만이 남는다. 지식은 사라지고, 오직 순수만이 남는다.

성숙은 실현의 또 다른 이름이다. 당신의 잠재력은 실현되고, 이것은 실재가 된다. 그 씨앗은 오랜 여행을 끝내고, 꽃으로 피어난다.

성숙은 향기를 가진다. 이것은 개인에게 엄청난 아름다움을 준다. 이것은 지성, 최상의 예리한 지성을 준다. 이것은 그를 다름 아닌 사랑으로 만든다. 그의 행동은 사랑이고, 그의 행동하지 않음도 사랑이다. 그의 인생은 사랑이고, 그의 죽음도 사랑이다. 그는 사랑의 꽃일 뿐이다.

서양에서는 매우 유치한 성숙의 정의를 가진다. 서양에서의 성숙이란, 당신은 더 이상 순수하지 않고, 삶의 경험을 통해서 노련해지며, 쉽게 속아 넘어가지 않고, 이용당하지도 않으며, 당신 안에 어떤 딱딱한 바위 같은 무언가 보호막이나 안전장치를 가지는 것을 의미한다.

이러한 정의는 매우 보편적이고 매우 세속적이다. 그렇다, 세상에서 당신은 이러한 형태의 성숙한 사람을 발견할 것이다. 하지만 내가 보는 성숙은 완전히 다른 것인데, 이 정의에 완전히 반대되는 것이다. 성숙은 당신을 바위로 만드는 것이 아니라, 당신을 매우 상처받기 쉽고, 매우 부드럽고, 매우 단순하게 만드는 것이다.

나에게 있어 성숙이란 영적인 현상이다.

무지개 2 : 순간에서 순간으로

★★★★★★★★★★★★★★★★★★★★★★★★★★★★★★★

마음은 그 순간을 믿지 못한다. 마음은 늘 두려워한다. 그것이 계획을 하는
이유이다. 두려움으로 계획을 하고, 그 계획에 의해 당신은 모든 아름답고
진실한 것을 놓친다. 신성한 모든 것을, 당신은 놓친다.

삶은 그처럼 끊임없이 흐르고, 같은 채로 남아 있는 것은 없으며, 모든 것은 이동한다. 헤라클레이토스는 같은 강물에 두 번 들어갈 수 없다고 말했다. 어떻게 당신이 계획을 할 수 있겠는가? 당신이 두 번째로 들어갈 때는 많은 양의 물이 흘러간 후이고, 이것은 같은 강물이 아니다. 계획은 과거가 스스로를 반복할 때만 가능해진다. 하지만 과거는 스스로를 결코 반복하지 않으며, 되풀이는 결코 일어나지 않는다. 비록 당신이 보기에 무언가 반복되고 있는 것처럼 보이더라도, 그것은 단지 당신이 전체를 볼 수 없기 때문일 뿐이다.

헤라클레이토스는 다시 말한다. 매일 아침의 태양은 새롭다. 물론 당신은 같은 태양이라고 말할 것이다. 하지만 이것은 같을 수 없고, 이것이 같을 가능성은 없다. 많은 것이 변했다. 하늘 전체가 달라지고, 별들의 전체 모양도 달라졌으며, 태양 자체도 늙었다. 이제 과학자들은 사백만 년 안에 태양이 사라질 것이며 그 죽음이 가까이 다가오고 있다고 말한다. 왜냐하면 태양은 하나의 살아 있는 현상이며, 이것은 아주 오래되었고 죽어야만 하기 때문이다.

태양은 태어나서 살고 그리고 죽는다. 우리에게 사백만 년은 매우 길지만 태양에게는 그렇지 않으며, 이것은 마치 바로 한 순간에 죽는 것과 같을 것이다. 그리고 태양이 죽을 때, 전체 태양계는 사라질 것이다. 태양이 그 근원이기 때문이다. 매일 태양은 죽어 가고 있고, 점점 더 늙어간다. 태양은 어제와 같을 수가 없다. 매일 에너지를 잃어 간다. 막대한 양의 에너지가 태양 광선으로 떨어져 나가고 있다. 태양은 매일 매일 더 줄어들고 고갈되어 가고 있다. 태양은 똑같지 않고, 똑같을 수도 없다.

그리고 태양이 떠오를 때도 다른 세상으로 떠오른다. 구경꾼들도 달라져 있다. 어제 당신은 사랑으로 충만해 있었으며, 그때 당신의 눈은 달랐다. 그리고 태양은 물론 다르게 보였다. 당신은 너무나 사랑으로 가득 차서 어떤 시적 감흥이 당신의 주위를 둘러싼다. 그리고 이 시적 감흥을 통하여 태양을 보면, 태양은 베다의 선각자가 본 것처럼 신으로 보일 것이다. 그들은 태양을 '신'이라 부른다. 그들은 엄청난 시적 감흥으로 가득 차 있었다. 그들은 존재와 사랑에 빠진 시인들이었고, 과학자가 아니었다. 그들은 그것이 무엇인지에 대해 탐구하지 않고, 그러한 분위기가 무엇인지에 대해 탐구했다. 그들은 태양을 숭배하였고, 매우 행복했고, 기쁨에 찬 사람들이었다. 왜냐하면 당신은 은총을 느낄 때만 오직 숭배할 수 있기 때문이다. 당신은 삶 전체가 축복으로 느껴질 때만 숭배할 수 있다.

어제 당신은 시인이었지만, 오늘은 전혀 시인이 아닐지도 모른다. 왜냐하면 매 순간 강물은 당신 안에서 흘러가기 때문이다. 당신도 또한 변하고 있다. 어제는 서로 잘 맞았는데, 오늘은 모든 것이 혼잡하다. 당신은 화가 나고, 의기소침해지고, 슬프다. 구경꾼이 달라졌는데 어떻게 태양이 같을 수 있겠는가? 모든 것은 변화한다. 그래서 사람의 이해로는 결코 미래를 위해 정확히 계획할 수 없다. 그럴 수가 없다. 하지만 당신은 미래를 만나기보다 준비하는 것에 더 치중한다. 이것은 모순적이다. 당신은 계획하겠지만, 그렇게 되지는 않는다.

사실, 계획은 당신이 불충분하다고 느낀다는 의미이다. 그것이 당신이 계획을 하는 이유이다. 아니면 왜 계획을 하겠는가? 손님이 오고 있다. 그리고 당신은 그에게 무어라고 말할지 계획한다. 이 무슨 쓸데없는 일인가! 손님이 왔을 때 자연스러울 수는 없는가? 하지만 당신은 두렵그 자신을 믿지 못한다. 당신은 신뢰가 없다. 당신은 계획하고 예행연습을 한다. 당신의 삶은 하나의 연극이며 실제가 아니다. 왜냐하면 예행연습은 연기를 할 때나 필요하기 때문이다. 그리고 기억하라. 당신이 예행연습을 하고 나면, 무슨 일이 일어나든 그것은 연기일 뿐 진짜가 아닐 것이다.

손님은 아직 도착하지 않았는데, 당신은 뭐라고 말할지, 어떻게 그를 반길지, 어떻게 대답할 것인지에 대해 이미 계획을 했다. 당신은 이미 이것들을 말했다. 마음 속에서 손님은 벌써 도착했고, 그에게 이야기하고 있다.

사실, 손님이 도착할 때 당신은 그에게 싫증이 날 것이다. 사실, 손님이 도착할 때는 이미 그는 너무 오래 당신과 함께 있었다. 당신은 지루하고, 당신이 뭐라고 말하든지 진실과 진심이 아닐 것이다. 이것은 당신으로부터 나온 것이 아니고 기억에서 나온 것이다. 이것은 당신의 존재에서 솟아난 것이 아니라, 미리 해 본 예행연습에서 온 것이다. 이것은 거짓이 된다. 그리고 만남은 가능하지 않다. 어떻게 거짓의 사람과 만날 수 있겠는가? 그리고 이것은 당신의 손님도 마찬가지일 것이다. 그도 또한 계획하고 있었고, 그도 역시 당신에게 이미 싫증이 났다. 그는 너무 많이 이야기했고, 이제 조용히 있고 싶다. 그가 무엇을 말하든 그것은 미리 연습한 것이다.

그래서 두 사람이 만났지만, 거기에는 최소한 네 사람이 만났다. 더 많이도 가능하다. 진짜 두 사람은 뒤에 있고, 가짜 두 사람은 서로 만나고 있다. 모든 것은 가짜이다. 이것은 계획에서 나온 것이기 때문이다. 당신이 사람을 사랑할 때조차 당신이 할 모든 행동을 계획하고 미리 연습을 한다. 어떻게 입을 맞추고 어떤 동작을 하고, 하지만 이 모든 것은 거짓이다. 왜 당신 자신을 믿지 못하는가? 그 순간이 올 때, 왜 스스로 할 수 있다고 믿지 못하는가? 왜 실제로 할 수 없는가?

마음은 그 순간을 믿지 못한다. 마음은 늘 두려워한다. 그것이 계획을 하는 이유이다. 계획은 두려움을 의미한다. 두려움으로 계획을 하고, 그 계획에 의해 당신은 모든 아름답고 진실한 것들을 놓친다. 신성한 모든 것을, 당신은 놓친다.

수많은 가능성이 거기에 있을 것이다. 미리 이것을 고정시키지 말라. 단지 깨어 있고 경계하며, 일이 되어 가는 대로 두어라.

무지개 3 : 인도

우리는 내면의 안내자와의 접촉을 잃어버렸다.
모든 사람은 내면의 안내자와 함께 태어나지만, 이것이 일하고 기능하도록
허락하지 않는다. 이것은 거의 마비되었다. 하지만 소생될 수 있다.

선사(禪師)들은 명상으로서 검도(劍道)를 가르치며 이렇게 말한다. "내면의 안내자와 순간에서 순간을 함께 하고, 생각하지 말라. 내면의 존재가 무슨 일을 하든지 그것을 허락하고, 마음으로 방해하지 말라."

우리는 무척 마음에 길들여졌기 때문에 이렇게 하는 것이 매우 어렵다. 우리의 학교와 대학들, 모든 문화와 문명 양식들은 우리의 머리를 가르친다. 우리는 내면의 안내자와의 접촉을 잃어버렸다. 모든 사람은 내면의 안내자와 함께 태어나지만, 이것이 일하고 기능하도록 허락하지 않는다. 이것은 거의 마비되었다. 하지만 이것은 소생될 수 있다.

머리로 생각하지 말라. 정말로 전혀 생각하지 말라. 그저 움직여라.

어떤 상황 속에서도 시도하라. 이것은 어려울 것이다. 오래된 습관이 생각하기 시작할 것이기 때문이다. 정신을 바짝 차려야 한다. 생각하지 말고, 내면에서 마음에 다가오는 것을 느껴라. 당신은 매번 이것이 내면의 안내자로부터 오는 것인지, 마음의 표면으로부터 오는 것인지 알 수 없어서 아마 혼란스러울 것이다. 하지만 머지않아 당신은 그 차이를 느낌으로 알 수 있게 될 것이다.

무언가가 내면으로부터 올 때, 이것은 당신의 배꼽 위쪽으로부터 온다. 당신은 배꼽 위쪽으로부터 온기가 흐르는 것을 느낄 수 있다. 당신의 마음이 생각할 때마다, 이것은 그저 표면적이고, 머릿속에 있으며, 스러져 간다. 만약 당신의 마음이 무언가를 결정했다면, 그것을 가라앉혀야 한다. 만약 당신 내면의 안내자가 결정한다면, 당신 안에서 무엇인가가 거품처럼 솟아난다. 이것은 마음을 향한 존재의 깊은 중심으로부터 온다. 마음이 이것을 받지만, 이것은 마음이 아니다. 이것은 저 너머에서 온다. 그리고 그 이유 때문에 마음은 겁을 집어먹는다. 어떤 증명도 할 수 없고, 갑자기 오기 때문에 믿을 수도 없다. 이 느낌은 단순하게 갑자기 떠오른다.

어떤 상황들에서 이것을 시도해 보라. 예를 들면, 숲에서 당신은 길을 잃었다. 생각하지 말라. 그저 눈을 감고, 앉아서 명상하며, 생각하지 말라. 그것은 쓸데없기 때문이다. 당신이 모르는데 어떻게 생각해 낼 수 있겠는가? 하지만 사고는 아무것도 생각해 낼 수 없는 순간조차 습관적으로 생각한다. 생각은 이미 알고 있는 것에 대해서만 생각할 수 있다. 당신은 숲에서 길을 잃었다. 당신은 어떤 지도도 없고 물어볼 사람도 없다. 무엇에 대해 생각할 것인가? 하지만 여전히 생각하고 있

다. 그 생각은 그저 걱정이지 생각이 아니다. 더 걱정할수록 내면의 안
내자의 능력이 더 줄어든다.

걱정하지 말라. 나무 아래 앉아서, 생각을 멈추고, 진정하라. 그저
기다리고, 생각하지 말라. 문제를 만들어 내지 말고, 그저 기다려라.
생각이 없는 순간이 왔다고 느낄 때, 일어서서 움직이기 시작하라. 당
신의 몸이 어디를 가든, 움직이도록 두어라. 당신은 그저 지켜보라. 방
해하지 말라. 잃어버린 길을 매우 쉽게 찾게 될 것이다. 하지만 한 가
지 조건은, 마음으로 방해하지 말라는 것이다.

이런 일은 여러 번 무심코 일어났다. 위대한 과학자들은 위대한 것
이 발견될 때마다, 그것은 마음에 의해서가 아니라 늘 내면의 안내자
에 의한 것이었다고 말한다.

퀴리 부인은 수리적인 문제를 풀기 위해 노력에 노력을 더하고 있었
다. 그녀는 할 수 있는 모든 것을 다했고, 질려 버릴 만큼 최선을 다했
다. 날이면 날마다 그녀는 연구했지만 아무것도 나오지 않았다. 그녀
는 미칠 것 같았다. 해답을 찾을 길이 없었다. 그러던 어느 날 밤, 지칠
대로 지쳐 쓰러져 잠이 들었다. 그리고 그날 밤 꿈 속에서 결론이 갑자
기 나타났다. 그녀는 그 결론에 관심이 너무 많아서 꿈을 깨고, 잠에서
깨어났다. 즉시 그녀는 그 결론을 써 내려갔다. 왜냐하면 꿈 속에서는
과정이 없었고 그저 결론뿐이었기 때문이었다. 그녀는 종이 위에 이것
을 써 내려갔고, 다시 잠들어 버렸다. 아침에 그녀는 혼란스러웠다. 그
결론은 옳았지만, 어떻게 그것을 얻어 냈는지 알 수 없었다. 과정도 없
고, 방법도 없었다. 그래서 그녀는 과정을 찾으려 노력하였다. 이제 이
것은 좀 더 쉬운 일이 되었다. 결론은 이미 손안에 있고, 결론으로부터

유추해 들어가는 것은 쉽기 때문이다. 그녀는 이 꿈 때문에 노벨상을 받았다. 하지만 그녀는 어떻게 이런 일이 일어났는지 늘 놀라워했다.

당신의 마음이 극도로 지쳐서 더 이상 아무것도 할 수 없을 때, 마음은 뒤로 물러난다. 이것이 물러나는 순간, 내면의 안내자는 단서나 실마리, 열쇠 같은 것을 준다. 인간 세포의 내부 구조로 노벨상을 받은 사람은 이것을 꿈에서 보았다. 그는 인간 세포의 전체 구조, 내부 세포를 꿈 속에서 보았다. 그러고는 아침에 그저 이것을 그림으로 그렸을 뿐이다. 그는 자신도 이런 일이 어떻게 일어날 수 있었는지 믿을 수 없었다. 그래서 그는 수년간 연구해야 했다. 몇 년의 연구 후에야 그는 그 꿈이 사실이었다는 결론을 내렸다.

퀴리 부인은 이것이 내면의 안내자가 이끄는 내면의 과정이라는 것을 알게 되었을 때, 다시 그렇게 하기로 결심했다. 한번은 그녀가 해결하기를 원하는 문제가 있었는데, 그녀는 이렇게 생각했다. "왜 그것에 대해 걱정하고 애를 쓰겠어? 그냥 자러 가자." 그녀는 잠을 잘 잤지만, 해답은 없었다. 그래서 그녀는 당황스러웠다. 여러 번 시도하였다. 문제가 있으면 즉시 그녀는 자러 갔다. 하지만 해답은 없었다. 먼저, 지적으로 완전한 노력을 다해야 한다. 오직 그때에만 해답이 떠오른다. 머리가 완전히 지쳐 버리지 않으면, 마음은 꿈 속에서조차 계속 생각하기 때문이다. 그래서 이제 과학자들은 모든 위대한 발견은 지능에 의해서가 아니라, 영감에 의해 이루어진다고 말한다. 이것은 내면의 안내자가 무엇인가에 대한 의미이다.

생각을 버리고 내면의 안내자에게로 가라. 내면의 안내자는 언제나 거기에 있다.

무지개 4 : 구두쇠

관대함은 진정한 부유함이다.

가난한 사람은 늘 관대하며, 부자는 결코 그렇지 못하다. 그것이 부자가 되는 방법이기 때문이다. 만약 부유한 사람이 관대하다면, 변혁이 일어난 것이다. 부유한 사람은 물질적인 부유함이 헛되다는 것을 깊이 이해할 때만 관대해질 수 있다. 이 세상이 줄 수 있는 모든 것들은 가질 가치가 없다는 것을 알게 되었을 때, 오직 그때 관대해지는 것이 가능하다. 그때 그는 나누기 시작한다.

그렇지 않으면 당신은 계속해서 점점 더 많은 것을 축적한다. 마음은 계속 좀 더 많은 것을 요구한다. 거기에 끝은 없다. 당신이 경계하지 않는다면, 세상의 모든 부유함을 다 가진다 해도 충분하지 않을 것이다. 마음은 당신이 얼마나 가졌는지는 관심이 없고, 그저 "좀 더!"라고 계속 말할 뿐이다.

마음은 계속해서 더 많은 것을 원한다. 이것은 당신이 무엇을 가지고 있든 관심이 없다. 당신이 거지라면, 마음은 좀 더 많은 것을 요구할 것이다. 당신이 황제라 할지라도, 마음은 좀 더 많은 것을 요구한다. 마음의 본성은 좀 더 많은 것을 원하는 것이다. 이것은 당신이 무엇을 가졌든 상관이 없다. 좀 더 많은 것을 계속 원하는 것이 바로 마음의 본성이다. 부유한 사람은 계속해서 좀 더 많은 것을 원하기에 여전히 가난하다. 그는 계속해서 더 많은 것을 욕망하기에 여전히 가난한 채로 남아 있다. 이것이 진정으로 부유한 사람을 찾기 어려운 이유이다.

관대함은 진정한 부유함이다.

그리고 관대해지기 위해서, 나누기 위해서, 당신은 많은 것이 필요치 않다. 관대해지기 위해서는 당신이 가진 무엇이든 그저 나누어야 한다. 당신은 많이 갖지 못했을 수도 있다. 그것은 중요한 것이 아니다. 누가 많이 가졌는가? 누가 나눌 정도로 충분한가? 결코 풍부하지 않고, 결코 충분하지도 않다. 당신은 전혀 가지고 있지 못할 수도 있고, 당신은 한낱 거리의 거지일지도 모르지만, 당신은 여전히 나눌 수 있다.

길을 지나가는 낯선 사람에게 미소를 보낼 수 없는가? 당신은 미소 지을 수 있고, 당신은 낯선 사람과 당신의 존재를 나눌 수 있다. 그때 당신은 관대하다. 누군가가 슬퍼한다면 노래를 불러 줄 수 없는가? 당신은 나눌 수 있다. 미소는 비용도 들지 않는다. 하지만 당신은 너무 인색해서 미소 짓기 전에조차 여러 번 생각한다. 웃을 것인가, 말 것인 가? 노래할 것인가, 말 것인가? 춤을 출 것인가, 말 것인가? 사실은 존 재할 것인가, 말 것인가이다.

당신이 아무것도 가진 것이 없다면, 당신의 존재를 나누어라. 그것 은 가장 큰 부유함이다. 모든 사람은 이것을 가지고 태어난다. 당신의 존재를 나누어라! 당신의 팔을 벌리고, 가슴에 사랑을 담고 다른 사람 을 향해 가라. 다른 사람을 타인이라고 생각하지 말라. 어느 누구도 그 렇지 않다. 아니면 모두가 그렇다. 만약 당신이 나눈다면, 누구도 타인 이 아니다. 만약 당신이 나누지 않는다면, 모든 사람은 타인이다.

당신은 매우 부유한 사람이지만 나눌 줄 모르는 사람이다. 구두쇠 다. 그러면 당신의 아이들도 타인이고, 당신의 아내도 낯선 사람이다. 인색한 사람을 진정으로 만날 수 있는 방법은 없기 때문이다. 그는 닫 혀 있다. 그는 이미 무덤 속에 죽어 있다. 어떻게 인색한 사람에게 다 가갈 수 있겠는가? 만약 당신이 다가간다면, 그는 도망갈 것이다. 누 군가가 다가올 때마다 나누어야 하기 때문에 그는 항상 두려워한다. 인색한 사람은 악수조차 위험하게 느낀다. 누가 알겠는가? 그것에서 우정이 자라나게 되면, 그것은 위험해진다.

인색한 사람은 항상 용의주도하고, 누구도 너무 가까이 오지 못하도 록 자신을 보호한다. 그는 모든 사람과 거리를 유지한다. 미소는 그 거 리를 깨뜨리기 때문에 위험하다. 만약 당신이 거리의 거지에게 미소를 보낸다면, 그는 친구가 된다. 이제 만약 그가 배가 고프다면 당신은 무 언가를 해 주어야 한다. 웃지 않고 지나가는 편이 더 나을 것이다. 이 것이 더 안전하고, 더 경제적이며, 덜 위험하다. 이것에 위험은 없다.

당신이 무엇을 가졌건, 이것은 단순히 나눔의 문제이지, 무언가를 나누는지는 중요한 것이 아니다. 만약 당신이 아무것도 갖지 못했다면, 몸의 따뜻한 온기를 나누어라. 당신은 누군가와 가까이 앉을 수 있고, 당신의 온기를 나누어 줄 수 있다. 당신은 미소 지을 수 있고, 당신은 춤출 수 있고, 당신은 노래할 수 있다. 당신은 웃을 수 있고, 다른 사람이 웃도록 도울 수 있다.

무지개 5 : 소외

★ ★ ★ ★ ★ ★ ★ ★ ★ ★ ★ ★ ★ ★ ★ ★

당신이 당신 존재의 중심으로 들어가는 순간, 당신은 더 이상 외부인이 아니다.
처음으로 당신은 내부 사람이다.

모든 사람은 외부인이다. 당신은 아닌 척하지만, 당신은 여전히 외부인이다. 전체로 들어감이 없이는 외부인으로 남는다. 우리는 그렇지 않은 척하기 위해서 친구들, 친척들, 아이, 남편, 아내와 같은 작은 관계의 오아시스를 만들려고 노력한다. 그리고 우리는 이것들 뒤에 숨으려고 애쓴다. 하지만 죽음은 다가오고 모든 것을 앗아간다. 갑자기 우리는 외부에서 벌거벗은 채 서 있는 자신을 발견하게 된다.

당신이 전체 안으로 이동하지 않고는 이 세상에서 내부인이 될 수는 없다. 이 세상은 전체에 속해 있다. 오직 전체에 속함으로써만 당신은 존재의 일부가 될 것이다. 그렇지 않으면 될 수 없다. 이 나무들은 여전히 당신에게 낯설고, 그리고 새들도, 태양도, 달도, 모래도, 비도 낯설 것이다. 당신이 신성과 연결되지 않는다면, 모든 것은 여전히 당신에게 낯설 것이다. 그처럼 연결될 때 삶의 질은 통째로 바뀐다.

❊

어디에도 속하지 않는 것은 인생의 가장 위대한 경험 중의 하나이다. 완전히 소외되어서, 전혀 어떤 곳에서도 그곳의 부분이 되는 느낌이 들지 않는 것은 위대한 초월의 경험이다.

한 미국인 여행자가 수피 스승을 만나러 갔다. 수년간 그에 대해 들어 왔고, 그가 전하는 말을 깊이 사랑하고 있었다. 마침내 그는 그를 만나러 가기로 결심했다. 그의 방에 들어갔을 때 그는 놀랐다. 완전히 빈 방이었다! 스승은 앉아 있었고, 가구라고는 전혀 찾아볼 수 없었다. 그 미국인은 어떤 가구도 없는 생활공간을 상상할 수 없었다. 그는 즉시 물었다. "가구는 어디에 있습니까, 스승님?"

늙은 수피는 웃으면서 물었다. "당신의 것은 어디에 있습니까?"

그러자 그 미국인은 말했다. "물론 저는 여기 여행하러 온 사람입니다. 가구들을 가지고 다닐 수는 없습니다!"

그러자 노인이 말했다. "나도 여기 며칠 머물 여행자일 뿐이고, 나는 가 버릴 것이오. 당신이 가 버릴 것처럼 말이오."

이 세상은 단지 중요한 의미가 있는 성지 순례 여행이지, 장소에 속하거나 그 장소의 일부가 되는 것이 아니다. 이 세상에 속한 사람이 되는 것은 길을 잃는 것이다. 세속적인 사람은 세상에 속해 있다. 부처는 외부인으로 남을 수밖에 없다. 모든 부처는 외부인이다. 비록 그들이 군중 속에 있다 하더라도 그들은 홀로이다. 비록 그들이 시장 안에 있더라도, 그들은 거기에 있는 것이 아니다. 비록 그들이 관계를 맺고 있다고 하더라도, 따로 떨어진 채로 있다. 항상 거기에는 미묘한 거리가 있다.

그 거리는 자유이고, 그 거리는 엄청난 즐거움이며, 그 거리는 당신 자신단의 고유한 공간이다. 당신 자신을 외톨이라고 부르는가? 당신은 자신을 다른 사람들과 비교하고 있다. "그들은 매우 많은 관계 속에 있으며, 많은 연인들을 가지고 있다. 그들은 서로에게 속하고, 서로에게 내부 사람이다. 그런데 나는 고독하다. 왜인가?" 당신은 불필요한 번민을 만들어 내고 있다.

나의 접근은 항상 이러하다. 어떤 존재이든 당신 영혼에 꼭 필요한 미묘한 것을 주고 있음에 틀림없다. 그렇지 않다면 그것은 애초부터 주어지지 않았을 것이다.

더욱 홀로 있음을 생각하라. 홀로 있음을 축하하고, 당신의 순수한 공간을 축하하라. 그러면 당신의 가슴 안에서 위대한 노래가 솟아날 것이다. 그리고 이것은 자각의 노래가 될 것이고, 명상의 노래가 될 것이다. 그리고 이것은 특별히 누군가를 위해 부르는 것이 아닌, 가슴이 벅차올라 먼 곳에서 홀로 부르는 새의 노래가 될 것이다. 구름이 가득 차면 비를 내리기 바라고, 꽃이 가득 차면 꽃망울을 터트리며 향기를 퍼트리기를 바라듯이…… 어디에선가. 당신의 홀로 있음이 하나의 춤이 도게 하라.

무지개 6 : 타협

★ ★ ★ ★ ★ ★ ★ ★ ★ ★ ★ ★ ★ ★ ★ ★

타협은 추한 것이다……
어떻게 거짓과 타협하는 것이 진실이 될 수 있겠는가?

종교는 악마 없이는 존재할 수 없다. 그들은 신이 필요하고, 또한 악마도 필요하다. 그래서 만약 당신이 그들의 사원에서 신만을 본다면 잘못 안 것이다. 그 신의 뒤에는 악마가 숨어 있다. 악마 없이 종교는 존재할 수 없기 때문이다.

무엇인가는 비난받아야 하고, 무엇인가와 싸워야 하며, 무엇인가는 없어져야만 한다. 전체는 받아들여지지 않으며, 오직 부분만이 받아들여진다. 이것은 매우 기본적인 것이다. 당신은 어떤 종교에 의해서도 전적이 아닌, 오직 부분적으로만 받아들여진다. 그들은 말한다. "우리는 당신의 사랑은 받아들이지만, 당신의 증오는 아닙니다. 증오를 버리십시오." 이것은 매우 심각한 문제이다. 증오를 완전히 없애 버리면 사랑도 또한 없어질 것이기 때문이다. 증오와 사랑은 둘이 아니기 때문이다. 그들은 말한다. "우리는 당신의 고요는 받아들이지만, 당신의 분노는 받아들일 수 없습니다." 분노를 없애면 당신의 생명력도 없어진다. 그러면 당신은 고요해지겠지만, 생기 있는 사람이 아니고, 오직 죽은 사람이 된다. 그 침묵은 삶이 아니고, 바로 죽음이다.

종교는 당신을 항상 선과 악, 둘로 나눈다. 그들은 선은 받아들이고, 악에는 반대한다. 악은 없어져야만 한다. 그래서 만약 누군가가 진정으로 그것을 따르고 악마를 없앤다면, 그 순간 신도 없어지는 결과를 가져올 것이다. 하지만 아무도 그것을 진정으로 따르지 않는다. 그 가르침은 모순되기 때문에 아무도 그것을 따를 수도 없다. 그래서 모든 사람은 어떻게 하는가? 모든 사람은 그저 기만하고 있으며, 그래서 매우 위선적이 된다. 그러한 위선은 종교에 의해 창조된다. 당신은 그들이 가르친 대로 할 수 없으므로 위선자가 된다. 만약 그들을 따른다면 당신은 죽을 것이고, 만약 그들을 따르지 않는다면 당신은 불경함에 대한 죄의식을 느끼게 된다. 그럼 어떻게 한단 말인가?

교활한 마음은 타협한다. "나는 당신을 따릅니다."라고 하지만 그것은 말뿐이고, 무엇이든 자신이 원하는 대로 한다. 당신은 계속 화를 내고, 당신은 계속 성관계를 하고, 당신은 계속 욕심을 부리지만, 당신은 욕심은 나쁘고, 화내는 것도 나쁘며, 성관계도 나쁘다고 말한다…… 이것은 죄이다.

이것은 위선이다. 모든 세상은 위선적이 되어 가고, 아무도 정직하지 않다. 이렇듯이 분별하는 종교가 사라지지 않고는 누구도 정직할 수 없다. 모든 종교는 정직하라고 가르치고 있지만, 그것들은 모든 정직하지 못함에 기초하고 있기 때문에 이것은 모순되어 보인다. 그들은 당신에게 불가능한 것, 즉 당신이 할 수 없는 것을 하라고 가르친다. 따라서 그들은 당신을 정직하지 못하게 만들고, 당신은 위선자가 된다.

※

당신은 자신의 사원으로 가는 자신의 길을 창조하여야 한다. 어떤 도움도 받지 않고, 당신의 길을 따라갈 수 있을 때, 이것이 인간의 웅대함이며 거대한 존엄이다.

모든 종교는 사람을 잘못 이끌고 있다. 그들은 사람들을 파괴하고 양으로 만든다. 진정한 종교는 사람을 홀로 걸으며 결코 군중 속으로 들어가지 않는 사자로 만들 것이다. 군중은 그에게 전혀 맞지 않는다. 왜냐하면 군중과 함께라면 당신은 늘 타협해야 하기 때문이다. 군중과 함께라면 당신은 늘 그들의 비평, 그들의 평가, 그들의 옳고 그름의 개념, 그들의 선과 악의 척도와 같은 다른 사람의 의견을 들어야만 한다.

군중 속에서 당신은 본성으로 남아 있을 수 없다. 군중은 매우 부자연스러운 환경이다. 당신이 매우 자각하고 있지 않다면, 군중은 당신을 먼지 속으로 밀어 넣을 것이다. 그래서 세상에서 많은 부처를 발견할 수 없다. 부처는 그의 개인성을 위하여 조금씩 싸워 나가야만 한다. 그는 어떤 희생을 감수하더라도 군중에게 길을 내줄 수는 없다. 그러한 타협하지 않는 자세가 당신에게 계속 남아 있지 않다면, 살면서 군중에 의해 영향을 받지 않고 남아 있을 수는 없다.

그리고 불행하게도 모든 사람은 군중들, 즉 부모님과 선생님, 이웃들 속에서 태어난다. 누구도 홀로 태어날 만큼 운이 좋지는 않다. 그러므로 이것은 논할 필요가 없다. 당신은 사회 속에서, 군중 속에서 태어난다. 당신을 둘러싼 오염으로부터 당신의 지성을 깨끗하게 지키지 않으면, 조만간 당신은 결코 되려고 의도하지 않은 다른 누군가가 되고 말 것이다.

모든 사람이 그만의 운명을 가지고 있듯이, 당신은 당신만의 운명을 가지고 있음을 계속해서 기억하라. 당신이 자신 안에 가지고 있는 그 씨앗이 꽃을 피우지 않으면, 당신은 더없는 기쁨과 충만함과 만족감을 느낄 수 없을 것이며, 바람 속에서, 빗속에서, 햇살 아래서 춤출 수 없을 것이다. 당신이 스스로의 걸음에 의해 만든 길을 따라 걷는다면, 당신은 오직 자신만의 천국 안에 있게 될 것이다. 이미 만들어져 있는 길이란 없다.

당신이 안으로 들어갈 때, 당신은 길이 아니라 발자국조차 없는 순수 공간으로 들어간다. 부처는 내면의 세계는 꼭 하늘과 같다고 말하고는 했다. 새들은 날지만 발자국을 남기지 않는다. 하늘에는 그들의 발자국이 남지 않기 때문에 누구도 그들의 발자국을 따라갈 수 없다. 그들이 날아가자마자 발자국은 사라져 버린다.

그 내면의 하늘은 항상 순수하게 남아 있으며 그저 당신을 기다리고 있다. 그 누구도 당신 안으로 들어갈 수 없기 때문이다.

무지개 7 : 인내

★★★★★★★★★★★★★★

사람들이 내면으로 향하기 시작할 때, 성급함은 가장 큰 장애이다. 무한한 인내가 요구된다.
이것은 다음 순간 일어날 수 있지만, 무한한 인내가 필요하다.

선(禪)에는 이런 말이 있다. "천천히 서둘러라." 그렇다! 서둘러라. 왜냐하면 당신은 죽을 것이기 때문이다. 이런 의미에서의 서두름이다. 하지만 내면에서 당신이 너무 급히 서두른다면, 놓치게 될 것이다. 왜냐하면 당신의 시각이 초점을 맞추기도 전에 너무 성급하게 결론을 낼 것이기 때문이다. 너무 조급하게 결론을 내지 말라.

천천히 서둘러라. 기다려라! 가서 앉아라. 그리고 기다려라. 점차 눈에 보이지 않는 새로운 세상이 분명해지며, 당신에게 다가온다. 당신은 그것과 어우러지고, 그때 조화의 선율을 들을 수 있다. 침묵은 그 자신의 노래를 부르기 시작한다. 이것은 늘 거기에 있지만, 아주 고요해서 이것을 들으려면 매우 단련된 귀가 필요하다. 이것은 소음 같은 것이 아니라 침묵 같은 것이다. 내면의 소리는 침묵과 같고, 내면의 형상은 형상 없음과 같다. 내면에는 시간도, 공간도 없다. 당신이 아는 모든 것은 공간이나 시간 속에 있다. 사물들은 공간 속에 있고, 사건들은 시간 속에 있다. 그리고 물리학자들은 이 두 개의 것이 둘이 아니며, 시간조차도 공간의 네 번째 차원일 뿐이라고 말한다.

당신은 오직 시간과 공간, 사물과 사건들의 세상만을 안다. 당신은 자신을 지켜보고 있는 세상을 알지 못한다. 이것은 둘 다를 초월해 있으며, 이것은 어떤 공간으로도, 어떤 시간으로도 한정되지 않는다. 이것은 시간 없이 지속되며, 어떤 높이도, 길이도, 너비도 없는 공간이다. 이것은 완전히 다른 세상이다. 당신은 이것에 적응하는 것이 필요할 것이지만, 서두르지 마라. 조급함은 가장 큰 장애이다. 나는 사람들이 내면을 향하기 시작할 때 조급함이 가장 큰 장애라고 느껴 왔다. 무한한 인내가 요구된다. 이것은 다음 순간 일어날 수 있지만, 무한한 인내가 필요하다.

만약 당신이 조급하다면, 이것은 평생 일어나지 않을지도 모른다. 왜냐하면 바로 그 조급함이 예수가 말한 고요한 평안을 당신에게 허락하지 않을 것이기 때문이다. 기대하는 것조차 방해가 될 것이다. 만약 당신이 무언가 엄청난 일이 일어나기를 기대한다면, 아무것도 일어나지 않을 것이다. 만약 당신이 어떤 깨달음이 일어나기를 기다리고 있고 기대하고 있다면, 당신은 이것을 놓치게 될 것이다. 기대하지 말라. 모든 기대는 시간과 공간의 차원에 있는 죽음의 세상에 속한다.

목적은 내면에 속한 것이 아니다. 무한한 인내를 가지고 기다리는 것 외에는 이것에 이르는 길이 없다. 예수는 말했다. "지켜보라. 그리고 인내하라." 그러면 어느 날, 갑자기 당신은 깨닫게 될 것이다. 어느 날, 올바른 방향에서 준비되었을 때, 갑자기 당신은 깨달을 것이다. 모든 어둠은 사라지고, 당신은 결코 죽지 않는 영원한 삶으로 가득 차게 될 것이다.

인내는 방심하지 않고, 인내는 매우 활동적이며, 인내는 매우 기대에 차 있는 것이다. 만약 당신이 초대한 친구를 기다리고 있다면, 당신은 아마 바로 문 옆에 앉아서 매우 주의 깊게 신경을 모으고 있을 것이다. 길에서 어떤 소리가 나도, 어떤 차가 지나가도, 즉시 당신은 쳐다볼 것이다. 친구가 왔는가? 문에 바람만 불어도, 갑자기 당신은 귀를 기울인다. 혹시 그가 문을 두드리는가 해서…… 정원의 낙엽이 이리저리 굴러다니면, 당신은 집밖으로 나선다. 혹시 그가 온 것일까…… 인내는 그처럼 활동적이다. 이것이 기다림이다. 이것은 무디지 않으며, 매우 빛나는 것이다. 이것은 무의식적이지 않으며 무감각하지 않다. 이것은 밝게 빛나는 불꽃과 같은 것이다. 기다린다. 무한히 기다릴 수 있지만, 그 기다림은 기대하고, 활동적이고, 방심하지 않고, 주의 깊다.

당신은 제때가 되기 전에 어떤 일이 일어나도록 할 수 없다. 봄은 올

것이고 꽃들은 필 것이지만, 당신은 봄을 강요할 수 없다. 비는 올 것이고, 구름은 하늘을 덮을 것이고, 지구의 목마름은 완전히 가시게 될 것이다. 하지만 당신이 그것을 강요할 수는 없으며, 당신은 기다릴 수밖에 없다.

당신이 더욱 인내할수록 봄은 더 빨리 올 것이고, 이것은 아름다운 일이다. 만약 당신이 절대적으로 인내한다면, 바로 그 순간 봄은 올 수 있다.

당신의 긴박함은 당신에게 문제를 만들 것이다. 왜냐하면 이것은 당신을 더욱더 혼란스럽게 만들고, 더욱더 서두름 속에 가만히 있지 못하게 할 것이기 때문이다. 나는 이해할 수 있다. 서구의 모든 전통은 당신에게 하나만을 가르쳐 왔는데, 그것은 속도이다.

모든 사람은 가능한 한 빨리 부자가 되려고 하고, 당신이 빨리 부자가 되기를 원한다면 자연스럽게 당신은 부도덕한 수단인 마약과 같은 것들에 손을 댈 수밖에 없다. 서양 종교의 모든 지도자들은 마약에 반대하지만, 그것이 속도의 개념 때문이라는 것을 이해하지 못한다. 모든 사람은 충분히 빠르게 살고 있다…… 수많은 사람들이 같은 지위를 두고 겨루고, 자연적으로 거기에 경쟁이 있고, 질투가 있고, 폭력이 있다. 수단과 방법을 가리지 않고, 결국 재빨리 도착하여야 한다. 권력을 쥐거나, 세계적으로 유명해지거나, 아니면 가능한 한 큰 부자가 되어야 한다.

하지만 나무는 초조하게 자라지 않는다. 그들은 우아하게, 인내를 가지고, 신뢰와 함께 움직인다. 당신의 마음을 제외하곤 어디에도 서두름이란 없다. 만약 당신이 진정으로 평화와 기쁨의 상태에 있기를 원한다면, 당신은 무언가를 재빨리, 조급하게 성취하려는 오래된 습관을 버려야 한다.

다급함은 자연적으로 의문을 제기하게 한다. "어떻게?" 빠른 속도로 해야 한다면, 그때 기술이 필요해진다. '어떻게'라는 말은 기술을 의미하는 것이다. 명상은 어떤 기술의 부산물이 아니다. 이것은 어떤 기술도 필요하지 않다. 이것은 '어떻게'라는 것도 필요하지 않다. 이것은 단지 지금이 필요할 뿐이다.

무지개 8 : 평범함

자기 자신을 발견한 사람은 정상적이 아니고 이상하며
신경증적인 마음에 대해서는 아무것도 모른다.
그는 단순해지고 평범해지지만, 그 평범함은 빛을 발한다.

나는 이런 이야기를 들은 적이 있다.

어느 나라의 왕과 고위 사제가 이른 아침에 둘 다 기도를 하고 있었다. 아직 날이 밝지 않았고 그들은 사원 안을 볼 수 없었다. 왕은 기도하였다. "신이시여, 저는 당신 발아래의 먼지에 지나지 않습니다. 저는 아무것도 아닙니다. 저에게 자비를 베푸소서!" 그리고 고위 사제도 거의 같은 내용의 기도를 하였지만, 다르다면, "저는 아무것도 아닙니다. 저희에게 자비를 베푸소서!"라는 것이었다.

그들이 기도하고 난 후, 둘 다 세 번째의 목소리를 듣고 놀랐다. 그때 날이 조금 밝아져서 그를 볼 수 있었는데, 마을의 가장 불쌍한 거지도 기도하고 있었고, 그는 이렇게 말하고 있었다. "신이시여, 저는 당신 발아래의 먼지입니다. 저는 아무것도 아닙니다. 저희에게 자비를 베푸소서!"

왕은 놀란 눈을 깜빡이며, 고위 사제를 돌아보고 말하였다. "평범하기 그지없고, 아무것도 아닌 저자가 말하는 것을 보시오. 저 꼴이란! 누가 '저는 아무것도 아닙니다.'라고 말하는 거요? 거지 주제에! 왕은 '저는 아무것도 아닙니다.'라고 말할 수 있고, 고위 사제도 '저는 아무도 아닙니다.'라고 말할 수 있소. 하지만 거지가? 어떻게 그런 주제 넘는 소리를! 우쭐대는 꼴이라고는!"

그들은 거지가 왕이나 고위 사제처럼 하려고 하는 것을 비웃었다. 거지도 역시 아무것도 아니라고 허풍을 떨었다. 왕과 사제는 이것이 모욕적이라고 생각했다. 물론, 모든 사람들은 그들이 아무것도 아닌 것이 아니라는 것을 알고 있다. 그래서 그들은 아무것도 아니라고 말할 수 있다. 신조차도 그들이 그렇지 않다는 것을 안다! 그들은 그저 겸손한 것일 뿐이다. 하지만 이 가난한 거지는 거기에 무슨 겸손함이 있을 수 있겠는가? 그는 정말로 아무것도 아닌데, 그는 "저는 아무것도 아닙니다."라고 말한다. 그게 무슨 말이란 말인가?

기억하라, 당신이 소위 말하는 성자들은 신 앞에 겸허하려고 애를 쓰지만, 그것은 사람들의 눈에 더욱 높아 보이고자 하는 것일 뿐이다. 하지만 내 생각에 종교적인 사람은 평범함조차 주장하지 않는 사람이다. 그는 아무것도 주장하지 않는다. 그는 누구이든지 간에 그저 평범하다.

임제 선사에게 물었다. "당신은 깨닫기 전에는 무엇을 했습니까?"

그는 말하였다. "나는 나무를 하고, 우물에서 물을 길어 오곤 했지요."

그러자 그는 물었다. "그럼, 이제 당신은 깨달았는데, 무엇을 하나요?"

그는 말했다. "같은 일을 합니다. 나무를 하고 우물에서 물을 길어 옵니다."

그 사람은 어리둥절했다. 그는 말했다. "나는 이해할 수 없어요. 그러면 무엇이 다른가요? 그럼 깨달을 필요가 뭐가 있나요? 전에도 나무를 하고 물을 길어 왔고, 지금도 같은 일을 계속하고 있다면, 그럼 무엇이 달라졌나요?"

그러자 임제는 웃었다. 그는 말했다, "다른 점은 전에는 나는 그것을 해야만 한다는 의무감에서 했지만, 지금 그것은 나의 기쁨이라는 점입니다. 같은 일을 하지만, 질적으로 변화하였지요."

삶의 사소한 일들은 당신의 내적인 변형에 의해서만 변화된다. 이것을 나는 종교적인 가치라고 부른다. 모든 것이 성스러워진다. 목욕을 하고, 사랑을 하고, 음식을 먹고, 잠을 자러 가고…… 이 모든 것이 성스러워진다.

상식은 평범해야 하기 때문에 매우 드물다…… 자아는 당신을 방해한다. 자아는 당신이 비범하고 특별하고 중요한 인물이기를 바란다. 평범하고, 단순하고, 아무도 아니고, 아무것도 아닌 이것이 당신의 본질이긴 하지만, 자아는 이것을 용납할 수 없다. 이러한 평범함 속에, 아무것도 아닌 상태 속에, 당신의 진정한 집이 있다. 바깥에는 오직 불행과 고통, 죽음, 번민, 불안 같은 것들만이 있을 뿐이다. 그저 당신의 순수함 속에 자리하고, 아는 것 없이…… 그저 존재하고, 그러면 당신은 어떤 왕국도 가지지 않은 제왕이 된다. 왕국에 대한 염려가 전혀 없는, 그저 순수한 제왕이 된다.

당신 존재의 이 순수한 본성은 부처, 깨어난 자, 깨달은 자라고 불린다. 거기에는 다른 춤이나 다른 기쁨이 있을 수 없다. 깨달은 자의 기쁨보다 더 무한하고 높고 깊은 시나 음악은 있을 수 없다.

무지개 9 : 무르익음

무르익음은 오직 삶을 통해서만 가능하다.

내가 전체적으로 강조하고 있는 것은 그것이 무엇이든 그 순간에 살라는 것이고, 엄청난 에너지를 가지고 살라는 것이다.

만약 당신이 젊을 때 젊은이로 살았다면, 늙었을 때는 노인일 것이다. 매우 현명한 노인. 당신은 삶에 있어 좋고 나쁜 모든 것들을 알게 될 것이다. 낮과 밤, 여름과 겨울 같은 모든 것들을 알게 될 것이다. 당신 자신의 경험에 의해 지혜는 솟아날 것이다. 그리고 당신이 죽을 때, 당신은 삶을 엄청나게 즐겼을 것이므로 죽음 또한 즐거워할 것이다.

삶을 즐길 수 있는 사람만이 죽음을 즐길 수 있다. 그리고 당신이 죽음을 즐길 만한 능력이 있다면, 당신은 죽음을 정복하게 될 것이다. 그러면 당신에게는 더 이상 태어남도 죽음도 없게 된다. 당신은 지혜를 얻었다.

예전에 나는 나의 교수님 중의 한 분을 모시고 매우 아름다운 장소로 갔다. 이 세상 어디에도 그렇게 아름다운 곳은 없을 것이다. 그때 나는 자발푸르에 살았는데, 그곳에서 십삼 마일 떨어진 곳에 아름다운 나르마다 강이 흐르고 있었다. 한복판에 대리석 언덕이 이 마일에 걸쳐 있었다. 대리석 언덕이 이 마일이나 펼쳐져 있었다…… 이것은 이 세상의 것이라고 여겨지지 않을 정도였다. 보름달이 뜬 한밤중에 이것은 믿을 수 없는 광경이었다. 이것이 거기 있다는 것을 믿을 수 없을 정도였다. 이것은 정말 실재 같지 않았다! 이것은 어떤 최면을 거는 에너지를 가지고 있는 것 같았다.

나는 나이 많으신 교수님을 보름날 밤에, 꼭 달이 바로 머리 위 하늘 높이 떠오른 한밤중에 모시고 나갔다. 그는 지구상에 이렇게 아름다운 곳이 있다는 것이 믿어지지 않았다. 그는 말했다. "이 얼마나 죽기에 아름다운 곳인가!"

하지만 왜 이런 생각이 떠올랐을까? "살기에 얼마나 아름다운 곳인가!"라고 말하는 것이 절대적으로 적절했을 것이다. "사랑하기에 얼마나 아름다운 곳인가! 춤추고 노래하기에 얼마나 아름다운 곳인가!"라는 것이 더욱 적절했을 것이다. 하지만 이 생각이 떠올랐다. "죽기에 얼마나 아름다운 곳인가!"

왜 이렇게 죽음에 사로잡혀 있는가? 당신은 어떤 것도 즐길 수 없는가? 당신은 어떤 것에도 기뻐할 수 없는가?

그러한 경향성들을 알아차려라. 그리고 다음 번에 아름다운 순간들을 마주치게 된다면 춤추어라! 노래하라! 그림을 그려라! 사랑하라! 죽음은 스스로 돌볼 것이다. 죽음은 어느 날 다가올 것이다. 이것이 왔을 때 무르익어 있어라. 그리고 이 무르익음은 오직 삶을 통해서만 가능하다.

깊이 있게 살고, 전적으로 살고, 완전히 살며, 그래서 죽음이 다가와서 당신의 문을 두드릴 때, 당신은 마치 잘 익은 과일이 떨어질 준비가 된 것같이 준비되어 있어야 한다. 그저 작은 미풍에도 그 과일은 떨어져 내린다. 때때로 작은 미풍 없이도 그 무게와 무르익음으로 인해 떨어져 내린다. 죽음도 이와 같아야 한다. 그리고 이 준비는 삶을 통하여 해야 한다.

모든 사람은 추구하며, 모든 사람은 추구해야 한다. 하지만 아무도 추구를 통해서는 찾지 못한다. 언젠가는 추구하는 것을 그만두어야만 한다. 내가 "그만두어야만 한다."고 말할 때, 나는 단순히 추구를 스스로 포기하는 바로 그 마지막 순간까지 가야 한다고 말하는 것이다. 그것은 진정으로 위대한 축복의 순간이다. 그때 거기에는 추구도 없고, 바람도 없으며, 욕망도 없고, 갈 곳도 없고, 이루어야 할 일도 없다. 집에 돌아왔으며, 휴식에 이르렀다. 그는 거대한 휴식 속에 있다…… 마음에는 잔물결 하나 없다. 바로 신과 마주친다.

하지만 그것은 올 것이다. 서두르지 말라. 그것을 관리하려고도 하지 말라. 그것은 올 것이다. 좀 더 구하라. 만약 당신이 그것이 빨리 끝나기를 원한다면, 할 수 있는 한 빨리 달린다면, 그것은 곧 끝날 것이다. 만약 당신이 매우 천천히 간다면, 이것은 많은 시간이 걸릴 것이다. 지금 즉시 이것을 멈추려고 생각하기에는 너무 이른감이 있다. 그것이 무르익게 내버려두어라. 그리고 그 과일이 무르익었을 때 그것은 떨어져 내릴 것이다.

무지개 10 : 우리는 하나

★★★★★★★★★★★★★★★★★★★★★★★★★★

한번 당신이 당신 자신을 이해하게 된다면, 당신은 인류 전체를 알게 된다.
바로 이러한 이해 속에서 우리는 모두가 형제이고 자매이며
한 배를 타고 있다는 위대한 견해가 솟아오른다.

왜 사람들은 벽을 쌓는가? 왜냐하면 벽은 범위를 정할 수 있기 때문이다. 그것은 당신에게 명확한 형상과 모양으로 한계를 지어 준다. 힌디어로 이름과 형상은 남 루프(nam roop)라고 부른다.

만약 당신이 경계 없이 하나가 되어 흐른다면, 어디가 당신이고 어디가 당신의 끝인지 그리고 다른 사람의 시작이 어디인지 알지 못하게 된다. 당신의 경계는 점점 꿈처럼 희미해지고, 사람들과 함께 하게 된다. 그리고 어느 날 그것들은 사라져 버린다.

실재란 그런 것이다. 실재는 경계가 없다. 어디서 당신이 끝난다고 생각하는가? 당신의 피부에서? 보통 우리는 생각한다. "물론, 우리는

피부 속에 있고, 피부는 우리의 벽이고, 경계선이다.” 하지만 당신의 피부는 만약 공기가 주위에 없다면 살아 있을 수 없다. 만약 당신의 피부가 주위로부터 산소를 계속적으로 공급받아 호흡하지 않는다면, 당신의 피부는 살아 있을 수 없다. 공기를 없애 버린다면, 당신은 즉시 죽게 될 것이다. 당신의 피부가 전혀 긁히지 않았음에도 불구하고 죽게 될 것이다. 그래서 그것은 당신의 경계가 될 수 없다. 지구를 둘러싸고 있는 대기는 이백 마일인데, 그럼 그것이 당신의 경계인가? 그것도 역시 당신의 경계일 리가 없다. 이러한 산소와 대기, 온기와 생명은 태양 없이는 존재할 수 없다. 만약 태양이 없어지거나 죽어 버린다면…… 어느 날 이런 일이 일어날 것이다. 과학자들은 사백만 년 안에 태양은 식고 소멸된다고 말한다. 그러면 갑자기 이 대기는 존재하지 않게 될 것이다. 즉시 당신은 죽을 것이다. 그러면 태양이 당신의 경계인가?

지금 물리학자들은 태양이 어떤 밝혀지지 않은 에너지 중심의 근원과 연결되어 있다고 말하지만, 이것은 추측일 뿐이고 이것과 관련된 언급은 없다.

그럼 우리는 어디가 우리의 경계라고 말할 수 있겠는가? 나무에 열린 사과는 당신이 아니다. 그렇지만 당신이 이것을 먹는다면, 이것은 당신이 된다. 이것이 당신이 되기를 그저 기다리기만 하면 된다. 이것은 잠재적으로 당신이다. 이것은 미래의 당신이다. 당신은 오물을 버리고, 몸 밖으로 쓰레기들을 버린다. 조금 전까지만 해도 이것은 당신이었다. 그럼 어디까지가 당신인가?

나는 숨을 쉰다. 내 안에 있는 숨은 나이다. 하지만 조금 전까지만 해도 당신의 숨이었다. 우리는 공동의 공기를 호흡하고 있다. 우리는 서로의 안으로 모두 숨을 쉰다. 우리는 서로가 구성원이다. 당신은 내 안에서 숨 쉬고, 나는 당신 안에서 숨 쉰다.

그리고 이것은 함께 숨 쉬는 것일 뿐만 아니라, 이것은 정확히 함께 살아 있는 것이다. 그것을 주시해 본 적이 있는가? 당신은 어떤 사람들과 함께 있을 때는 매우 생기가 난다. 그들은 활기의 에너지가 넘쳐나서, 당신도 모르게 그 영향을 받아 당신도 또한 활기를 띠게 된다. 또 어떤 사람들은…… 그들의 얼굴만 보아도 우울해지고 기운이 빠진다. 그저 그들이 있는 것만으로도 충분히 해롭다. 그들은 분명히 당신에게 유독한 무언가를 주고 있음에 틀림없다. 그리고 당신에게 한 사람이 가까이 올 때 당신이 밝고 행복해진다면, 그리고 갑자기 당신의 가슴이 뛰기 시작하고 당신의 심장 고동이 더 빨라진다면, 이 사람은 당신에게 무언가를 주고 있음에 틀림없다.

우리는 서로에게 영향을 준다. 우리는 분리된 섬이 아니다. 차가운 사람은 하나의 섬과 같지만, 이것은 불행한 일이다. 당신은 거대한 대륙이 될 수 있지만, 하나의 섬이 되기로 결정했기 때문에 이것은 매우 거대한 불행이다. 당신은 원하는 만큼 부유해질 수 있었지만, 당신은 초라하게 남기로 결정했다.

기억하라. 위대한 알렉산더에서 하찮은 길거리의 거지에 이르기까지, Z-자의 인간은 누구나 할 것 없이 덧없는 존재이다. 깊이 내려가면

모두가 같다. 같은 의식과 같은 두려움, 같은 죽음과 같은 갈망, 같은 사랑을 가진 같은 존재이다.

자신을 받아들이고, 자신의 무의식이 드러나는 것을 허락하라. 이것이 인간이란 것이다. 이것을 앎으로써 당신은 다른 종류의 인간이 된다. 이것을 받아들이고 이것을 소중히 여김으로써, 당신은 삶에 대변혁을 가져오게 된다. 그리고 당신이 이러한 이해 속에서 다른 사람을 볼 때, 당신은 낯선 자를 발견하지 못할 것이다. 당신은 모두가 친구라는 것을 알게 될 것이다.

모든 사람은 친구를 찾고 있다. 모든 사람은 벽 뒤에 숨어서 누군가 안녕이라고 말하기를 기다리고 있다. "왜 당신은 거기 있나요? 이리 나오세요! 당신을 기다리고 있었답니다!"…… 누군가 이렇게 말해 주기를, 손을 잡아 줄 누군가를 모든 사람은 기다리고 있다. 껴안을 누군가를, 사랑할 누군가를, 그리고 사랑해 줄 누군가를……

당신과 다른 사람은 어쨌든 아무도 없다. 한번 당신이 당신 자신을 이해한다면, 당신은 인류 전체를 알게 된다. 바로 이러한 이해 속에서 우리는 모두가 형제이고 자매이며, 한 배를 타고 있다는 위대한 견해가 솟아오른다. 그러면 두려움은 사라진다. 두려워할 사람은 아무도 없다. 긴장도 사라진다. 긴장할 것이 무엇이 있겠는가? 우리는 모두 같은 배를 타고 있다.

지구를 둘러싼 수많은 사람들이 축하하고, 노래하고, 춤추고, 황홀하고, 신성함에 취했을 때, 거기에 자살이란 전 세계 어디에도 없다. 그러한 축제와 웃음, 그러한 온전함과 건강함이 함께 하고 그러한 자연스러움과 자발성 속에 있다면, 어떻게 전쟁이 있을 수 있겠는가?

제3차 대전은 일어나지 않을 것이다. 나는 예언한다! 이것은 당신 때문에, 지구 위의 나의 사람들 때문에 일어날 수 없다. 그들은 유일한 희망이다. 수많은 부처들만이 평화와 사랑과 자비와 축제의 분위기를 만들어 낼 수 있다.

삶은 당신에게 위험과 파멸을 주지 않는다. 삶은 당신에게 창조와 기쁨과 축제를 선사해 왔다.

당신이 울고 한탄할 때, 당신이 비참할 때, 당신은 혼자이다. 당신이 축하할 때, 모든 존재가 당신과 함께 한다. 오직 축제 속에서만 우리는 궁극과 영원을 만난다. 오직 축제 속에서만 우리는 생사의 고리를 넘어간다.

다른 타로와의 비교 대응표

	오쇼 젠 타로	라이더-웨이트 덱	크로울리 덱
주요카드			
0	바보	바보	바보
I	존재	마법사	마술사
II	내면의 목소리	고위여사제	여사제
III	창조성	여황제	여황제
IV	반역자	황제	황제
V	무	고위사제	고위사제
VI	연인	연인	연인
VII	깨어 있음	전차	전차
VIII	용기	힘	조정
IX	홀로 있음	은둔자	은둔자
X	변화	운명의 수레바퀴	운명
XI	도약	정의	갈망
XII	새로운 시각	매달린 사람	매달린 사람
XIII	변형	죽음	죽음
XIV	통합	절제	예술
XV	조건화	악마	악마
XVI	번개	탑	탑
XVII	침묵	별	별
XVIII	전생	달	달
XIX	순수	태양	태양
XX	환영의 초월	심판	영겁
XXI	완성	세계	우주
	스승	공백 카드	

불/지당이/지팡이	오쇼 젠 타로 불 : 행동의 지배	라이더-웨이트 덱 지팡이	크로울리 덱 지팡이
에이스	불 에이스-근원	지팡이 에이스	지팡이 에이스
2	불 2-가능성	지팡이 II	지팡이 II-지배
3	불 3-체험하기	지팡이 III	지팡이 III-미덕
4	불 4-참여	지팡이 IV	지팡이 IV-완성
5	불 5-전체성	지팡이 V	지팡이 V-투쟁
6	불 6-성공	지팡이 VI	지팡이 VI-승리
7	불 7-스트레스	지팡이 VII	지팡이 VII-용기
8	불 8-여행	지팡이 VIII	지팡이 VIII-신속
9	불 9-소모	지팡이 IX	지팡이 IX-힘
10	불 10-억압	지팡이 X	지팡이 X-압박
궁정카드			
시종/공주	불 시종-놀이	지팡이의 시종	지팡이의 공주
기사/왕자	불 기사-강렬함	지팡이의 기사	지팡이의 왕자
여왕	불 여왕-나눔	지팡이의 여왕	지팡이의 여왕
왕	불 왕-창조자	지팡이의 왕	지팡이의 기사
물/컵/컵	물 : 감정의 지배	컵	컵
에이스	물 에이스-흘러감	컵 에이스	컵 에이스
2	물 2-친밀함	컵 II	컵 II-사랑
3	물 3-축제	컵 III	컵 III-풍요
4	물 4-내면으로의 전환	컵 IV	컵 IV-사치
5	물 5-과거에 대한 집착	컵 V	컵 V-실망
6	물 6-꿈	컵 VI	컵 VI-즐거움
7	물 7-투사	컵 VII	컵 VII-방탕
8	물 8-내맡김	컵 VIII	컵 VIII-게으름
9	물 9-게으름	컵 IX	컵 IX-행복
10	물 10-조화	컵 X	컵 X-싫증남
궁정카드			
시종/공주	물의 시종-이해	컵의 시종	컵의 공주
기사/왕자	물의 기사-신뢰	컵의 기사	컵의 왕자
여왕	물의 여왕-수용성	컵의 여왕	컵의 여왕
왕	물의 왕-치유	컵의 왕	컵의 기사

	오쇼 젠 타로	라이더-웨이트 덱	크로울리 덱
구름/검/검	구름 : 마음의 지배	검	검
에이스	구름 에이스-의식	검 에이스	검 에이스
2	구름 2-정신 분열증	검 II	검 II-평화
3	구름 3-고립	검 III	검 III-슬픔
4	구름 4-연기	검 IV	검 IV-휴전
5	구름 5-비교	검 V	검 V-패배
6	구름 6-짐	검 VI	검 VI-과학
7	구름 7-술수	검 VII	검 VII-헛됨
8	구름 8-죄의식	검 VIII	검 VIII-방해
9	구름 9-슬픔	검 IX	검 IX-무자비
10	구름 10-다시 태어남	검 X	검 X-폐허
궁정카드			
시종/공주	구름의 시종-마음	검의 시종	검의 공주
기사/왕자	구름의 기사-싸움	검의 기사	검의 왕자
여왕	구름의 여왕-도덕	검의 여왕	검의 여왕
왕	구름의 왕-통제	검의 왕	검의 기사
무지개/펜타클/디스크	무지개 : 물질의 지배	펜타클	디스크
에이스	무지개 에이스-성숙	펜타클 에이스	디스크 에이스
2	무지개 2-순간에서 순간으로	펜타클 II	디스크 II-변화
3	무지개 3-인도	펜타클 III	디스크 III-일
4	무지개 4-구두쇠	펜타클 IV	디스크 IV-힘
5	무지개 5-소외	펜타클 V	디스크 V-걱정
6	무지개 6-타협	펜타클 VI	디스크 VI-성공
7	무지개 7-인내	펜타클 VII	디스크 VII-실패
8	무지개 8-평범함	펜타클 VIII	디스크 VIII-신중
9	무지개 9-무르익음	펜타클 IX	디스크 IX-달성
10	무지개 10-우리는 하나	펜타클 X	디스크 X-부
궁정카드			
시종/공주	무지개의 시종-모험	펜타클 시종	디스크의 공주
기사/왕자	무지개의 기사-여유	펜타클의 기사	디스크의 왕자
여왕	무지개의 여왕-꽃피어남	펜타클의 여왕	디스크의 여왕
왕	무지개 왕-풍요	펜타클의 왕	디스크의 기사

저자 소개

오쇼의 가르침은 의미를 찾고자 하는 개인적 질문에서부터 오늘날 사회가 직면한 가장 절박한 사회·정치적 현안에 이르기까지 영역을 초월한 모든 문제들을 과감히 다루고 있다.

그의 책들은 그가 직접 글로 쓴 것이 아니라, 35년이 넘는 기간 동안 전 세계의 청중을 대상으로 한 즉흥적인 강연을 녹음한 오디오와 비디오의 내용을 그대로 옮겨 적은 것이다. 오쇼는 런던의 선데이 타임즈에 의해 '20세기를 변화시킨 1000인' 가운데 한 사람으로 선정되었고, 그리고 미국인 작가 톰 로빈스에 의해 '예수 이래 가장 위험한 인물'로 평가되었다.

오쇼는 새로운 인류가 태어날 수 있게 조건을 조성하는 일에 일조하는 것이 자신의 일이라고 했다. 그는 종종 이 새로운 인류의 특성을 그리스인 조르바의 세속적 기쁨과 부처의 고요한 평온을 다 누릴 수 있는 '조르바 붓다'로 기술하였다. 오쇼 작품의 모든 국면 속으로 강과 같이 흐르는 시각은 시간을 초월해 존재하는 동양의 지혜와 과학 기술의 탁월한 잠재력을 둘 다 포괄하는 것이다.

　　오쇼는 또한 그 어느 때보다 가속화된 현대인들의 삶의 속도를 인정하는 명상 접근법으로 내적인 변형을 이루어 내는 과학에 혁명적인 기여를 한 것으로 인정받고 있다. 그의 독특한 ‘동적 명상’은 우선 몸과 마음에 누적된 스트레스를 해소하게 하여, 무념의 편안한 명상 상태에 보다 쉽게 이르게 한다.

오쇼 명상 휴양지

오쇼 명상 휴양지는 사람들이 더욱 기민하면서도 편안하고 즐거운 새로운 삶의 방식을 직접 체험할 수 있게 하는 곳이다. 인도의 푸나에 있는, 믐바이의 최남단 약 100마일에 자리한 이 휴양지는 매년 전 세계 100여 개국이 넘는 곳에서 찾아오는 수많은 사람들을 위해 다양한 프로그램을 제공한다.

본래 인도의 왕과 부유한 영국의 식민주의자들을 위해 여름 은거처로 개발된 푸나는 지금은 첨단 산업과 여러 대학의 본거지로 번성한 현대 도시이다. 명상 휴양지는 코레곤 공원으로 알려진 숲이 울창한 주택지에 40에이커가 넘게 펼쳐진다. 휴양지 내에는 한정된 인원만을 위한 숙박 시설이 있으며, 주변에는 며칠에서 몇 개월까지 머무를 수 있는 매우 다양한 호텔과 개인 아파트들이 있다.

휴양지의 모든 프로그램은 일상을 창조적으로 살면서도 침묵과 명상 속에 편히 쉴 수 있는 성질의 새로운 인간형을 추구하는 오쇼의 비전에 기초하고 있다. 대부분의 프로그램은 냉방 시설을 갖춘 현대적인 시설에서 이루어지며, 다양한 개인 강습, 교육 과정, 그리고 전일적 건강 치료를 위한 모든 창조적 기술, 개인적 변형과 치료 요법, 비전(秘傳)의 과학, 스포츠와 오락을 위한 '선(禪)'의 접근, 인간관계의 문제들과 남녀의 중요한 삶의 과도기에 걸친 모든 분야의 집단 연수가 포함되어 있다. 개인 강습, 집단 연수와 더불어 날마다 가득한 명상 일정이 일 년 내내 제공된다.

휴양지 내의 정원에 있는 야외 카페와 식당의 음식은 모두 휴양지가 소유하고 있는 농장에서 생산된 유기농 야채로 만들어지며, 인도의 전통 요리와 세계의 요리 가운데 선택할 수 있도록 제공된다. 또한 자체 내에 설치된 시설에서 여과된 안전한 물이 제공된다.

여행 정보, 교육과정 일정, 그리고 숙소 예약을 포함한 더 많은 정보를 원한다면 다음 사이트를 참고하라.

www.osho.com

오쇼와 그의 저서에 대하여 더 많은 정보를 원한다면, www.osho.com을 방문하라.

여러 나라의 언어로 제공되는 이 종합적인 웹사이트는 명상 휴양지를 온라인상으로 둘러볼 수 있게 하며, 교육 과정의 일정표와 책과 테이프의 목록, 그리고 정선된 오쇼의 강연이 수록되어 있다.

다른 연락처는:
Osho International
New York
이메일 : oshointernational@oshointernational.com

선(禪)의 영혼이 깃든 타로

초판 5쇄 발행 2024년 6월 10일

지은이 오쇼
옮긴이 김은미

펴낸이 황정선
펴낸곳 슈리 크리슈나다스 아쉬람
출판등록 2003년 7월 7일 제62호
주소 경남 창원시 의창구 북면 신리길 35번길 12-12
대표전화 (055) 299-1399
팩시밀리 (055) 299-1373
전자우편 krishnadass@hanmail.net
  카 페 cafe.daum.net/Krishnadas

값 15,000원
ISBN 978-89-91596-14-6   03180

Printed in Korea

* 잘못 만들어진 책은 바꾸어 드립니다.